北村安裕　著

日本古代の大土地経営と社会

同成社　古代史選書　17

目 次

第Ⅱ部　寺領にみる大土地経営の歴史的展開

第Ⅲ部　ハタケ所有の特質と変化

凡例

※法令史料の引用の際には、次の刊本の条文番号・条文名を用いた。

養老令…『日本思想大系 律令』（岩波書店）

延喜式…『訳注日本史料 延喜式』（集英社）

唐律疏議…『訳注日本律令』（東京堂出版）

天聖令…『天一閣蔵明鈔本天聖令校証 附唐令復原研究』（中華書局）

※次の刊本の出典を示す際に、例のような略号を用いた。

『平安遺文』第一二号文書→「平―一二」

『大日本古文書』編年文書第七巻一頁→「大日古七―一」

『大日本古文書 東大寺文書之二 東南院文書之二』二六六頁、五三三号文書→
「東南院二―二六六（五三三号）」

『平城宮発掘調査出土木簡概報』二一、一〇頁→「城二一―一〇」

『平城京木簡』一、一八八号木簡→「平城京一―一八八」

序　本書の課題と構成

はじめに

狩猟・漁撈を基盤とした社会から農耕社会に至るまで、人類は常に大地の有する生産力の恩恵を享受し、それを生活の基礎にすえてきた。前近代の社会にあって、あらゆる営みは土地からの獲得物によってはじめて成立していたのである。それ故、土地と人との関わりは、必然的に当該期の政治・法制・産業・生活・思想を規定することになった。同時に、土地を取り巻く状況もこれらの諸条件に規制されており、両者は互いに影響しあう関係にあった。ことに産業や経済が未熟であった古代においては、生産活動の多くは大地そのものに依ってなされており、土地をめぐる環境は国家や社会のあり方と即応していた。古代社会の特性を解明する上で、土地にまつわる研究が有効な理由はここにある。

古代の土地に関連する研究の分野でこれまで重点的に取り組まれてきた対象は、律令体制下の土地制度であった。(1)古代国家は、民衆に田土を分配する班田制に代表される一元的な土地制度を導入した。日本史上でも類をみないこの土地支配体系は、人民支配や税制、官衙運営、官人秩序などとも有機的に結びつきながら、国家の根幹に位置していた。その制度的解明に研究の重心が置かれてきたことは、関連史料の豊富さとも相まって、まったく自然のなりゆきだったといえる。一方で、制度はしばしば実態と遊離し、それを覆い隠してしまう側面をもつ。土地制度からの検討のみでは、現実の土地所有や経営のあり方が総体としてみえてこない危険性があるのである。古代社会の実像にせまる上では、土地制度の研究とともに実態面からの検討も必須となる。

本書では、古代における土地に関連する事象のうち、天皇（大王）・皇親（王族）・貴族・豪族・寺院・官司などが大規模に推進した土地経営（以下、経営主体の総体あるいは部分を「有力者」、経営を「大土地経営」と便宜的に略する場合がある）を主要な題材とする。その特徴や歴史的展開を実態に即して解明しながら、土地をめぐる状況の変化を追跡することで、古代社会の実像にせまりたい。

ここでは、こうした課題を設定した目的や意義について、これまでの古代の土地に関する研究を回顧しながら掘り下げていく。そして、本書の方法について先行研究の成果や問題点をふまえて整理し、各章の位置づけを明らかにする。

一　大土地経営研究の動向―一九七〇年代まで―

一九七〇年代までの古代の大土地経営に関する研究は、律令制国家成立以前のミヤケ・タドコロなどと、天平十五年（七四三）に出された墾田永年私財法によって全面的に展開するとされた「初期荘園」を主たる対象としてきた。大化前代の大土地経営については、早くから王権に直接関係するミヤケの構成要素や内部構造の類型について検討され、戦前にはミヤケの設定を倭王権の伸張のなかでとらえる見解が提出されていた(2)。一九五〇年代以降はミヤケの歴史的展開を倭王権の発展過程に位置づける研究がさかんとなり、ミヤケの制度と律令体制下の人民支配の連関も追究された(3)。一九七〇年代に入ると、記紀の叙述に懐疑的な立場をとる研究が提出され、ミヤケにおける支配のあり方や成立年代などが再検討されていった。[4] 戦後のミヤケ研究は、倭王権内部におけるミヤケの位置づけや、ミヤケ制と律令体制の系譜関係を中心に進められてきたといえる。

「初期荘園」に関する研究を初期に主導した藤間生大は、「初期荘園」の労働力の特性や荘園の所在地域にもとづく類型についての研究をまとめた。[5] 一九五〇年代には、荘園の労働力、東大寺領荘園の展開の背後にある政治的関係などに関する岸俊男の研究[6]や、東大寺領荘園の緻密な現地比定をともなう彌永貞三の研究[7]がなされ、以降の基礎となった。その後の研究は、墾田永年私財法によって成立した東大寺領荘園を主要な舞台として[8]、労働力などの経営方式、地域による類型、個々の荘園の所在地・水利などの実態など多方面に展開し、それぞれに重要な成果をあげていった。[9]

ここまでの概括からもうかがえるように、ミヤケ・タドコロなどの大化前代の経営体と「初期荘園」については別個の関心に沿って研究が展開され、両者を有機的に結びつける視角は少数の例外を除いてあらわれてこなかった。[10] 両者をつなぐ位置にある七世紀後半から八世紀中葉までの大土地経営（以下、「律令制下の大土地経営」などと略する場合がある）は、こうしたなかで本格的な研究の俎上に載せられてこなかったのである。

この研究状況を生んだ要因としては、研究史の制約とともに、律令制下の大土地経営に関連する史料の欠如も考えられる。大化以前の大土地経営や「初期荘園」が少なくともその輪郭をうかがいうる史料を備えていたのに対し、律令制下の大土地経営は歴史の表舞台になかなか顕れてこなかったのである。ただし、例えば畿内のミヤケと関連の深い律令制下の「屯田」や、貴族層が所有した位田・職田・賜田などの田地、墾田永年私財法以前の大規模な寺領といった、様々な主体の大土地経営の存在は早くから知られていたし、大宝律令が施行されて間もない八世紀初頭から貴族・豪族・寺院などによる大規模な土地占有も縷々問題とされてもいた。こうした史料は、それぞれに律令制下の大土地経営を正当に評価する素材となる可能性を有していた。しかしこれらの多くは、改新の不徹底の故に残存した前代の遺制、律令制に則った単なる国家的給付、一元的な土地管理の原則に反して新たに生じた不法な行為などとして扱われ、その時期に特有の土地経営としての意義は認められてこなかったのである。こうした律令制下の大土地経営に対する等閑視は、より根源的な問題に根ざしていたように思われる。それは、大化改新をめぐる史観である。

ここで試みに、戦前において大化改新に最も整合的な解釈を与え、戦後の研究にも多大な影響を及ぼし続けた坂本太郎の所論(11)において、改新前後の土地をめぐる状況がどのように描かれたかみてみたい。坂本によれば、大化以前に全国は「天皇直轄の私領」「皇族・貴族及び公民の私有地」「国造・縣主管治する所の地及び神領」に分割されていた。そして、雄略朝になると耕地開発の進展とともに貴族・豪族の私有地が発達し、「天皇直轄の私領」を侵食する事態が進行していった。改新政府は、この弊害を是正することを目的としてミヤケ・タドコロの廃止を宣言し（改新詔第一条）、これらを班田収授の対象地へと転換していった。改新政府は、この「公地公民制」の実施によって貴族・豪族と庶民の「大同の治」が実現することを期したのである。

個別の事象については坂本の独自の評価も多分に含まれているが、ここで問題にしたいのは、坂本説にみえる大化改新の最大公約数的な理解である。すなわち、大化前代の「私地」（ミヤケ・タドコロ）が、改新によって「公地」に転換して班田制の基盤となった、という理解である。この史観によると、「初期荘園」は「公地公民制」のもたらす秩序を突き崩す「私地」として把握される。これによって日本古代の土地をめぐる状況を整理すると、Ⓐ「大化改新」によって「私地私民制」から「公地公民制」に移行して一元的な土地管理制度が確立し、Ⓑ墾田永年私財法によって土地管理制度が崩れて「公地公民制」から「私地私民制」（「初期荘園」）へと回帰する、ということになる。この史観による限り、「公地公民制」が貫徹したとされた七世紀後半から八世紀中葉に大土地経営の本格的な展開は認めえないことになろう。

この図式の本格的な見直しがようやくはじまったのは、一九六〇年代の後半から七〇年代にかけてのことであった。吉村武彦は、それまで律令制下の土地をめぐる関係を象徴する語として用いられてきた「公地」の語義に関わる再検討を武器として、Ⓐの図式に鋭い批判を加えた。吉村は、実例の検討から「公地」が農民の農桑地と共利状態の山野を指す語であったと考えた。「公地」が天皇の支配する国土全体を意味する語ではなかったというこの想定をもとに、律令制下の一元的な土地支配体制を指して「公地公民」と称することの不当性を強調したのである。[12] さらに、ミヤケ・タドコロなどを「私地」ととらえることにも疑義を呈し、大化改新によって「私地私民」が「公地公民」に転換したという構図を拒絶するに至った。[13] 吉村の一連の研究は、土地をめぐる研究の分野から大化改新の意義を再検討する視角を提供するという意義を有していた。

一方、Ⓑの図式の見直しに深く関わる見解としては、吉田孝の墾田永年私財法に関する研究がある。[14] 吉田は、位階に応じた地積制限規定が墾田永年私財法に存在したことに注目し、同法を官人制的秩序を開墾地にも及ぼしたものと理解した。また、田令に開墾地を班田制の体系に吸収する機能が存在しなかったという想定から、墾田永年私財法によって開墾地の把握と管理が可能になったと考えた。墾田永年私財法は律令制的土地制度を崩壊させる要因としてとらえられていたが、吉田はそれを国家による土地支配を深化させた法として把握したのである。この理解は、墾田永年私財法によって「公地公民」の原則が破れて「私地私民」制が「初期荘園」の姿で再生するというⒷの枠組をゆるがす可能性を有している。

二　律令制下の大土地経営に関する研究

一九八〇年代になると、大土地経営に関する研究は新たな段階に入ることになる。その直接の契機となったのは、石上英一の次のような提言であった。[15] 資財帳や荘園図などといった実態にもとづく史料からは、それまで十分に認識されてこなかった「初期荘園」以前からの大土地経営の存在をうかがうことができる。そのなかには、律令制の形成以前から連続しているものも少なくない。こうした大土地経営の特質を、農民の個別的経営や首長層に主導される共同体規模の経営とともに解明していく必要がある、と。

石上は、さらに耕地（水田・ハタケ）[16]と非耕地（野・山・岡・林など）を包括し、「荘所」・「三宅」などの経営管理組織を有するという大土地経営の通時的な特徴を指摘し、こうした特性を備えた経営体を「古代荘園」として範疇化した[17]。そして、讃岐国山田郡田図をはじめとした大土地経営体に関係する史料について、データの収集と紹介を進めていった[18]。

同様の視点から、「初期荘園」の営まれる八世紀中葉以前に存在した「荘」（経営の中心施設とその周辺地）に注目したのが、吉田孝である[19]。吉田は、「ヤケ」の原義や機能に関する自身の研究[20]に立脚しながら、律令制の形成以降も経営拠点であるタドコロが収公されずに、律令制下の位田などの経営に用いられたことを想定する。そして、タドコロに付属する田地についても、氏族に班給される田地（位田・口分田など）にふり向けられた可能性を指摘した。

折しも、律令制下の大土地経営を研究する上で重要な発見があった。長屋王家木簡の出土である[21]。左京三条二坊一・二・七・八坪の発掘が本格的にはじまったのは一九八六年であり、翌年には「長屋皇宮」と記された木簡が発見されて、そこに長屋王の邸宅が営まれていたことが推定された。さらに、一九八八年に約三万五〇〇〇点という大量の木簡が発見されて、この想定はほぼ確実となった。霊亀二年（七一六）頃に廃棄されたとみられるこれらの木簡からは、「御田」「御薗」といった長屋王家の管理する経営体に関連するものがみつかった。そうした経営体の多くは大化前代に成立し、長屋王父の高市皇子を介して王家に伝領された所領と想定された。長屋王家木簡には、有力皇親の私的な所領の所在地や、経営の様態に関する豊富な情報が含まれていたのである。こうして、新史料の発見により、律令制下の貴族層の「非律令制的な」大土地経営の内実にせまる可能性が拓けていった[22]。

この時期の史料の動向としてもう一つ注目できるのは、一九八七年よりはじまった東京大学史料編纂所編『日本荘園絵図聚影』（東京大学出版会）の刊行である。古代の荘園図の図版としては、東京大学史料編纂所編『東大寺開田図』[23]や、西岡虎之助が蒐集した模本などを収録した図録『日本荘園絵図集成』[24]が先行するが、同書は荘園図の原本の詳細な図版を、しかも東大寺領の「初期荘園」以外のものも含めて網羅的に掲載している点で画期的だった。同書の出版は、古代に直接的に関係する部分としては二〇〇七年まで続けられた。この間には、戦後の古代荘園図研究の集大成となる論集『日本古代荘園図』[25]の刊行もなされ、荘園図ごとに研究史・比定地・論点などが整理された。これらによって、古代経営体の一形態である荘園を研究する基礎的条件は整った。

この時期には、古代の経営体を分析する手法の面でも大きな進展がみられた。岸俊男は、文献とともに氏族・地名・遺跡の分布、民俗行事などを丹念に分析し、律令制下の「倭屯田」の所在地の歴史的環境を総合的に復原していった。そして、ミヤケを起源として律令制下へと至る「倭屯田」の展開を明らかにした[26]。この研究でとられた多角的な分析の手法は、律令制下の経営体を研究する上でも範となりうるものであった。

荘園図に関しても、一九八〇年代後半頃から古代史のほかに、金田章裕らによって深められていた歴史地理学[27]、同時期の開発の進行とともに膨大な情報を蓄積しつつあった考古学、さらには中世史・近世史・民俗学などの隣接分野を動員した学際的研究がなされるようになった。その起点となったのは讃岐国山田郡田図に関する研究[28]であり、一九九〇年代には額田寺伽藍並条里図や西大寺関係絵図群の研究も行われた[29]。額田寺伽藍並条里図の研究では料布・顔料などを復原した模写図が作製され[30]、モノとしての荘園図に対する理解も深められていった。

このように、一九八〇年代頃から律令制下の大土地経営が古代社会の解明の糸口として再発見され、新出史料の発見や史料集の発刊、研究方法の深化などによって研究の基礎的な条件も整っていった。こうしたなか、一九九〇年代半ばから大土地経営の研究を主導したのが、鷺森浩幸である[31]。

鷺森は、石上・吉田の視点を継承しながら、ミヤケ・タドコロなどの律令制以前の経営体から「初期荘園」をも含む八・九世紀の経営体までを一貫した論理で説明することを試みた。鷺森によれば、ミヤケの段階から九世紀初頭までの大土地経営は、①特定の広がりをもつ地域を領域的に所有する、②土地の条件・状況や所有者の必要に応じて、適宜用益する、③多様な用益地が互いに結合して一つの集合体を形成する、という通時的な特徴を有するという。この見解は、古代の大土地経営に関する研究の、一つの到達点を示している。

三　本書の目的と構成

一九八〇年代から二〇〇〇年代にかけてなされた研究によって、律令制下の大土地経営は積極的な研究の対象として再発見され、前後の時期も含めた通時的な特徴が明らかになってきた。七世紀から九世紀にかけては、王権や国家のあり方が大きく変容し、社会も激しい変動を経験した時期である。この期間における連続性が復原されたことによって、大土地経営に関する研究は多元的な社会の実態に接近する手段としての有効性がより高まったといえる。

一方で、ここまでの研究では通時性が強調されるあまり、ともすれば各期の大土地経営のあり方の相違が捨象されてしまう傾向があった。そこで本書では、古代の大土地経営について、各時期の特徴を明確化しつつ歴史的展開を復原することを基幹的課題とする。具体的な検討は、実態としての大土地経営と国家的土地制度の両面から進めていく。

実態面の研究では、近年の研究で明らかになった経営の連続性という視点を継承しながら、木簡・荘園図・寺院資財帳といった実態に密着した史料を積極的に用いる。また、経営が展開した実地に可能な限り即して、経営体の特性や歴史的環境、経営体を取り巻く状況の変化などを具体的に考察していきたい。土地制度の面からは、これまでの膨大な研究の蓄積をふまえつつ、唐田令に関する知見の増加を承けた近年の研究[32]にも目を配りながら、律令制的土地制度の内容や展開について再検討していきたい。

こうした実態と制度の両面からの検討の上で、本書では両者の相互関係に着目する。大土地経営は外的条件を遮断する無菌室のなかに存在したわけではなく、律令制国家が運用する政策・制度の影響に曝されながら存立していた。他方、土地制度の枠組みも、土地をめぐる実態、とくに政権の中枢にある皇親・貴族層の大土地経営などからの反作用を強く受けていた可能性が想定される。本書では、大土地経営と国家的土地制度の時期ごとの特性と歴史的展開を確認しながら、両者の関係の推移を動的に観測していく。これによって、大土地経営をめぐる状況を立体的に復原することが可能となるだろう。その成果をもとに、古代の社会・国家のあり方や、この時期の土地をめぐる状況の変化が有した歴史的意義などについても、見通しを得ていきたい。

以上の検討を進めるにあたっては、ハタケ・山野といった水田以外の地目にも注目する。戦前以来の古代の土地をめぐる研究において中心にあり続けたのは、言うまでもなく水田である。律令制国家の構築した土地制度が「熟田を集中的・固定的に把握する体制[33]」と評される特徴を有していたことからすれば、この研究動向はその当然の帰結ともいえる。一方で、近年では歴史学の諸分野においてハタケ・山野河海における生産・経営の意義を高く評価する研究がさかんとなりつつある[34]。古代にあっても、社会の実態に目を向けてみるとハタケや山野は有力な生産の場であったと考えられる。また、国家の直接的な管理度が相対的に低いハタケ・山野には、土地制度に隠されがちな実態が比較的顕れやすいと予想される。こうした諸点からすれば、ハタケ・山野は土地経営の実態や制度との関連を探る上で好適な条件を備えている。さらに、古代の大土地経営は水田・ハタケ・山野にわたる経営体として現象する。その実態を総合的に解明するためには、ハタケや山野の分析が必須となるであろう。本書では、ハタケや山野における土地所有・経営のあり方や制度と実態の関係性などを分析するとともに、そこから得られた知見を水田にフィードバックすることで、大土地経営をめぐる状況を立体的に明らかにしていきたい。

次に、本研究の構成と全体のなかでの各章の位置づけを示す。

第Ⅰ部では「律令制下の大土地経営の特質」と題して、八世紀初頭の大土地経営をめぐる諸状況や、七世紀後半以来の大土地経営と国家的規制の関係の推移について明らかにする。これは、本書全体の基礎となる部分である。

第一章「律令制下の大土地経営と国家的規制」では、貴族・豪族らによる山野の占有を糾弾する慶雲三年（七〇六）三月十四日詔を分析し、そこでの土地経営やそれに対する規制の特徴を明らかにする。そして、同時期に展開した大土地経営のあり方と比較しながら、それを歴史的に位置づけたい。こうして八世紀初頭の大土地経営の概況と、それと律令制的土地制度の関係をおさえた上で、孝徳朝以降に展開した大土地経営規制の整備を律令制国家の形成過程に位置づけていく。ここで、以下の諸章にも通底する基本的な枠組みを提示したい。

第二章「大土地経営を支える論理―「林」の機能―」では、前章に引き続いて慶雲三年三月詔を主要な考察の材料として、そこにみえる「氏々祖墓」「百姓宅辺」という二類型の「林」の存在形態を明らかにする。さらに、大和国額田寺とその寺辺所領を描いた額田寺伽藍並条里図を分析して、二類型の「林」が土地経営の上で果たした実際の役割を考察していく。以上より、前章で扱った八世紀初頭の大土地経営体を維持するためにどのような論理が用いられていたか考えていきたい。

第三章「天武・持統朝の山野支配―禁制地の実相―」では、山野に関する政策が集中的に施行された天武・持統朝における禁制地（公権力によって禁制を敷かれた山野）について検討する。研究史上、当該期から律令制下にかけての禁制地は「禁処」と呼ばれる場合が多かったが、その問題点について確認する。そして、天武朝と持統朝について、禁制地の性格や禁制の方式について、前代のあり方とも比較しながら分析していく。これにより、大土地経営に対する規制が進む七世紀後半において、王権の土地に対する支配の実相が明らかになるだろう。

第Ⅱ部「寺領にみる大土地経営の歴史的展開」では、第Ⅰ部で検討した大化前代から八世紀に至る大土地経営の歴史的展開について、寺領を素材として具体的に検証していく。さらに、国家的土地制度の根幹である「田」の性格や、八世紀を通じた大土地経営をめぐる状況の変化などを明らかにしていきたい。

第一章「『寺田』の成立―大和国弘福寺を例として―」では、和銅二年（七〇九）十月二十五日弘福寺水陸田目録に載る大和国弘福寺の寺領を分析していく。まず各寺領の地目的構成や歴史的環境、そして寺領と「寺田」の関係などを具体的に検討するなかで、八世紀前半の「寺田」の特徴や機能を明確にする。その上で、七世紀後半から八世紀初頭までの寺領統制政策の進展と対照しながら、法的地目としての「寺田」が設定されていく過程を明らかにしていく。また、八世紀を通じて積み残されていく寺領と「寺田」をめぐる課題についても浮き彫りにしたい。

第二章「寺領の歴史的展開―筑前国観世音寺領杷伎野を例として―」では、筑前国観世音寺領の杷伎野を舞台として、八世紀を通じた寺領の変革について考えていく。まず、大宝年間における施入に関する史料の虚実を明らかにした上で、施入の形式や歴史的経緯などをもとに所領としての杷伎野の特性をおさえる。景観や想定される来歴などをもとに、杷伎野の所領としての特質を明らかにする。そして、難解な史料とされてきた『続日本紀』神護景雲二年（七六八）九月辛巳条を解釈することで、八世紀を通じた杷伎野の変動について考察する。これにより、第一章でみた寺領をめぐる課題が克服される方向性とその動因についての見通しを得つつ、この時期の変化が有した歴史的意義を考えてみたい。

第Ⅲ部「ハタケ所有の特質と変化」では、古代におけるハタケ所有の特質と、その八世紀を通じた変化について検討する。ここでの考察は、第Ⅰ・Ⅱ部で明らかにする大土地経営の歴史的展開を、ハタケという具体的な場において検証する位置にある。

第一章「ハタケ所有の階層性―『園地』規定の背景―」では、田令に規定された地目「園地」を通じて、八世紀初頭までのハタケ所有の状況について考える。具体的には、「園地」に強い私有権の内在を認める通説を批判しながら、法制の上での「園地」の特徴を析出する。そして、「園地」という表記のある史料を具体的に検討するなかで、法的地目としての「園地」と実在のハタケの関係性について分析する。その結果に留意しながら、一般農民と貴族層・寺院などの有力者の双方について、田令の「園地」関連規定が立条された背景となる律令制成立期のハタケ所有の状況を把握していきたい。

第二章「『陸田』の特性とハタケ所有」では、「陸田」という地目に着目することで、八世紀中葉までに生じたハタケ所有のあり方の変質を明らかにする。まず実例の集積から「陸田」の特徴を抽出し、第一章で検討した「園地」と比較することで地目としての特性をより明確化する。さらに、八世紀前半に出された「陸田」に関連する法令である和銅六年十月七日詔と養老三年（七一九）九月二十八日詔の内容と意図、結果などを探るなかで、「陸田」に関する政策の変遷をおさえる。そして、八世紀にハタケ所有に生じた変節の特徴と要因について考察していくことにする。

終章「大土地経営の歴史的展開と社会」では、ここまでの諸章を要約するとともに、そこで検討した個別の論点を時系列に即して再構成する。この作業を通じて、本書の主要な課題である大土地経営の歴史的展開についてまとめ、そこに照応される古代社会のあり方に関して見通しを述べる。最後に、本書で解き明かした土地をめぐる状況の変化が有した歴史的意義に触れて締めくくりとしたい。

註

（1）律令制的土地制度の研究史については、虎尾俊哉『班田収授法の研究』（吉川弘文館、一九六一年）、村山光一『研究史 班田収授』（吉川弘文館、一九七八年）、服部一隆『班田収授法の復原的研究』（吉川弘文館、二〇一二年）など参照。制度の概要は、彌永貞三「律令制的土地所有」（同『日本古代社会経済史研究』岩波書店、一九八〇年、初出一九六二年）、宮本救「律令制的土地制度」（同『律令田制と班田図』吉川弘文館、一九九八年、初出一九七三年）などにまとめられている。

（2）西岡虎之助「ミヤケより荘園への発展」（同『荘園史の研究』上、岩波書店、一九五三年、初出一九三三年）、渡部義通「屯倉・田荘の研究」（同『古代社会の構造』伊藤書店、一九四八年、初出一九三五年）など。

（3）門脇禎二「ミヤケの史的位置」（『史林』三五—三、一九五二年）、井上辰雄「『ミヤケ制の政治史的意義』序説」（『歴史学研究』一六八、一九五四年）、阿部武彦「ミヤケに関する若干の考察」（同『日本古代の氏族と祭祀』吉川弘文館、一九八四年、初出一九五七年）、米田雄介「ミヤケの再検討」（『ヒストリア』三五、一九六三年）、彌永貞三「大化以前の大土地所有」（前掲註（1）書所収、初出一九六五年）など。

（4）原島礼二「『日本書紀』のミヤケ設置記事」（同『日本古代王権の形成』校倉書房、一九七七年、初出一九七四年）、同「『日本書紀』の屯倉観」（前掲書、初出一九七六年）、同「屯倉の設置時期」（前掲書）、栄原永遠男「白猪・児嶋屯倉に関する史料的検討」（『日本史研究』一六〇、一九七五年）、舘野和己「屯倉制の成立」（『日本史研究』一九〇、一九七八年）など。

（5）藤間生大『日本庄園史』（近藤書店、一九四七年）。

（6）岸俊男「越前国東大寺領庄園の経営」（同『日本古代政治史研究』塙書房、一九六六年、初出一九五二年）、「越前国東大寺領庄園をめぐる政治的動向」（前掲書、初出一九五二年）。

（7）彌永貞三『奈良時代の貴族と農民』（至文堂、一九五六年。のち増補版、一九六六年）。

（8）東大寺領荘園の重視は早い段階から顕著であった。さらに、一九六〇年代に東大寺領荘園図の詳細な図版である『東大寺開田図』（東京大学史料編纂所編、東京大学出版会、一九六五年）とその釈文『大日本古文書　家わけ十八　東大寺文書之四（東南院文書之四）』（東京大学史料編纂所編、東京大学出版会、一九六六年）が相次いで刊行されたことは、その傾向をより促進したように思われる。

（9）簡便な研究史としては、小口雅史「『初期庄園』研究史概要」（同編『デジタル古文書集　日本古代土地経営関係史料集成　東大寺領・北陸編』同成社、一九九九年）など。同書には、一九九九年までの「初期荘園関係文献目録稿」が付属している。

（10）大化前代の経営体と荘園の関係について考察した論考としては、例えば以下のものがある。西岡虎之助は、孝徳朝以降もミヤケ・タドコロの中核部分（倉庫など）が残存し、後に土地の支配を属性とする荘園の成立を用意したとする（前掲註（2）論文）。赤松俊秀は、ミヤケ・タドコロの耕地の大部分が「公田」として律令制下に残り、さらにそれが「初期荘園」の耕作地に導き入れられたことを論じている（「大化前代の田制について」〈同『古代中世社会経済史研究』平楽寺書店、一九七二年、初出一九六〇年)』)。
(11)「大化改新の研究」(『坂本太郎著作集』六、吉川弘文館、一九八八年、初出一九三八年)。
(12) 吉村武彦「八世紀『律令国家』の土地政策の基本的性格」(『史学雑誌』八一―一〇、一九七二年。のち、大幅に改稿して同『日本古代の社会と国家』岩波書店、一九九六年)。なお、吉村の「公地」論に関しては、第Ⅱ部第二章で部分的に検討した。
(13) 吉村武彦「律令制国家と土地所有」(前掲註(12)書所収、初出一九七五年)、同「律令体制の成立と国家的土地所有」(永原慶二ほか編『日本経済史を学ぶ』上、有斐閣、一九八二年)など。
(14) 吉田孝「墾田永年私財法の基礎的研究」(同『律令国家と古代の社会』岩波書店、一九八三年。もととなる論文は一九六七・一九七二年)。
(15) 石上英一「弘福寺文書の基礎的考察」(同a『古代荘園史料の基礎的研究』上、塙書房、一九九七年、初出一九八七年)、「日本古代における所有の問題」(同b『律令国家と社会構造』名著刊行会、一九九六年、初出一九八八年)。
(16) 本書では、雑穀・蔬菜・果樹などの栽培地の表記自体も研究対象として取り上げる。そのため、便宜的に「はたけ」はカタカナ表記に統一する。
(17) 石上英一「古代荘園と荘園図」(金田章裕・石上英一・鎌田元一・栄原永遠男編『日本古代荘園図』東京大学出版会、一九九六年)。
(18) 石上前掲註(15)a書、同『古代荘園史料の基礎的研究』下(塙書房、一九九七年)など。
(19) 吉田孝「律令国家と荘園」(『講座日本荘園史2　荘園の成立と領有』吉川弘文館、一九九一年)。
(20) 吉田孝「イヘとヤケ」(前掲註(14)書所収)。
(21) 奈良国立文化財研究所編a『平城京　長屋王邸宅と木簡』(吉川弘文館、一九九一年)、同編b『平城京左京二条二坊・三条二坊発掘調査報告』(一九九五年)など参照。
(22) 長屋王家木簡を用いた、長屋王家や律令貴族の土地所有や土地経営に関する主な研究としては、鬼頭清明「万葉人の生活」(同『古代木簡と都城の研究』塙書房、二〇〇〇年、初出一九九二年)、舘野和己「長屋王家木簡の舞台」(同『日本古代の交通と社会』塙書房、一九九八年、初出一九九二年)、岩本次郎「木上と片岡」(奈良国立文化財研究所編『長屋王家・二条大路木簡を読む』吉川弘文館、二〇〇一年、初出一九九二年)、福原栄太郎「長屋王家木簡にみる木上について」(『日本歴史』五六二、一九九五年)、小口雅史「長屋王家木簡にみる土地経営をめぐって」(『法政大学教養部紀要』一〇四、一九九八年)、森公章「長屋王家木簡と田庄の経営」(同『長屋王家木簡の基礎的考察』吉川弘文館、二〇〇〇年、初出一九九八年)など。

(23) 註(8)参照。

(24) 東京堂出版、一九七六~七七年。

(25) 註(17)参照。

(26) 岸俊男「『額田部臣』と倭屯田」(同『日本古代文物の研究』塙書房、一九八八年、初出一九八五年)。

(27) 金田章裕『条里と村落の歴史地理学研究』(大明堂、一九八五年)、同『古代日本の景観』(吉川弘文館、一九九三年)など。

(28) 『讃岐国弘福寺領の調査　弘福寺領讃岐国山田郡田図調査報告書』(高松市教育委員会、一九九二年)など。

(29) 『国立歴史民俗博物館研究報告』八八(二〇〇一年)、佐藤信編『西大寺古絵図の世界』(東京大学出版会、二〇〇五年)など。

(30) 山口英男「『額田寺伽藍並条里図』の復原をめぐって」(『条里制研究』九、一九九三年)、村岡ゆかり「額田寺伽藍並条里図の復元模写製作」(『東京大学史料編纂所研究紀要』四、一九九四年)など。

(31) 鷺森浩幸『日本古代の王家・寺院と所領』(塙書房、二〇〇一年)。

(32) 服部一隆『班田収授法の復原的研究』(吉川弘文館、二〇一二年)、三谷芳幸『律令国家と土地支配』(吉川弘文館、二〇一三年)ほか。

(33) 吉田孝「編戸制・班田制の構造的特質」(前掲註(14)書所収)。

(34) その濫觴となったのは、網野善彦氏がそれまでの土地をめぐる研究を「水田中心史観」として批判し、ハタケや山野河海などで展開する生業に注目する必要性を提示したことであった。網野善彦「日本中世の民衆像」(『網野善彦著作集』八、岩波書店、二〇〇九年、初出一九八〇年)、『中世の非農業民と天皇』(『網野善彦著作集』七、岩波書店、二〇〇八年、初出一九八四年)など。

第Ⅰ部　律令制下の大土地経営の特質

第一章　律令制下の大土地経営と国家的規制

はじめに

本章では、大宝令が施行されて間もない八世紀初頭の大土地経営とそれに対する国家規制の状況についての検討を中心に据えながら、律令国家の成立・展開にともなう経営と規制の変容を明らかにすることを直接の課題とする。本章および第二章において検討の基礎的素材とするのが、慶雲三年（七〇六）三月十四日詔[1]（以下、本章と第二章では「慶雲三年詔」と略す）である。詔は、貴族層を主体とする「王公諸臣」による山野占有の禁断を主題とする。律令国家は一元的土地管理を建前とするため、法制史料に私的な大土地経営が顕れることは少ないが、この詔には八世紀初頭の大土地経営のあり方や政府の対応について詳細な記述がみえ、当該期の大土地経営の様相や法との関係を検討する格好の材料となりうる。

第一節では、この慶雲三年詔の再検討を中心として、八世紀初頭の大土地経営と政府による規制の状況について考察していく。第二節では、第一節で明らかにした状況を前提としつつ、律令国家形成期の大土地経営規制の成立過程を明らかにし、上記の課題にせまっていきたい。

一　八世紀初頭の大土地経営とその規制

1　慶雲三年詔の分析

本項では、慶雲三年詔に記述される貴族層の経営と、それに対する政府による規制の基本的な特徴を分析していく。まず、慶雲三年詔を掲げる。

（前略）詔曰、軒冕之群、受二代耕之禄一、有秩之類、無レ妨二於民農一。故召伯所以憩二於甘棠一、公休由レ其抜二乎園葵一。Ⓐ頃者、王公諸臣、多占二山沢一、不レ事二耕種一、競懐二貪婪一、空妨二地利一。若有下百姓採二柴草一者上、仍奪二其器一、令二大辛苦一。Ⓑ加以、被レ賜レ地、実止有二一二畝一。由レ是踰レ峯跨レ谷、限為二境界一。Ⓒ自レ今以後、不レ得二更然一。令二百姓樵蘇勿二輙禁止一焉。Ⓓ但氏々祖墓及百姓宅辺、栽レ樹為レ林、并周二三十許歩、不レ在二禁限一焉。(2)

詔のⒶ部分では、貴族層が山野を占有して農業に従事せぬ一方で、農民の樵蘇活動を妨害していることが述べられている。ここにみえる貴族層の山野での活動は、領域的占有をともなう非農業的経営として特徴づけられる。

加以、被レ賜レ地、実止有二一二畝一。由レ是踰レ峯跨レ谷、限為二境界一。

というⒷ部分の記載によれば、この経営は一〜二畝の「地」（以下、「被賜地」）の所有を不法に拡大することで達成されたという。この「被賜地」は、山野と経営上何らかの関連を有していたと考えられるが、その性格はいかなるものだったのだろうか。

「被賜地」は、字義から政府に占有を許可された土地として定義できる。その内容について、従来は主に非農業的経営を目的とした山野と想定されてきた。かりに「被賜地」の中心が山野だとすれば、当該期には詔勅・官符などによる山野の賜与がかなり一般的だったことになる。(3)まずは法制面からその妥当性を検証してみよう。

養老雑令9国内条では、

（前略）自余非二禁処一者、山川藪沢之利、公私共之。

と、「禁処」に該当しない山野での収穫物の共同利用（共利）の原則が定められている。この規定は大宝令にさかのぼることがほぼ確実であり[4]、条文上はやや漠然としているものの[5]、実態としては貴族層による山野の独占利用を排除する法理として機能した[6]。慶雲期が大宝令施行後の不具合の修正がはかられた時期であることを考慮すると[7]、慶雲三年詔における山野占有の禁断は、国内条をより具体化した措置として位置づけえよう。山野は国内条によって共利の空間とされ、慶雲三年詔などによって排他的占有を禁圧されていたのである。政府に公認された山野が広範に存在したとの想定は、以上の政策基調と背馳しており、にわかには認めがたい。

「被賜地」を山野と解しつつ、法制との対立を回避する見解としては、「被賜地」を雑令国内条に規定された「禁処」とみなすものがある[8]。「禁処」は共利化の範囲に含まれず、ある主体による占有が認められる場合のある空間である。「被賜地」がこの「禁処」に該当するならば、「被賜地」の広範な存在は山野の共利化と矛盾しないであろう。

では、「禁処」はどのような空間として構想されていたのだろうか。「禁処」規定に直接つながる政策は、天武・持統朝に実施された山野などの用益制限であった[9]。その対象となったのは、具体的には飛鳥川の水源や旧来の畿内の禁制地[10]、特定の海や野などである[11]。最も根源的なこれらの禁制地は、従来より用益が制限されていた領域や、元来王権と関わりの深い土地を内容とし、豪族層が支配する山野を含まない（第Ⅰ部第三章）。そればかりか、天武朝には豪族層の山野支配が一律に否定されており（本章第二節第二項）、同時期に導入された「禁処」の概念にこれが含まれていたと解することは困難である。貴族層などの経営する山野は基本的には共利化の対象となる空間だったと考えられ、「被賜地」を「禁処」とする見解は成り立ちがたいのである。

実態として、八世紀初頭の山野の賜与は数例確認される。大宝三年（七〇三）の志紀親王に対する近江国の「鉄穴」

の賜与や[12]、慶雲二年の刑部親王に対する越前国の「野」一〇〇町の賜与[13]などがそれである。ただし、これらは鉄の採掘という特殊な利用や、開墾を予定した野地などの事例であり、ただちに非農業経営を目的とした山野の賜与の盛行とは結びつかない。「被賜地」の主体を山野とすることは、法制・実態の両面から疑わしいのである。

これに対し、小林昌二はⒶ部分にみえる「不事耕種」という表現に注目し、貴族層の山野経営が耕作を名目としていたとする。さらに、山野経営の核とされる「被賜地」の用途も耕作であったとし、その属性を未開地と断じた。「被賜地」は開墾を目的として貴族層に賜与された未開地だというのである[14]。

小林の見解をふまえた上で虚心に詔を眺めると、「被賜地」に用いられた「一二畝」という表現が目に入る。この単位は本来的に耕地と結びつく用字であり、山地を指す例は管見の限り存在しない。また、詔で山野における「不事耕種」が問題とされていることは、その根拠地とされる「被賜地」が耕地として利用されていたことを強く示唆する。「被賜地」の主体として山野を想定しがたいという上述の結論もふまえると、「被賜地」が耕作の対象となる土地である蓋然性はきわめて高く、小林説はこの点において卓見である。

一方で、小林が未墾地としての「被賜地」が賜与された契機としたのは、持統朝における麦の播殖政策であった。この政策は、養老七年（七二三）八月二十八日太政官符[15]に「藤原宮御宇　太上天皇之世、割二取官物一、播二殖天下一」とみえ、持統七年（六九三）三月に出された「令二天下、勧二殖桑・紵・梨・栗・蕪菁等草木一。以助二五穀一」[16]という詔と関連するという。ところが、これらの史料には有力者に未墾地が分与されたことはみえず、この想定を断案とすることには躊躇せざるをえない[17]。これ以外にも慶雲三年以前に貴族層に未墾地の大規模な分給がなされたことは確認できず、賜与された未墾地の社会的な広がりを証明することはできない。

他方、この時期に広範な存在が確実なのは、「田」である。貴族層が所有する既墾地の主要部分は、位田・職田・功田・賜田・口分田など田令に規定される「田」として国家的に所有を認許されていた。「田」は理念的には国家から「賜与」され、八世紀初頭の段階で広範に存在していたのであり、これを「被賜地」とみなす方が、山地や未墾地の賜与が一般的であったという不自然な想定をするより合理的である。未墾地も「被賜地」の一部としては想定されていたかもしれないが(18)、その主体として念頭に置かれていたのは、やはり既墾地を中心とする「田」の方だろう。

慶雲三年詔では、「被賜地」(「田」)が貴族層の山野占有の根拠地とみなされている。これは、貴族層の経営する山野と「田」の地理的な近接を示唆する表現である。ここから、貴族層の山野経営が「田」の経営とも密接に結合しつつ展開していたことを読み取りうる。

しかし、政府は「田」における経営を是認する一方で、山野の経営は禁圧していた。慶雲三年詔からは、貴族層の複合的な土地経営のあり方と、地種ごとに異なる政府の対応を読みとることができる。

2　開墾予定地・開墾地の規制状況

第一項での検討により、慶雲三年詔にみえる貴族層の経営が少なくとも山野と耕地にわたることが確認された。当該期の技術段階にあっては農業経営の維持のために不断の開墾が必要とされ、山野・耕地の中間的形態である、開墾のために占有された山野(以下「開墾予定地」)や開墾によって生じた耕地(以下「開墾地」)の存在も経営上必要不可欠であった。本項では、これらの土地の規制状況について考察し、第一項での検討を補強していく。

慶雲三年詔には開墾予定地・開墾地の扱いに関連して、以下の記述がみえる。

不㆑事㆓耕種㆒、競懐㆓貪婪㆒、空妨㆓地利㆒。

ここでは山野占有の「耕種」を目的としない点が糾弾されているが、「耕種」を目的とした占有自体は問題視されていない。公的な規制のベクトルは、開墾予定地・開墾地の存在を否定する方向に向いていないのである。

この点はすでに先学も注目しており、大宝田令に一般的開墾規定が存在したという想定と結びつける見解も存在する。[19] 周知の通り、養老令には開墾予定地・開墾地の占定・取得・収公などに関する一般的規定を見出すことはできないが、大宝令では田令荒廃条に新規開墾の規定が存在した可能性が指摘されており、その是非をめぐって多くの議論が蓄積されている。[20]

養老田令29荒廃条は、

（ⅰ）凡公私田、荒廃三年以上、有㆓能借佃者㆒、経㆓官司㆒判借之。雖㆓隔越㆒亦聴。私田三年還㆑主、公田六年還㆑官。限満之日、所㆑借人口分未㆑足者、公田即聴㆑充㆓口分㆒。私田不㆑合。（ⅱ）其官人於㆓所部界内㆒、有㆓空閑地㆒、願㆑佃者、任聴㆓営種㆒。替解之日、還㆑公。

と、ⅰ部分で荒廃公私田の再開墾に関する手続き・期限や満期後の処分などについて、ⅱ部分で官人の「空閑地」営種や収公について、それぞれ規定する。養老令荒廃条は荒廃田の再開墾を主眼とし、一般的な開墾規定を含まない。一方の大宝令では、養老令との間に構造上の変化はない[21]ものの、ⅰ部分の「三年以上〜判借之」に附された『令集解』古記に、

荒地、謂未熟荒野之地。先熟荒廃者非。唯荒廃之地、有㆓能借佃者㆒判借耳。

とあることにより、養老令にはなかった「荒地」なる文言が存したことが知られる。その語義は、荒廃田（＝「先熟荒廃」）と明確に区別された未墾地（＝「未熟荒野之地」）であり、大宝令荒廃条に未墾地に関する何らかの規定が存在したことを示している。この「荒地」が用いられた文脈によっては、同条における一般的開墾規定の存在にもつながってくる。そこで以下では、「荒地」の語に関する検討を通して大宝令荒廃条における一般的開墾規定の有無を確定し、慶雲三年詔での開墾予定地・開墾地の扱いと令制の関係にせまっていきたい。

大宝令荒廃条の復原に関わる旧来の説は、官人による開墾の対象としてⅱ部分にみえる「空閑地」と「荒地」の関係に着目すると、（A）大宝令での両者の併存を認める説と、（B）大宝令に「荒地」のみが存在したとする説に大別

できる。

「空閑地」は開墾を必要とする土地である点で「荒地」と重複し、仮にこの語が大宝令にも存在したとすると、類似の属性を有する二つの地目の使い分けが問題となる[22]。両者の併存を主張するA説では、ii部分に規定される官人の営種地である「空閑地」に対して、「荒地」はi部分に規定される一般的な開墾の対象として説明される[23]。具体的には、古記の記述をふまえて荒廃田の再開墾手続きが適用されないという規定（「荒地不レ合二判借一」など）を想定する場合が多い[24]。論者によってその解釈には幅がある[25]ものの、この説を採れば大宝令荒廃条に一般的開墾に関する規定が存在したことになる。

他方、両者の併存を不自然とし、大宝令文に「空閑地」の語を認めないB説では、「荒地」は養老令の「空閑地」と同様にii部分に規定された官人営種地として把握される。さらにB説はi部分に「荒地」の語を認めないB1説と、その存在を肯定するB2説に分かれる。B1説によれば、大宝令荒廃条における「荒地」は官人営種地としてのみ規定されており、大宝令荒廃条に一般的な開墾規定は存在しなかったことになる[26]。B2説の論者は、i部分に「荒地」の語を含む開墾申請時の規定を、ii部分にも一般的開墾の収公に関する規定をそれぞれ想定し、大宝令荒廃条に一般的開墾に関する統一的な規定を見出す傾向が強い[27]。

以上の諸説は、いずれも決定的とはいえない状況にあった。このようななか、北宋天聖令の発見により唐田令に関する知見が増し、大宝令荒廃条を復原する材料が追加された。

まず重要だったのは、唐令における「荒地」「空閑地」の使用状況が明らかになったことである。天聖令の荒廃条相当条文（唐30条）は次の通りである。

諸公私、荒廃三年以上、有二能佃者〔借脱カ〕一、経二官司一申牒借之。雖二隔越一亦聴（注略）。私田三年還レ主、公田九年還レ官。其私田、雖二廃三年一、主欲二自佃一、先尽二其主一。限満之日、所レ借人、口分未レ足者、官田即聴レ充二口分一（注略）。私田不レ合。其借而不レ耕、経二二年一者、任有レ力者借之。則不二自加レ功、転分二与人一者、其地即回借二見佃之人一。若佃人、雖二経レ熟訖一、三年外、不レ能二耕種一、依レ式追収、改給。

日本令荒廃条のⅰ部分がこの条文にもとづいて作文されているのは明らかであるが、そこには「荒地」「空閑地」の語はみえない。このことは、ⅰ部分における「荒地」の語を唐令の引き写しによるものと想定する場合の多かったA説(28)にとって、大きな失点となった。さらに「空閑地」は天聖田令の他の条文にもみえなかったが、「荒地」は以下に規定されていた。

〔天聖田令唐7条〕

諸五品以上永業田、（中略）任於二寛郷一隔越、射二無主荒地一充。（下略）

〔天聖田令唐12条〕

諸請二永業者一、（中略）其有下先於二寛郷一、借二得無主荒地一者上、亦聴二廻給一。

「無主荒地」は、唐7条では五品以上に官人永業田として充当される土地であり、唐12条では官人永業田に編入される借得地であった(29)。これらは、ともに官人を開墾の主体とする未墾地として把握できる。

天聖令によって判明したもう一つの重要な知見は、唐30条に日本令のⅱ部分にあたる規定が存在しなかったことである。このことは、ⅱ部分が大宝令で新たに作文されたことを意味する。服部一隆によれば、大宝田令で新たな文章が作成される場合、条文中の語句の多くは唐田令の字句から流用される傾向がある(30)。この指摘に沿えば、日本令で新たに設定されたⅱ部分に、唐田令に存在しない「空閑地」の語が使用されていない可能性が生じる。

ここで改めて養老令の「空閑地」の意味を確認したい。「空閑地」は、官人の営種対象となる未墾地である。さらに、他の編目にみえる「空閑」の語を含めて分析した西別府元日によれば、「空閑地」は現実に領有者・用益者が存在しない土地であった(31)。つまり、養老令荒廃条での「空閑地」は①官人営種地、②未墾地、③領有者・用益者の不在という要件から成り立っている。これらの条件を満たす別の語句が唐令にみつかれば、その語は大宝令の官人営種地としてより適合的だろう。

そこで③の条件から「無主」、②の条件から「荒地」の語を導き出して合成すると、「無主荒地」の語が得られることに気づく。この「無主荒地」は官人による営種の対象であり、①の条件にも合致する。「無主荒地」は養老令の「空閑地」の属性をすべて満たし、その代替用語として頗る相応しい。このことから、大宝令のⅱ部分で官人営種地として用いられていた語は、「無主荒地」であった蓋然性が高いと考えられる。

以上の考察が妥当であれば、「荒地」の語はⅱ部分に用いられた官人営種地である「無主荒地」のⅰ部分とみなすべきであり、B説が正しかったことになる。問題となるのは「荒地」がⅰ部分にも用いられていた可能性であるが、「荒地」を含む文言がⅱ部分に解消されてしまう以上、あえてⅰ部分に「荒地」を含む規定を求める合理的根拠は存在しない[32]。大宝令荒廃条における一般的開墾規定の存在を疑わせた「荒地」の語は、養老令の「空閑地」に相当する官人営種地である「無主荒地」の一部として大宝令に用いられており、大宝令荒廃条に一般的開墾に関する規定は存在しなかったのである[33]。

ここで、慶雲三年詔の問題に戻る。詔からは、貴族層による開墾予定地・開墾地の占有が必ずしも否定されていなかった。大宝田令に一般的開墾規定が存在しなかったことを考慮すると、これは黙認とでもいうべき状態として位置づけうる。このようなあり方は、令制がこれらの地目への対処を明示していないことに規制されており、その意味では消極的ではあるものの令制の枠組みに沿っているとも評価できる。山野・「田」のように直截的ではないが、令制の影響は開墾予定地・開墾地にも及んでいたのである。

3　慶雲三年詔にみえる大土地経営の位置づけ

第一・二項での検討により、慶雲三年詔にみえる貴族層の経営が、山野・耕地、そして開墾予定地・開墾地に及んでいることが明らかになった。このような経営は当該期の土地所有・経営の上でいかなる位置にあったのだろうか。本項では、寺院資財帳・木簡・荘園図などの実態に即した史料にみえる大土地経営の状況との比較を通して、慶雲三年詔にみえる経営の位置づけをはかっていきたい。まずは、いくつかの事例を取り上げ、実態的な史料にみられる大土地経営の特徴・来歴などを具体的に確認していく。

（1）実態的史料にみえる大土地経営

a　法隆寺の所領　天平十九年（七四七）二月十一日法隆寺伽藍縁起幷流記資財帳(34)には、各地に点在した法隆寺の所領が「水田」「薗地」「山林岳島」「海」「池」「荘」などの地目ごとに書き上げられている。資財帳の記載では、これらの用益地は独立しているようにもみえるが、複数の地目が同一の地域に集中していることから、各地目間には何らかのつながりが推測される。ここでは、仁藤敦史・鷺森浩幸らの研究(35)に多くを学びつつ、大和国平群郡・播磨国揖保郡の二例について、その景観や来歴などにふれたい。

大和国平群郡は法隆寺の所在する郡であり、「水田」「薗地」「岳」「池」「荘」が存在した。「池」には「寺辺」と明記され、法隆寺の近傍に位置したことは確実である。この「寺辺」の「池」は灌漑用池と考えられ、耕地である「水田」「薗地」（＝ハタケ）などをその縁辺に想定しうる。

平群郡の「岳」は屋部郷と坂戸郷の二カ所にみえ、前者の東限は「板垣嶺」と記載されている。これは法隆寺の北東に位置する法輪寺の西方の丘陵であり(36)、さらにその西方の「岳」は法隆寺の北方に広がっていたことになる。「岳」の南限である「寺領」は、先に推定した耕地群に相当すると思われ、近接する「岳」と耕地の間には景観上・経営上の一体性を想定できる。法隆寺の周辺には、耕地を中核としつつ、丘陵地帯をも含み込んだ寺辺所領が展開していたのである。この地域の耕地は六世紀後半〜七世紀初頭に整備された地割に包摂されており(37)、厩戸王によって開発された斑鳩宮の所領に由来すると考えられる。この地域の用益地の起源は、少なくとも七世紀初頭以前にまでさかのぼらせうる(38)。

播磨国揖保郡には、「水田」「薗地」「岳」「池」「荘」がみえる。揖保郡は、後に法隆寺領鵤荘が展開する地域であり、資財帳にみえる「岳」の名称の多くが鵤荘でも確認される(39)ことから、資財帳所載の地目がその前身であることは確実である。揖保郡の用益地は、鵤荘が展開する地域に集中的に存在していたと推定され、一地域への多様な用益地の集合が確認できる。

所領の由来について、推古紀に、

皇太子亦講二法華経於岡本宮一。天皇大喜之、播磨国水田百町施二于皇太子一。因以納二于斑鳩寺一(40)。

と、厩戸王へ推古天皇から賜与された播磨国水田一〇〇町が法隆寺に施入されたとの伝承がある。年次・面積は微妙に異なるものの、資財帳にも同様の話は載せられており(41)、細部に不明な点を残すが、大筋として推古朝に厩戸王に附された所領が揖保郡所領の前身となった点は諒解できよう。この所領は少なくとも七世紀初頭にまでさかのぼりうる(42)。

法隆寺の所領では、一定の地域に多くの地目が集中する傾向が看取される。各地目は相互に密接な関連を有し、「荘」（経営の中心施設）などによって統合される経営体を構成した。これらの所領のなかには開発時期を、七世紀やそれ以前にさかのぼりうる場合も多い。資財帳にみえる法隆寺の所領は直接には八世紀中葉の寺領の姿を示すが、以上の特徴は厩戸王の上宮王家やそれに先行する大土地経営のあり方を継承したものとして位置づけうる。

b　長屋王家の所領

長屋王家木簡の多くは長屋王を本主とすると思われる家政機関の運営に関わる内容を有し、その年紀は和銅三年（七一〇）から霊亀三年（七一七）の範囲にほぼ収まる(43)。物品進上の送り状として使用された木簡には、進上主体として地名や「御薗」「御田」などの機関名が記されており、その分析を通じて長屋王家の所領を復原できる。ここでは、木上・山背の二所領について、その構成や起源について取り上げる。

木上の地名を冠した長屋王家の所領からは、「供養分米」(44)・焼米(45)や糯米(46)などが進上されており、同地に水田が存在したことが確認される。長屋王の食膳に供されたと思われる「大御飯米」も、この地から進上されたとする説が有力であり(47)、木上の水田が米の供給の中心として機能したことがうかがわれる。

「大御飯米」に関連して、以下の木簡も注目できる。

・当月廿一日御田苅竟大御飯米倉古稲

・移依而不得収故卿等急下坐宜　(219・14・2　〇一一形式(48))

ここでは、「古稲」の搬入によって「御田」の収穫を「大御飯米倉」へ収納することが不可能となってしまったため、「卿等」に現地へ下向することが求められている(49)。「御田」からの収穫が「大御飯米倉」に収納される予定であったことから、「大御飯米」には「御田」からの収穫が充てられる原則であったと考えられる。「大御飯米」の進上元である木上の所領には、「御田」と称する水田が存在したことになろう。また、「御田」からの収穫が収められる「大御飯米倉」も木上の所領に付属して設置されていた可能性が高い。

木上からは、米以外にも阿支比(アケビ)・棗・採交・竹なども進上されており、山林の用益がなされていたことが確認される。また、「木上御馬司」(50)と記される木簡によれば、牧も付属していたらしい。「御田」を擁する木上の所領は、水田・山林・牧など多様な用益の集合体だったのである。

この地は、長屋王の父である高市皇子の殯宮が営まれた「城上」「木上」(51)に相当すると考えられており、比定地を確定することはできないものの(52)、高市皇子の所領に由来することが確実視される。

山背の所領(53)からは、知佐(萵苣)・大根・古自(胡荽)・菁・比由(莧)・茄子・阿布比(葵)・交菜・布々支(蕗)

阿佐美・竹子など多様な品々が進上されており、中心的なハタケが存在したことが推定される。「山背御薗」という表記から、この地に「御薗」と称するハタケが存在したことがうかがわれるが、同時に「山背御田」という表記もみえ、両者の関係が問題となる。

・山背御田十町　可佃人功冂

・今薗遣四百卅三　(168)・(9)・5　〇一九形式(54)

この木簡には、「山背御田」の佃人の功に関する記述がみえるが、同時に「薗」に関する内容も記されている。このことは、「御田」と「薗」の経営主体の一致を示す。両者の経営は一体的に把握されており、おそらく景観としても一体性を有していたと思われる。

長屋王家の所領では、水田・ハタケ・山林などを含む多様な経営が展開しており、同地には倉などの付属施設も検出された。木上の所領は高市皇子との関係が深く、少なくとも七世紀の経営体に由来している。長屋王家の所領には、この他にも高市皇子の香来山宮との関連が想定される矢口の所領や、古くから王権と関連の深い地に営まれた宇太(大和国宇陀郡)・片岡（同葛下郡）・広瀬（同広瀬郡）・狛（山背国相楽郡）など、七世紀以前からの開発が想定できるものが多い。これらの所領は、律令制以前からの伝統を有する多様な用益地の集合体として把握できる。

c　大和国額田寺の寺辺所領

大和国額田寺伽藍並条里図（以下、本章では「額田寺図」と略す。図1）は、額田部氏の氏寺である額田寺とその寺辺所領を描いた図であり、天平宝字年間をそう下らない時期の作製である(56)。図1が描く領域は額田部氏の本拠が営まれた地域と重なっており、額田部氏によって律令制以前から開発されていたことが推定されている(57)。図1には、寺領として「田」「畠」「池」「岡」「林」など多くの地目が記載されているが、同一地域に多様な地目が集中する様態は、法隆寺や長屋王家の所領とも共通している。額田寺図は、律令制以前からの伝統を有する経営体の景観を具体的に描写した史料として位置づけられる。以下では、地目ごとにその分布や経営体における

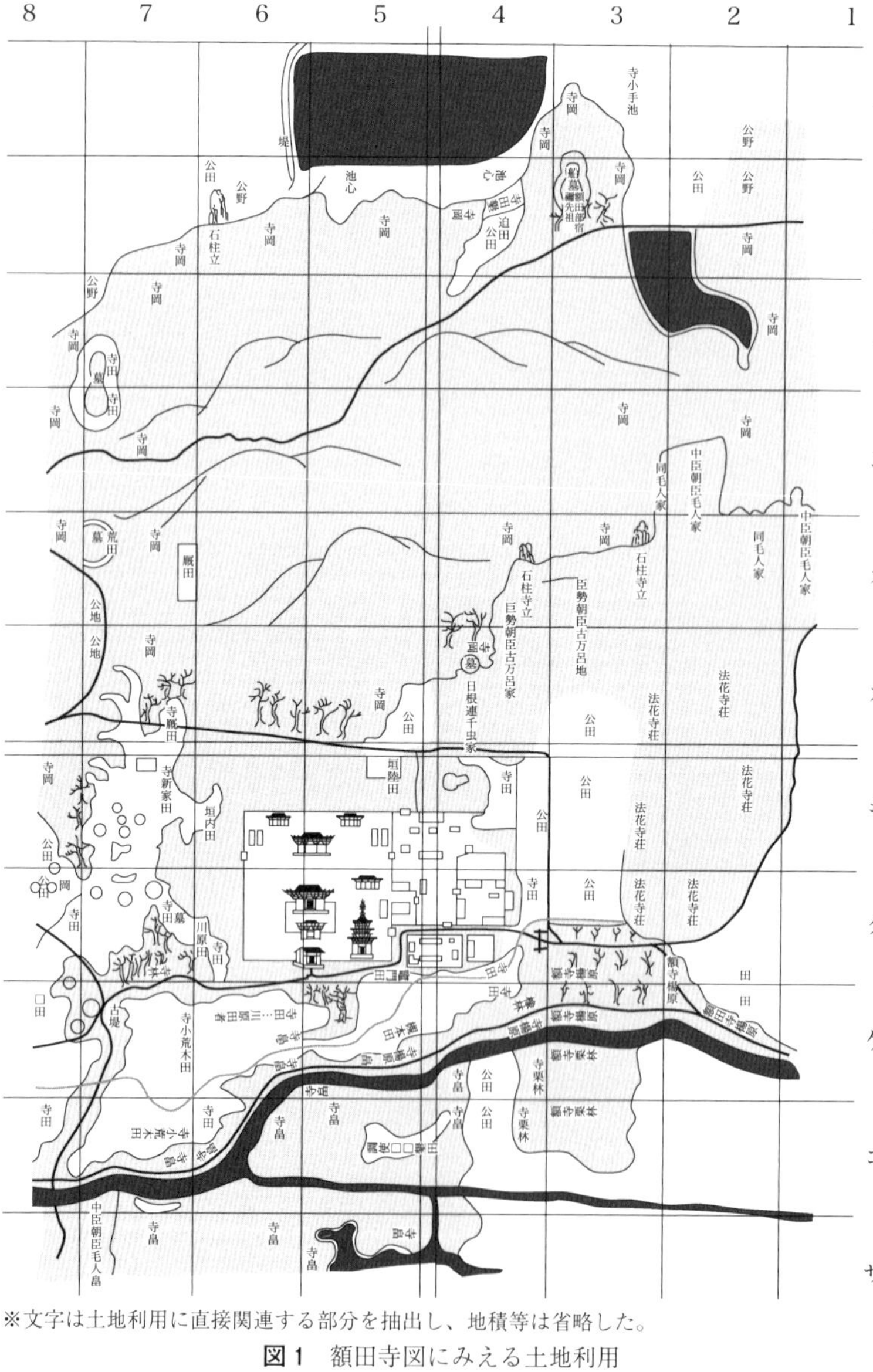

※文字は土地利用に直接関連する部分を抽出し、地積等は省略した。

図1　額田寺図にみえる土地利用

役割を概観し、経営体の具体相にせまっていこう。

「田」は、「寺院」を取り巻くように、その東・西・南方に広がっている。西方の「田」は図の破損によって途切れてしまっているが、さらに西方に続くと思われる。[58]金田章裕によれば、これらの「田」は単に「寺田」と称する本源的な寺領と、小字地名的名称を附された、より後次的認定を経た「田」に大別されるという。[59]この想定が認められれば、前者はより古い時期に認定を受けたことになるが、これは「寺院」の東・西・南方のいずれにもみえ、図にみえる「田」の分布の祖型が相対的に古い時期に成立していたことを示す。図にみえる「田」は、いずれも良好な条件を備えた立地であり、中心的な耕地として機能したことがうかがわれる。

「畠」は、「寺院」の南方に佐保川を挟みつつ展開する。この部分には佐保川の自然堤防の微高地が含まれており、「田」よりは条件が落ちるものの、耕地としての利用が十分考えられる。[60]一方で、「畠」と表記される土地は必ずしも景観としてのハタケとは一致せず、[61]その一部が非耕地であった可能性も排除できない。「畠」は、耕地ないしはその補助地として寺領の一角を形成していたと考えられる。

耕地との関係では、図の北方にみえる「寺小手池」（3-ア）という表現にも注目される。これは緑青焼けによって剥落してしまった4-ア～5-アに位置した池の名称と思われる。この池から「寺院」周辺の耕地へと延びる水路などの表現は確認できないものの、丘陵の西方を通じて「寺院」西方の「田」を漑した可能性も指摘されている。[62]「寺院」の北方には広大な「岡」が広がっている。「岡」は、「田」とも近接しており、景観上の一体性をうかがうことができる。その内部には木々の繁茂する表現が描かれ（3-イ・4-カ・5-カ・6-カ・7-カ・8-キ）、伐木の利用が暗示される。また、「岡」全体を覆う草原的表現や「厨田」（7-オ）などの表記から、牧地が展開していたことを想定する見解もある。[63]

「林」は、寺院の東方に位置する「栗林」「橡林」と、寺院の西方にある「寺林」に分かれる。さらに、「楊原」も樹木状の表現（3-ク・ケ）から、これに準じるものとして扱いうる。これらは、景観上寺領を区画する機能を有した（第Ⅰ部第二章）。また、栗・橡は食用や建材として利用が可能な汎用性の高い樹木である。[64] 柳も、材木としての利用以外に、河川の氾濫に対する備えとしても役立った。[65]

額田寺の寺辺所領では、経営の拠点ともなった「寺院」を中心として、水田・ハタケなどの耕地と山野・林などが近接して展開する景観が広がっていた。これらの各地目は多角的経営体の構成要素となり、相互補完的に機能したと考えられる。

（2）慶雲三年詔にみえる大土地経営の特質

実態史料にみえる大寺院・貴族らの大土地経営は、耕地（水田・ハタケ）と非耕地（山野・林・牧など）によって構成されていた。これら個々の用益地は、相互に密接な連関をもって集合し、全体として大土地経営体を構成する。これらの経営体のなかには、大化前代以来の来歴をもつものも多く確認された。石上英一は、このような経営体を「古代荘園」として範疇化する。[66]「古代荘園」は、大化前代から律令制下へと引き継がれていった有力者の経営体であった。

ここで慶雲三年詔にみえる経営を振り返ると、経営の主体は「王公諸臣」であり、対象となる地目は山野・耕地・開墾地・開墾予定地など多岐にわたっていた。山野・耕地の経営は密接に結合し、全体として一個の経営体が構成される。これらの諸特徴は、寺院資財帳・木簡・荘園図などから帰納される経営体と強い親近性を示し、両者が実は同一であった可能性が示唆される。

ところが、このような想定を成立させるためには両者の起源に関する問題点を解決する必要がある。諸史料にみえる経営体には律令国家の成立以前にまでさかのぼりうるものがあるのに対し、慶雲三年詔の経営体は、「被賜地」の賜与を契機として成立したとされる（「被レ賜レ地、実止有二一二畝一。由レ是踰レ峯跨レ谷、限為二境界一」）。この論理によれば、経営体の成立には「被賜地」の賜与が先行し、むしろ国家的政策を基点として成立したことになってしまう。詔の表現に忠実に解釈する限り、両者の質的差異が疑われてしまうのである。

この問題は慶雲三年詔の立場に着目することで解消しうると思われる。詔の眼目は貴族層の山野経営を否定することにあり、これに寸分の正当性も生じえない筆致で貫かれる必要がある。経営の成立に関する部分はとくに正統性に直結する部分にあたり、事実が意図的に歪められている可能性が高いため、慎重な史料批判が必要となる。その意味で、詔が言を尽くして述べている山野経営の成立過程は、絶対の信を置きえない部分といえる。これに対し、詔の経営体と実態に即した史料の経営体の存在形態の類似はほとんど疑問を差し挟む余地がない。詔のⒷ部分の表現は、山野経営と「被賜地」(「田」)の密接性を示すものにすぎず、その先後関係については山野経営の非法性を強調する国家側の主張と考えるべきだろう。

以上の検討により、二つの経営体を同一とみなすことが可能になる。慶雲三年詔は、律令制以前から機能していた貴族層などの経営体(「古代荘園」)を対象とした法令として把握されるのである[67]。

小括

本節での検討の結果、従来は貴族層の単発的な山野経営を規制する法令と思われていた慶雲三年詔が、律令制以前からの伝統を有する貴族層の大土地経営を対象としていたことが推測された。

八世紀初頭の大土地経営に関する研究の素材は従来は実態に即したごく少数の史料に限られており、当該期の大土地経営の展開を過大評価できない可能性もあった。しかし、慶雲三年詔では貴族層の大土地経営は一般的事象として扱われていたことから、その広範な展開を改めて確認することができた。律令国家の土地制度は一元的で精緻な枠組みであったが、八世紀初頭の段階ではその内部に前代的な大土地経営を包含していたのである。

ただし、このような経営を政府は看過していたわけではない。慶雲三年詔からは、経営体を構成する山野・耕地・開墾地・開墾予定地などが、それぞれ令制の枠組みに適合した規制状況にあったことが読み取れる。令制の土地制度は地目ごとの規制という形で、大土地経営に対して曲がりなりにも機能していたと評価できよう。

八世紀初頭には、貴族層を所有主体とする大土地経営体が、前代以来の形態を色濃く保持しながら広く展開していた。これに対し、政府は律令の規定に沿った規制を地目ごとに施行することで統制をはかった。大土地経営に関する事象は制度の表面には現れにくく、それによって国家的土地支配が貫徹しているようにみえていたが、実際には班田制を基軸とする律令制的土地支配の内部には強固な大土地経営が包含されており、国家も令制の運用レヴェルではそうした経営の統制を視野に入れていたのである。前代的大土地経営と一元的土地管理制度の間に存するこの微妙な緊張関係こそ、八世紀初頭の土地をめぐる状況の大きな特徴だったといえる。

二　大土地経営規制の形成過程

1　孝徳朝―規制の端緒―

七世紀中葉から大宝令の施行された八世紀初頭までの土地制度の変遷についてはすでに多くの議論が存在するが、定見には至っていないのが実情である。第一節で明らかにした状況を前提とした時に、これにいかなる道筋を導出しうるだろうか。本節では、第一項で大土地経営規制の端緒となった孝徳朝の状況、第二項で本格的に律令体制が構築されていく天智朝から天武・持統朝の状況を取り上げ、大土地経営と規制の関係の変遷を跡付けていきたい。

孝徳紀には、豪族層の大土地経営と、それに対する規制に関する記述がみえる。大化元年（六四五）九月に人口調査を主な任務とする使者が発遣された際の詔には、以下の記述がみえる。

詔曰、（中略）其臣・連等・伴造・国造、（中略）割㆓国縣山海・林野・池田㆒、以為㆓己財㆒、争戦不㆑已。或者兼㆓并数萬頃田㆒。或者全無㆓容針少地㆒。（中略）方今、百姓猶乏。而有㆑勢者、分㆓割水陸㆒、以為㆓私地㆒、売㆓与百姓㆒、年索㆓其価㆒。従㆑今以後、不㆑得㆑売㆑地。勿㆔妄作㆑主、兼㆓并劣弱㆒。百姓大悦。[68]

詔は、諸豪族による「山海・林野・池田」の分割状況を述べ、彼らが「水陸」を「私地」とし、農民に「売与」して代価を求めることを批判的に記述している。ここでの「水陸」は「山海・林野・池田」と実質的に同一の内容であり、「山海・林野・池田」の囲い込みと農民に対する「水陸」の「売与」は豪族層の一連の活動とみなしうる。豪族層は、耕地・山野などを分割して経営に組み込む一方、農民に賃租的行為を行っていたのである。豪族層の活動は耕地と山野に展開しており、八世紀初頭の貴族層の経営と酷似している。細かい年紀を措くとすれば、この現象は七世紀中葉の歴史状況として相応しいといえよう。[69]ここで政府が豪族層の活動に対して賃租的行為の禁止を命じ、豪族層の活動の抑制を企図した点は、大土地経営規制の原初的形態として注目される。

同様の状況は、同年の東国国司への詔からもうかがうことができる。

拝㆓東国等国司㆒。仍詔㆓国司等㆒曰、（中略）凡国家所㆑有公民、大小所㆑領人衆、汝等之㆑任、皆作㆓戸籍㆒、及校㆓田畝㆒。其薗池水陸之利、与㆓百姓㆒倶。[70]

ここでは、東国国司の任務の一環として、「薗池水陸」での共同利用の実施が指示されている。共同利用という措置の背景としては、ある主体による占取状況が想定されることから、「薗地水陸」における豪族層の排他的経営の進行が示唆される。ここでの「水陸」には「校田畝」の対象である水田や「薗」（＝ハタケ）[71]は含まれず、上掲の大化元年九月詔の場合とは異なり山野・河川などに限定される。「薗池水陸」は全体としてハタケ・灌漑用池や山野・河川などを包含する概念であり、豪族層の活動が展開していたのは、これらの耕地・山野ということになる。ここでの共同利用の指示は、当該期における規制の一端を示すものとして評価できる。[72]

以上のように、孝徳朝前後には耕地・山野にわたって豪族層の経営が進行していた。これに対して、政府は「売与」の禁止や共同利用の指示などによって、経営に一定の牽制を試みたことが確認できる。

この時期の大土地経営に関する政策としては、『日本書紀』の載せる大化二年正月の「改新の詔」第一条を無視できない。そこでは、

罷㆓昔在天皇等所㆑立子代之民・処々屯倉、及別臣・連・伴造・国造・村首所㆑有部曲之民、処々田荘㆒。仍賜㆓食封大夫以上㆒、各有㆑差。降以㆓布帛㆒、賜㆓官人百姓㆒、有㆑差(73)。

と、豪族層の支配する「処々田荘」を収公する方針が示されている。「田荘」は「荘」「宅」を中心とした経営体であり、豪族層の大土地経営の中核をなす。この詔が当時のものであれば、大土地経営体の存立はこの時点で否定されたことになる。ところが、周知の如く、「改新の詔」については述作の有無やその存否自体をめぐって多くの議論が蓄積されており(74)、無前提に詔の内容を事実とはできない。大化元年九月詔に示されるように、豪族層はこの時期に大土地経営を拡大しており、「田荘」の停止という政策は時宜に適っているようにみえるが、真偽を判定する材料として十全とはいえないだろう。ここでは孝徳朝に経営体が否定された可能性を念頭におきつつ、第二項での検討をふまえた上でその妥当性を考えてみたい。

2　天智～天武・持統朝―規制の創出―

第二項では、天智朝から天武・持統朝にかけての時期を扱う。この時期における大土地経営規制の変遷を示す史料として検討を要するのが、以下の天武四年（六七五）二月詔である。

詔曰、甲子年諸氏被㆑給部曲者、自㆑今以後、皆除之。又親王・諸王及諸臣、并諸寺等所㆑賜、山沢・島浦・林野・陂池、前後並除焉(75)。

詔は、豪族層の所有する「部曲」と同時に、すでに賜与されていた「山沢・島浦・林野・陂池」の廃止を宣言している。天武・持統朝は、王権による山野規制が本格的に導入された時期である（本章第一節第一項）。「山沢」などの廃止はこの動向と軌を一にしており、山野経営に対する公認を取り消すことで豪族層の山野支配を否定し、国家による一元的な山野支配を創出する措置としてとらえられる。ここでの措置は、後世に山野共利化政策の端緒として位置づけられたように(76)、律令制下の山野規制に直接つながる政策だった。

これに先立って「山沢」などが賜与されたことに関しては、その時期や目的を直接明示する史料は存在しない。そこで注目できるのが、天武四年に同時に廃止された豪族隷属民である。両者は公認から廃止に至る経緯が共通している上に、廃止された時期も一致しており、政策上の関連が予測される。

天武四年に廃止された「部曲」は、天智三年（六六四）の所謂甲子宣(77)によって、氏ごとに定められた「民部・家部」と深い関連を有する。また、これに先立つ孝徳朝には、前掲の「改新の詔」第一条で「部曲之民」の停止が宣言されるとともに、「品部」が廃止されて「国家民」への転換がはかられた(78)。これらの史料中にみえる「部曲之民」「品部」「民部・家部」「部曲」などの概念の異同は必ずしも明確でなく、その制度的沿革をめぐって議論がある。

とくに問題とされたのは、甲子宣における「民部・家部」の認定である。かつては、孝徳朝に豪族隷属民の全廃が貫徹したことを前提として、その設定を改革の後退と評価する見解もみられた(79)。しかし、現在では中央集権化の進展のなかにここでの措置を位置づけるのが一般的となっている。そのなかで最も整合的な理解を示しているのが、鎌田元一の説(80)であろう。

鎌田は、孝徳朝での「品部」（＝部民）の廃止を部民が「国家民」へと転換する契機として評価しつつ、実態としては豪族層の旧部民への支配が存続したとする。さらに、甲子宣にみえる「民部」は豪族層に留置された旧部民であり、「家部」は部民制の埒外にあった純然たる私民とした。これらの前提によれば、甲子宣は混然とした状況で豪族の支配下にあった豪族隷属民を国家民（＝「民部」）と豪族私民（＝「家部」）とに分離して、豪族隷属民を許容しつつも国家による本格的な人民統制を加える前提を用意する政策として把握できる。また、その意図は、その時点で豪族の支配下にあった人民を追認するとともに、政府による人民の把握と統制を強めることにあったと考えられる。

ここで「山沢・島浦・林野・陂池」の賜与の問題に立ち戻ろう。これらは、大化二年九月詔（37頁）の「山海・林野・池田」と内容がほぼ一致し、前代より豪族層が進出していた土地であったと思われる。公的な認定以前の段階で豪族層の実質的支配が及んでいた点で、これらの地目は「民部・家部」と共通性を有する。「山沢」などと「民部・家部」は、認定から廃止に至る経緯ばかりでなく、認定前夜の状況も類似していたのである。この状況を勘案すれば、両者の認定の実質・意図などに通底するものを見出すのが自然であろう。すなわち、「山沢」などの賜与は、「民部・家部」の場合と同様に、実際には豪族層の旧来からの支配を追認する措置だったと考えられる。その意図については、支配を一定程度容認する一方で、政府による把握と統制を推進することにあったと考えられるのである。ここで進められた山野把握の一定の進展は、天武朝における賜与の廃止（＝共利化政策の開始）へとつながっていくことになる。賜与が実行された時期は直接には不明であるが、「民部・家部」が公認された甲子宣前後の時期を想定して大過ないであろう[81]。

では、これまで検討の埒外としてきた耕地はどうであったか。第一節でみたように、八世紀初頭の経営体には位田・職田などの「田」として認定された土地が含まれていたが、その主たる前身は七世紀代の経営体の耕地であったと考えられている[82]。換言すれば、経営体を構成した耕地の一部は、ある時点で「田」として公認されたことになる。認定が本格化した時期は、賜与という形で山野の公認が進められた天智朝頃に求めうるのではないか。耕地と山野は経営体において不可分に結びついていたのであり、その認定が同時期に進められた可能性はかなり高いと思われる。この想定が認められるとすれば、班田制が本格的に始動する持統六年[83]をさかのぼる時期に豪族層の所有する耕地に律令制につながる田制が施行されていたことになる。

以上の検討をふまえると、「改新の詔」第一条における「田荘」の廃止についてはどのように考えられるか。「田荘」の廃止は経営体の存立を公的には容認しないという意思の表出であり、政府が経営体を包括的に把握するという方向性が閉ざされたことを意味する。天智朝以降に本格的に展開した大土地経営規制は、「山沢」「田」など経営体を構成する一部の地目を対象として施行されており、「改新の詔」に示された方針の延長として自然である。孝徳朝に少なくとも経営体を支配の単位としては認めないという方針が示されたことは事実としてよいように思われる。孝徳朝に実際にとられた規制の実効性は過大評価できないが(84)、ここでの方針は令制に継承される方向性の起点として位置づけうるだろう。

小括

本節を通じて検討してきた七世紀後半の大土地経営に対する規制の変遷をまとめる。孝徳朝には豪族層の大土地経営体（＝「田荘」）の廃止が宣言され、その存立が公的には否定された。しかし、この時期には実効的な規制は敷かれず、経営体はほぼそのまま存続したと思われる。

天智朝には政府は経営体内の山野支配を公認するとともに、耕地の認定も進めていった。政府はこれらの作業を通じて大土地経営に対する関与を強めていき、天武朝には山野の独占経営を否定した。

八世紀初頭の経営体規制は、耕地経営の認定と山野経営の否定を特徴とし、基本的には地目を単位として施行されていた(85)。このような規制のあり方は、本節で検討した過程を経て創出されたと考えられる。もっとも、貴族層の大土地経営は八世紀初頭にも広範に展開しており、規制の枠組みはそれのみで経営体を根本的に改変する動因とはなりえなかったこともうかがわれる。

結

本章では、慶雲三年詔の分析を通じて八世紀初頭の大土地経営の状況や政府による規制の特徴を明らかにした上で、七世紀後半における規制の枠組みの形成過程を考察してきた。最後に、八世紀を通じて生起した経営体の変質に関する見通しを述べたい。

八世紀中葉以降に展開した「初期荘園」は、周知のように「墾田」を中心とした経営体である。ただし、「初期荘園」の領域には「墾田」の予定地としての山野（＝開墾予定地）も含まれており、時には「墾田」自体にも山野が含まれる場合があった(86)。「初期荘園」は、耕地・開墾予定地・山野などを構成要素とする点では八世紀初頭の経営体と共通している(87)。その一方で、「初期荘園」を構成する開墾予定地や山野は、「墾田」として政府に認定されることではじめて存立しえた。この点において、政府による規制と一定の緊張関係を保ちながら存立していた八世紀初頭の経営体と「初期荘園」は大きく断絶している。

このような変化をもたらした契機として注目されるのが、墾田法の先蹤というべき和銅四年十二月詔である。

詔曰、親王已下及豪強之家、多占二山野一、妨二百姓業一。自レ今以来、厳加二禁断一。但有下応レ墾二開空地一者上、宜下経二国司一、然後聴中官処分上(88)。

ここでは、「空地」の開墾の際に国司を経て申請し太政官の処分に従うべきことが定められている。「空地」は一般的な開墾対象の地目であり、令制に一般的開墾に関する規定が存在しなかった（本章第一節第二項）ことを念頭に置けば、同詔は開墾予定地の認定にともなう手続きをはじめて明確化した措置として位置づけられる(89)。

一方、詔の前半では排他的な山野占有の禁断が命じられているが、これも「空地」（＝開墾予定地）の処分と関連する事象と考えるのが自然であろう。ここで想起されるのが、「親王已下及豪強之家」が、慶雲三年詔にみえる「王公諸臣」と階層的に重複することである。両者がほぼ同一であったとすれば、山野・耕地に及ぶ大土地経営が継承されていた可能性が高く、「空地」と山野の間にも経営上の密接な関連を想定しうる。和銅四年詔は、経営上の連関を有する「空地」・山野のうち、前者の取得手続きを明確にするとともに、後者の独占禁止を改めて宣言している。貴族層の山野経営を否定する、いわば代償として近傍に所在する開墾予定地・開墾地の所有を正式に認可した措置と考えれば、一連の政策として整合的だろう。山野と耕地を結ぶ結節点として機能した開墾予定地・開墾地は、ここに制度の上で「田」へと編入される契機を得たのである。

これ以降、養老七年の三世一身法や天平十五年の墾田永年私財法などによって、開墾予定地・開墾地は「墾田」としての立場を確立していく。山野は一貫して所有を否定されていたが、山野と区別のつきにくい開墾予定地を媒介として「墾田」として認められる場合があった。このように、墾田法の整備を通じ、開墾予定地・開墾地・山野などが統一的に「墾田」へと収斂される道が開けた。こうして大化前代以来の経営体は「初期荘園」へと転生し、真の意味で律令制国家が構築した土地制度に包摂されることになったのである。

註

（1）『類聚三代格』巻一六。『続日本紀』同月丁巳条にもほぼ同文が載る。
（2）『続日本紀』では、三行目の「限」を「浪」とし、一行目「於甘棠」の「於」と「乎」、三・四行目の「令百姓樵蘇勿輙禁止焉」、末尾の「焉」を欠く。
（3）森田悌「村落について」（同『日本古代の耕地と農民』第一書房、一九八六年、初出一九八四年）など。

（4）吉村武彦「八世紀『律令国家』の土地政策の基本的性格」（『史学雑誌』八一―一〇、一九七二年）。改稿して、同『日本古代の社会と国家』（岩波書店、一九九六年）に収録）。
（5）彌永貞三は、「公私共利」という文言の曖昧性に大土地所有発展の一つの契機を見出している（「律令制的土地所有」（同『日本古代社会経済史研究』岩波書店、一九八〇年、初出一九六二年））。
（6）『日本後紀』延暦十八年（七九九）十一月甲寅条では、貴族層が行った共利化を口実にした民衆の製塩への介入が退けられている。吉村前掲註（4）論文も参照。
（7）関晃「いわゆる慶雲の改革と墾田私有の許可」（『関晃著作集』五、吉川弘文館、一九九七年）など。
（8）小林昌二「令制下『山川藪沢』所有に関する一考察」（『愛媛大学教育学部紀要　人文・社会科学』八、一九七五年）など。ただし、後述のように見解を改めている。
（9）梅村喬「律令財政と天皇祭祀」（同『日本古代社会経済史論考』塙書房、二〇〇六年、初出一九八二年）、三上喜孝「律令国家の山川藪沢支配の特質」（池田温編『日中律令制の諸相』東方書店、二〇〇二年）、三谷芳幸「律令国家の山野支配と王土思想」（同『律令国家と土地支配』吉川弘文館、二〇一三年、初出二〇〇三年）、森田喜久男「古代王権の山野河海支配と『禁処』」（同『日本古代の王権と山野河海』吉川弘文館、二〇〇九年）など。本書第Ⅰ部第三章も参照。
（10）『日本書紀』天武五年（六七六）五月是月条。
（11）『日本書紀』持統三年（六八九）八月丙申条。
（12）『続日本紀』同年九月辛卯条。
（13）『続日本紀』同年四月庚申条。
（14）小林昌二「持統期における麦の天下播殖と空閑地」（同『日本古代の村落と農民支配』塙書房、二〇〇〇年、初出一九九五年）。
（15）『類聚三代格』巻八。
（16）『日本書紀』同月丙午条。
（17）小林は、持統朝に麦の播殖地とされた未墾地が田令29荒廃条の「空閑地」規定につながることを想定するが、第二項で明らかにするように大宝令荒廃条には「空閑地」の語は存在しないと考えられるため、失当である。
(18)「田」として国家的に認定された土地のなかにも実態としての未墾地も含まれていたと考えられる。第Ⅱ部第一章参照。
(19)吉村前掲註（4）論文、伊藤循「日本古代における私的土地所有形成の特質」（『日本史研究』二二五、一九八一年）、荒井秀規「大宝令下、三世一身法以前の私的土地開墾の意義について」（『明治大学大学院紀要』二五―四、一九八八年）など。
(20)研究史については、村山光一『研究史　班田収授』（吉川弘文館、一九七八年）、服部一隆「大宝田令荒廃条の復原」（同『班田収授法の復原的研究』吉川弘文館、二〇一二年、初出二〇〇六年）など。
(21)古記から、大宝令の語句として「任聴営種」「替解日還官収授」を復原できる。「還官収授」の部分は、養老令では「還公」となっていて字句は異なり、「還官」「収授」の意味上の重複がやや不審だが（虎尾俊哉「律令時代の墾田法に関する二―三の問題」〈同『日本古代土地法史論』吉川弘文館、一九八一年、初出一九五八年〉）、ここでは意味上の大きな差異はなかったものと考えたい。
(22)この点を疑問とする見解としては、早く時野谷滋「田令と墾田法」（同『飛鳥奈良時代の基礎的研究』国書刊行会、一九九〇年、初出一九五六年）など。
(23)彌永前掲註（5）論文、小林昌二「大宝田令荒廃条の復原」（前掲註（14）書所収、初出一九八〇年）など。なお、彌永自身は「荒地」と「空閑地」の区別を開墾に必要な労力の差に求めている。
(24)小林前掲註（23）論文など。
(25)小林昌二も指摘するように、（i）国司を通じて中央の許可を必要とする、（ii）開墾が一切禁止されている、（iii）公権力の管理の対象外であるため申請が不要である、という複数の解釈が可能である（前掲註（23）論文）。
(26)杉山宏「大宝荒廃条の復原について」（『史正』一一、一九八一年）。
(27)伊藤前掲註（19）論文、荒井前掲註（19）論文。
(28)吉田孝「墾田永年私財法の基礎的研究」（同『律令国家と古代の社会』岩波書店、一九八三年）など。
(29)伊藤循は、一般農民の永業田に関わるものとする（「大宝田令荒廃条の荒地と百姓墾田」〈吉村武彦編『律令制国家と古代社会』塙書房、二〇〇五年〉）が、告身の勘験を経ることなどからみて、官人永業田に限定された規定とみるべきである。

（30）服部一隆「日唐田令の比較と大宝令」（前掲註（20）書所収、初出二〇〇三年）。服部の荒廃条の復原（前掲註（20）論文）には私見と重なる部分も多い。
（31）西別府元日「国家的土地支配と墾田法」（同『律令国家の展開と地域支配』思文閣出版、二〇〇二年、初出一九八一年）。
（32）A説のように「荒地不合〈判借〉」などの文章を想定する場合、開墾を認めないという規定として解釈する説が有力であるが、このような規定は唐令の相当条文にはみえず、日本令で開墾を抑制する条項を新たに作文する積極的意義は見出せない（坂上康俊「律令国家の法と社会」〔『日本史講座2　律令国家の展開』東京大学出版会、二〇〇四年〕）。また、B2説ではi部分に「荒地」の開墾に関する積極的規定を想定していたが、憶測の域を出ない。B2説の論者が一般的開墾規定の根拠とするii部分の古記にみえる「百姓墾」の収公に関する議論も、大宝令以身死応収田条を援用した説明であり（虎尾俊哉「大宝田令六年一班条について」〔前掲註（21）書、初出一九八一年〕）、必ずしも一般開墾規定の存在証明とはならない。
（33）大宝令の「荒地」を養老令の「空閑地」と同義とみなし、大宝令のi部分に「荒地」の語を認めない服部一隆の説（前掲註（20）論文）に対し、坂上康俊は①古記がii部分の「荒地」に対して註釈を加えていたとすれば、『令集解』編者がなぜi部分に該当箇所を配したのか、②「空閑地」と「荒地」が同じ意味だったとすれば、なぜ「荒廃之地」のみ借佃できるというわずもがなの註記を古記が附したのか、という疑義を呈している（「書評　服部一隆著『班田収授法の復原的研究』」〔『史学雑誌』一二二―一一、二〇一三年〕）。
　服部説は、大宝令での官人営種地を指す語句を「荒地」とする点で、「無主荒地」とみなす私説とは異なるが、骨子に共通する部分もあるため、①②についての私見を述べておきたい。①については、養老令で「荒地」の語が消滅してしまったため、該当箇所はii部分には不要となってしまったが、「荒廃」を定義する上では有用と考えられたことにより、『令集解』ではi部分に附されたとみて不自然ではない。②に関しては、大宝令の段階では「無主荒地」と「荒廃」の違いが条文から明瞭ではないとともに、i部分に未墾地に関する規定がなかったために、「官人」が開墾しうる「無主荒地」の借佃が可能かどうか疑問が生じたのではないだろうか。故に古記は、法解釈の上で「無主荒地」が「荒廃」と異なる状態の土地であることを述べた上で、借佃の対象が荒廃田に限定されることを改めて示したのであろう。なお、坂上は古記の該当箇所の「唯」が「准」の誤記で、「荒地」も荒廃田同様に借佃の対象となる土地だと古記が説明しているとする（前掲註（32）論文）。上記のように、誤字を想定しなくても古記の文章は十分に解釈が可能であるが、仮に坂上の想定が当を得たものだったとしても、「荒地」の語は官人営種地に関するii部分の語句として解消できるため、大宝令に「荒地」が借佃の対象であるとする内容が存在したこととは結びつかないように思う。

(34) 大日本古二―五七八（該当部分は二―六一五〜）。

(35) 仁藤敦史「『斑鳩宮』の経済的基盤」（同『古代王権と都城』吉川弘文館、一九九八年、初出一九八七年）、鷺森浩幸「法隆寺の所領」（同『日本古代の王家・寺院と所領』塙書房、二〇〇一年）など。

(36)『聖徳太子伝私記』下　御井寺勘録寺家資財雑物等事。

(37) 岩本次郎「斑鳩地域における地割の再検討」（奈良国立文化財研究所創立三〇周年記念論文集刊行会編『文化財論叢』同朋舎、一九八三年）。

(38) 仁藤前掲註（35）論文。

(39) 鷺森前掲註（35）論文。

(40)『日本書紀』推古十四年（六〇六）是歳条。

(41) 施入の伝承の成立過程については、水野柳太郎「法隆寺伽藍縁起并流記資財帳」（同『日本古代の寺院と史料』吉川弘文館、一九九三年、初出一九六九年）など参照。

(42) 鷺森浩幸「『播磨国風土記』に見える枚方里の開発伝承」（前掲註（35）書所収、初出一九九一年）は、当該地域が東漢氏系の渡来人によって開発されたミヤケであることを推定している。

(43) 概要については、奈良国立文化財研究所編a『平城京　長屋王邸宅と木簡』（吉川弘文館、一九九一年）、同編b『平城京左京二条二坊・三条二坊発掘調査報告』（一九九五年）など参照。

(44) 平城京一―一八六。

(45) 平城京一―一八八。

(46) 城二一―一〇。

(47) 城二七―六などで「大御飯米」の進上責任者となっている忍海安万呂・甥万呂は、木上からの物品進上の責任者としてみえる（城二一―一〇など）。福原栄太郎「長屋王家木簡にみえる木上について」（『日本歴史』五六二、一九九五年）も参照。
(48) 平城京二―一七一二。
(49) 角林文雄は、「大御飯米倉」を「古稲」の納められた倉の名称とみなし、「大御飯米倉の古稲を……」と解釈している（「長屋王家政経済関係木簡考証」〔『続日本紀研究』二七七、一九九一年〕）が、字間の空き具合を考慮して「大御飯の米倉は古稲を……」と釈読した東野治之の読みの方が妥当と思われる（東野治之「長屋王家木簡の文体と用語」〔同『長屋王家木簡の研究』塙書房、一九九六年、初出一九九一年〕）。
(50) 平城京二―一七一三。
(51) 『万葉集』二―一九九など。
(52) 主に広瀬郡城戸郷（現奈良県北葛城郡広陵町）に求める平林章仁（「敏達天皇系王統の広瀬郡進出について」〔三品彰英編『日本書紀研究』一四、塙書房、一九八七年〕）らの説と、同県桜井市上之庄周辺にあてる渡里恒信（「城上宮について」〔同『日本古代の伝承と歴史』思文閣出版、二〇〇八年、初出一九九八年〕）らの説がある。
(53) 比定地としては、河内国石川郡山代郷説が有力である。舘野和己「長屋王家木簡の舞台」（同『日本古代の交通と社会』塙書房、一九九八年、初出一九九二年）参照。
(54) 城二五―二六。
(55) 舘野前掲註（53）論文。
(56) 狩野久「額田部連と飽波評」（同『日本古代の国家と都城』東京大学出版会、一九九〇年、初出一九八四年）、山口英男「額田寺伽藍並条里図」（金田章裕・石上英一・鎌田元一・栄原永遠男編『日本古代荘園図』東京大学出版会、一九九六年）。同図に関する研究成果は、『国立歴史民俗博物館研究報告』八八集（二〇〇一年）に集成されている。釈文・グリッド番号は、東京大学史料編纂所編『日本荘園絵図聚影　釈文編一　古代』（東京大学出版会、二〇〇七年）によった。
(57) 石上英一「日本古代における所有の問題」（同『律令国家と社会構造』名著刊行会、一九九六年、初出一九八八年）など。
(58) 伊藤寿和「大和国における奈良時代の農業的土地利用の諸相」（『日本女子大学紀要　文学部』四一、一九九二年）。
(59) 金田章裕「大和国額田寺伽藍並条里図」（同『古代荘園図と景観』東京大学出版会、一九九八年）。

(60) 伊藤寿和は、この点から奈良盆地におけるハタケの展開を積極的に認めている（前掲註（58）論文）。
(61) 金田前掲註（59）論文。
(62) 伊藤前掲註（58）論文。
(63) 伊藤前掲註（58）論文。
(64) 木村茂光「日本古代の『林』について」（同『日本古代・中世畠作史の研究』校倉書房、一九九二年、初出一九八六年）、伊藤前掲註（58）論文など。
(65) 伊藤前掲註（58）論文。
(66) 石上英一「古代荘園と荘園図」（金田・石上・鎌田・栄原編前掲註（56）書所収）。
(67) 慶雲三年詔のⒹ部分で山野禁制の対象外とされた「林」も、有力者の経営体と深い関わりを有すると考えられる。この点については、第Ⅰ部第二章参照。
(68) 『日本書紀』同月甲申条。
(69) ここでの豪族層の経営は、八世紀中葉以降の大土地所有と等置できない（吉村前掲註（4）論文）。北村文治「改新前夜の土地状況史料について」（同『大化改新の基礎的研究』吉川弘文館、一九九〇年、初出一九六〇年）なども参照。
(70) 『日本書紀』同月庚子条。
(71) 彌永前掲註（5）論文、補注。
(72) 吉村武彦も、詔が「藺池水陸」を豪族層が現実に領有していることを前提としており、その排他的利用に風穴を開ける意図があったとする（前掲註（4）論文）。
(73) 『日本書紀』同月甲子条。
(74) 野村忠夫『研究史　大化改新』（吉川弘文館、一九七三年）、石上英一「大化改新論」（前掲註（57）書所収、初出一九九四年）など参照。
(75) 『日本書紀』同月己丑条。
(76) 『類聚三代格』巻一六　大同元年（八〇六）閏六月八日太政官符。

(77)『日本書紀』同年二月丁亥条。
(78)『日本書紀』大化二年八月癸酉条。
(79) 坂本太郎「大化改新の研究」(『坂本太郎著作集』六、吉川弘文館、一九八八年、初出一九三八年）など。
(80) 鎌田元一「七世紀の日本列島」(同『律令公民制の研究』塙書房、二〇〇一年、初出一九九四年)。
(81) ただし、詔にみえる「前後並除」という表現から、認定が数次に及んだ可能性もある（坂本前掲註（79）書)。
(82) 吉田孝「律令国家と荘園」(『講座日本荘園史2　荘園の成立と領有』吉川弘文館、一九九一年)、三谷芳幸「職田の論理」(前掲註（9）書所収、初出二〇一一年)。
(83)『日本書紀』持統六年九月辛丑条に、四畿内班田大夫の発遣がみえる。これに先立ち、白雉三年（六五二）正月条にも班田の終了に関する記事がみえるが、孝徳朝に少なくとも律令制下と同様の班田が施行されていたとはみなしがたい。拙稿「班田制と土地開発」(天野努・田中広明編『古代の開発と地域の力』高志書院、二〇一四年）も参照。
(84) 孝徳朝には、地目別の寺領の把握が開始されたと考えられ（第Ⅱ部第一章)、貴族・豪族層の経営体を対象とした把握もはじめられていた可能性がある。
(85) なお、大宝令制には有力者の経営体を背景とする概念が二例みられる。戸令23応分条・田令17宅地条・同26官人百姓条などに規定された財産形態や売買の対象としての「宅」(下鶴隆「日本律令における『宅』と『田宅』」(『ヒストリア』一六四、一九九九年)、本書第Ⅰ部第二章など参照）と、田令19賃租条・同官人百姓条にみえる大幅な処分権が認められた「園」「園地」(第Ⅲ部第一章参照）である。ただし、これらは相続・売買などの限定的局面における規定であり、経営体が経営・支配の単位として恒常的に認められていたわけではないと考えられる。
(86) 天平十九年二月十一日大安寺伽藍縁起并流記資財帳（大日古二―六二四）には、若狭国乎入（遠敷）郡の「島山」が「墾田地」としてみえるが、同地は四面を海で囲まれており、牧としての利用を主とする山野であったと考えられる。
(87) 鷺森前掲註（35）書など。
(88)『続日本紀』同月丙午条。
(89) 伊藤循は、大同元年八月二十五日太政官符（『類聚三代格』巻一六）で和銅四年詔を引用して「不要原野空地」の処分法が決定されていることから、和銅四年詔は墾田永年私財法と異なり山野中の開墾地を対象としたものであったとする（前掲註（19）論文）。しかし、後年の法令中での解釈は制定当初の意図に沿うことが保証されていないことにも留意するべきであろう。

第二章　大土地経営を支える論理—「林」の機能—

はじめに

古代国家が「林」の所有を認めたのは、大宝令制定後間もない慶雲三年（七〇六）のことであった。貴族・豪族層による山野占有を禁断する内容をもつ同年三月十四日詔[1]において、「氏々祖墓及百姓宅辺、栽レ樹為レ林、幷周二三十許歩、不レ在二禁限一」と、例外的に「林」の経営が容認された。「林」は、貴族・豪族層・寺院等による山野占有が基本的に禁じられた時期にあって、山野の一部であるにもかかわらず、経営を広範に許容されていたのである。さらに、令に規定を欠く一方で、大宝令制定からわずか数年後に認許された点でも特異である。

本章は、このような「林」の特殊性に注目し、その位置づけを通じて古代的土地経営の実相を明らかにすることを直接の課題とする。

その際に着目したいのが、慶雲三年詔で「林」の要件としてあげられた、「氏々祖墓」「百姓宅辺」という二つの類型である。この二類型のあり方については、これまでの研究では自明のものとしてあまり検討されてこなかったように思う。たしかに、人工を加えた樹木群としての林自体は普遍的・超歴史的存在であり、これらも一見明快な枠組みにみえる。しかし、他の法的地目がそうであるように、「林」が政治的に設定された地目である以上、二種の「林」も特定の状況を反映した存在形態を示すと考えられる。

そこで以下では、「林」の二種の類型、「百姓宅辺」「氏々祖墓」の存在形態を具体的に検討し、「林」の当該期の土地所有・経営への位置づけを試みていきたい。

一　「百姓宅辺」

1　一般住宅・付属地と「林」

本節では、「林」の一方の類型である「百姓宅辺」の「林」の存在形態を考察する。この類型の「林」は、従来は農民の住居周辺に立地する樹木群と解され、その所有権は律令用語の「宅地」「園地」の延長上にとらえられてきた(2)。この見解は、①律令にみえる「宅地」「園地」が一般住宅・付属地と等置できること、②これらの地目に成熟した所有権が存在することを前提として、「百姓宅辺」の「林」に強固な所有権が認められた理由を説明するものである。

住宅付属地と考えられた「園地」は、

凡給二園地一者、随二地多少一均給。若絶レ戸還レ公。

と、「園地」の給付・収公について定めた田令15園地条に規定されるが、同条からはその性格を詳しく知ることができない。「園地」を住宅付属地とする見解は(3)、居宅と蔬菜類の課殖地で構成される(4)「園宅地」の支給を規定した以下の対応唐令(5)からの類推による。

諸給二園宅地一者、良口三口以下給二一畝一、毎二三口一加二一畝一。賎口五口給二一畝一、毎二五口一加二一畝一。並不レ入二永業・口分之限一。其京城及州縣郭下園宅地、不レ在二此例一。

ところが、園地条と唐令の間には、園地条では唐令に存在した「宅」字が削除されているという重大な相違がある。

このことは、「園地」が相対的に住宅と切り離されていることを示しており、条文の上からは「園地」を住宅付属地とのみ解釈できない(6)。法制の上で「園地」はあらゆるハタケを包含する地目として設計されていたとみてよい。

一方で、寺院・貴族等の施設と庭園ないしハタケが共存している例(7)や、農民の住宅の近傍にハタケが営まれる例など(8)が、史料にみえる。このことから、「園地」には住宅が含まれていたとする解釈(9)が生じる余地もあるようにみえる。しかし、ハタケ・庭園には住宅の立地と関係なく営まれる例もあるのであり(10)、これらの地目が住宅等の近傍に所在することを必須の条件としていたとはみられない。そもそも、ハタケに「園地」という名称を与え、令文の規定に則って管理したことを示す史料は管見の限り存在しない。つまり、「園地」は実際には運用されない地目だったのであり（第Ⅲ部第一章）、実態としてのハタケのあり方から「園地」の性格を帰納的に規定することは手法として成立しがたいのである。このように、園地条の「園地」は住宅付属地とは結びつかない概念であり、「百姓宅辺」の「林」と「園地」を関連させる見解は正当ではない。

住宅に関連する令の規定としては、田令17宅地条（56頁。「宅地」の内容については後述）がある。これは「宅地」の売買についての条文であり、その班給などについては定められていない。日本令では、唐令に存した住宅班給規定を継受しなかったのである。「園地」の班給については一応の規定がみえるが、上述のように「園地」は住宅付属地としては設定されていないため、結局のところ、日本令には住宅付属地の班給規定も存在しなかったことになる。かつては、この事実は農民の住宅および付属地の強固な所有権の反映とみなされていたが、法解釈上は必ずしもそうは解しえない（第Ⅲ部第一章）。それよりは、先学がすでに指摘しているように、当該期に一般住宅・付属地の所有権が大勢として未発達であり、これらの地目の立地を班給などの形で規制することが現実的でなかったことの反映とするの(11)がより説得的である。

一般農民の住宅および付属地の班給（ひいては所有）が令文に明確に定められていないことを考えると、住宅近傍の樹林に強い所有権を認める法令が出されたという想定には違和感を禁じえない。少なくとも、「百姓宅辺」の「林」に対する権利を、住宅付属地である「園地」によって一般住宅・付属地の成熟した所有権と結びつける見解は二重の意味で失当であろう。

ところで、以上の行論では「林」に対する権利の基盤となる「宅」を無前提に一般住宅と扱ってきたが、そもそもそれが妥当だったのか疑問が生じる。そこで以下では目を転じて、当該期の法制上の「宅」の語義から「林」に対する権利の核となる「宅」自体について考えてみたい。

2　「宅」の語義と「林」

本項では、「百姓宅辺」の「林」を所有する根拠となる「宅」の語義を、八世紀初頭の有効法である大宝令を中心として探り、この類型の「林」の存在形態を確定していく。

令文において、「宅」を含む最も基本的な概念である「宅地」は、その売買の際の手続きを定めた田令17宅地条に規定される。

凡売㆓買宅地㆒、皆経㆓所部官司㆒、申牒、然後聴之。

ここから「宅地」が売買の対象であったことが分かるが、同条から「宅」の語義にせまるには大きな問題がある。同条が『令集解』古記を欠くため、大宝令における「宅地」の性格を直接には明らかにしえないのである。そればかりか、古記の不在によって大宝令での条文の存在自体も不明確である[12]。宅地条からは、「宅地」がある時点で売買の対象であったことが認められるものの、「宅地」の定義が不明である上に、条文が制定された時期も確定できない。

そこで、「宅」字を含む他の条文に目を向けてみると、死亡時の分財を規定した養老戸令23応分条には、相続すべき財産として、「田」と「宅」（住宅や、「田」の経営のための施設）で構成される「田宅」の語がみえる。喪葬令13身喪戸絶条の古記によれば、大宝令応分条には「田」の語を復原できず、「田宅」は大宝令では「宅」と記されていたと考えられる⒀。

下鶴隆によれば、他に「田宅」の語がみえる田令26官人百姓条・雑令18家長在条・同36外任人条でも同様の現象が想定されることから、相続・取引の対象である養老令の「田宅」は、大宝令では一様に「宅」と記載されていたという⒁。下鶴は、これらの「宅」が令制以前から続く経営体と対応する概念であったことを想定している。

一般に、八世紀において「宅」は「ヤケ」を主たる訓とし、周囲を垣や門によって区画される複数の屋・倉を含む一区画を示す語であり、貴族・豪族・寺院等の農業経営の拠点として機能した⒂。例えば、弘福寺の所領に関する天平七年（七三五）讃岐国山田郡田図には、「三宅」と呼ばれる区画が「倉」「屋」や井戸によって構成される様子が描かれている。

「宅」はまた、周囲の土地を包括する概念として用いられる場合があった。四天王寺造立に関する『日本書紀』の記事⒃には「分㆓大連奴半与㆒宅、為㆓大寺奴田荘㆒」と、滅亡した守屋の「宅」が、耕地を含む経営体である「田荘」へと転化したことが記されている。ここでの「宅」には、広大な農地も含まれていたと推測される。経営拠点である「宅」に付属した農地も、広義には「宅」だったのであり、「田」を含む「宅」の形態はこれと合致する。

さらに、天平元年八月に藤原安宿媛が皇后に立てられた際の宣命⒄には、「宅」を授けるべき者が注意深く選ばれることが述べられている。これは、「宅」が財産として相続が可能であったことを示し、大宝戸令応分条に「宅」の相続が規定されていることと対応するであろう。

以上のように、「宅」は農業経営の拠点や周辺農地も含む経営体全体を指す語であり、財産として相続が可能であった。養老令で「田宅」と変換された可能性のある大宝令の「宅」は、このような実態を前提とすると整合的に理解できる。

では、「田宅」以外で「宅」を含む養老令の熟語は、大宝令でどのように規定され、いかなる意味を有していたのか。僧尼令18不得私蓄条の「園宅」を例に検討してみよう。

養老令不得私蓄条は、「凡僧尼、不レ得下私畜二園宅財物一、及興販出息上」と、僧尼の財産の制限を規定する。『令集解』古記に「不レ得三私畜二財物一、謂僧聴下駆二使奴一二一并乗上馬。尼聴二婢一二一也」とあることから、「不得私畜」「財物」は確実な大宝令文だが、「園宅」の語を大宝令文として復原することはできない(18)。

一方、田令官人百姓条の古記では、寺院に「宅」「園」を施入・売与できない理由について、「僧尼与レ寺一種也。為レ不レ得三私畜二園宅一故」と述べられている。「僧尼」「不得私畜」の語句から、これが不得私蓄条を援用した説明であることは明白であろう。ここでの「園宅」は説明上不可欠の語句であり、かりに不得私蓄条に「園宅」の語がないとすれば、古記は相当の論理の飛躍を行ったことになってしまう。

そもそも、古記が「(大宝令文)謂～」の形で引用する大宝令文は、語句自体は正確でも一部を省略している場合もあり(19)、不得私蓄条古記が「園宅」を欠くとしても語句の不在証明とはならない。官人百姓条古記を重視し、大宝令不得私蓄条にも「園宅」の語を復原するのが妥当だろう(20)。

ところで、官人百姓条の古記が不得私蓄条を援用した理由は、大宝令における両条の語句に密接な関連が想定されたからである。したがって、不得私蓄条の「宅」は官人百姓条の「宅」と共通の語義を有する。さらに大宝令官人百姓条での「宅」が経営体としての「宅」と対応する概念であることから、不得私蓄条の「宅」も同様のものとして理解できる。不得私畜条の「園宅」のように、養老令で「田宅」の形をとらない場合でも、「宅」は主として経営体を指す法制用語として通用したと思われる。

ここで、冒頭の田令宅地条の問題に戻る。宅地条では「宅地」の売買が規定されていた。宅地条が大宝令に存在し、かつ「宅地」を住宅と解釈した場合、八世紀初頭には一般住宅が売買対象となる不動産的価値を有していたことになる。不動産価直の発生が所有権の確立を前提とすることを考えると、これは前項の結論といささかの齟齬をきたす現象である。同条の大宝令での復原を躊躇するのは、以上の事情からである。

一方で、大宝令での「宅」を含む熟語に特定の概念を含む場合があり、それが経営体としての「宅」に対応していることを考慮すれば、同条が大宝令に存在したとしても、そこでの「宅地」が単なる住宅とは異なる概念であったことが想定されるのではないか。つまり、売買の対象となった「宅地」が主に耕地を含む経営体である「宅」を意味していたことが想定されるのである。ここでは、宅地条が大宝令に存在し、そこでの「宅地」が有力者の経営体を主たる標的とした概念であった可能性を提示しておきたい(21)。

迂遠な議論に終始したが、ここで「林」に対する権利の根拠となる「宅」の問題に戻ろう。「宅」は従来単なる住宅と考えられ、「林」もあらゆる階層に所有される住宅周辺の樹木と解されてきた。しかし、これまでの検討によれば、一般住宅・付属地の所有権は宅地条・園地条などの令文には位置づけが与えられておらず、法制上は未発達だったと考えられる。したがって、一般住宅や付属地の所有権を根拠とした「林」の所有が大宝令制定後間もない時期に法令によって認められることは不自然といえる。これに対して、貴族・豪族層は農業経営の拠点や経営体を意味する「宅」を保有し、その「宅」は大宝令制下の法律用語としても一定の成熟をみせていた。

以上を総合すると、「林」に対する権利の基盤となる「宅」も、当該期の法律用語としての「宅」同様に、貴族・豪族層等の経営拠点（狭義）、さらには周辺農地を含む概念（広義）である「宅」と考えられる(22)。むろん、「百姓宅辺」とある以上、「宅」の所有主体には一般農民も含みうる。また、こうした階層が利用しうる樹林が存在し、再生産の上で重要な役割を果たしていたことも先学の指摘する通りだろう(23)。しかし、少なくとも慶雲三年詔において「百姓宅辺」の「林」の所有を許可するにあたって念頭に置かれていたのは、あくまで貴族・豪族層の経営拠点と関連する「林」なのであり、そう考えることではじめて、「百姓宅辺」の「林」の所有が貴族層による山野占有の禁止と同時に許可されていることの意味も理解できるのである。

二　「氏々祖墓」

1　貴族・豪族層の墓地と「林」

第二節では、「林」のもう一方の形態である「氏々祖墓」について検討する。「氏々祖墓」の「林」が墓地に付属することはいうまでもない。問題となるのは、「氏々祖墓」がどのような実態を反映し、どのような階層に所有されたか、そして墓地と「林」の間にいかなる事情・論理が介在していたかという点である。本項では、貴族・豪族層の墓地と「氏々祖墓」の関わりについて考えていきたい。

「氏々祖墓」との関係が想定される令文として、営墓が可能な範囲を述べる喪葬令10三位以上条がある。

凡三位以上、及別祖・氏宗（大宝令では「氏上」）、並得レ営レ墓。以外不レ合。（下略）

同条は大宝令でもほぼ同文であり[24]、相当条文が浄御原令に存在したことも推定されている[25]。本章の興味からは、ここで「別祖・氏上」が営墓の資格としてあげられている点が注目される[26]。「別祖」は古記によれば賜姓によって氏の始祖となった当人であり、「別祖・氏上」の墓とは氏の始祖と代々の氏上の墓である。これは、「氏々祖墓」ときわめて近似した概念であり、営墓の許可を通じて「氏々祖墓」に令文上の位置づけがなされていたことが知られる。また、「別祖・氏上」規定は直接的には現在以降の営墓を規制するものであるが、過去に造られた墓であっても、氏上との関連が伝承されていれば、遡及して認定を付与する効果が期待される。古墳は七世紀代を通じて小規模化・簡略化が進み、七世紀末には天皇陵などを除き築造がほぼ終息していた[27]ものの、氏上のものと伝承される古墳は八世紀においても相当数現存していた。このような現存する古墳が「氏々祖墓」の主体と思われるが、「別祖・氏上」規定を通じてこれらの古墳にも令文上の位置づけが与えられていた可能性がある。

八世紀初頭には、「氏々祖墓」の上に樹林が営まれており(28)、その排他的占有に対する社会的容認が慶雲三年詔における「林」所有許可の背景となったと考えられる。「林」の排他的占有に対する容認の源泉としては、墓地の「聖地」性が重要であったことが指摘されている(29)。では、「聖地」と総称される属性は、いかなる論理によってもたらされているのだろうか。以下では、墓誌の記載を通して墓地に内在する論理を明らかにし、「林」に対する権利との関係を考察する。

采女氏塋域碑は、己丑年（持統三年／六八九）の年紀をもち、大弁官直大弐であった采女竹良の墓所に所在したという碑文である。現在は所在不明であるが、以下の碑文が伝わる。

飛鳥浄原大朝庭大弁／官直大弐采女竹良卿所請／造墓所形浦山地四十／代他人莫上毀木犯穢／傍地也／己丑年十二月廿五日(30)

碑文では、「他人莫㆔上毀㆑木犯㆓穢傍地㆒也」と、「氏々祖墓」の「林」である墓上における伐木行為が禁止されている。「所㆓請造㆒墓所」という表現から、公的な認可を経て墓域の占定がなされたことも示唆されるが、禁制の理由はあくまで伐木が「犯穢」につながるからであり、本源的には墓地が霊的空間であったことにその根拠を求めるべきであろう。墓地は、清浄を保つことを理由として墓域内での他者の行動を抑制・拒絶する論理を内包しており、「林」を排他的に経営する権利の源泉として認めることができる。

〔船王後墓誌銘〕

惟船氏故　王後首者（中略）故／戊辰年十二月殯葬於松岳山上共婦　安理故能刀自／同墓其大兄刀羅古首之墓並作墓也即為安保万／代之霊基牢固永劫之宝地也

〔伊福吉部徳足比売骨蔵器銘〕

因幡国法美郡／伊福吉部徳足／比売臣（中略）／和銅元年歳次戊申／秋七月一日卒也／三年庚戌冬十月／火葬即殯此処故／末代君等不応崩／壊／上件如前故謹録錍／和銅三年十一月十三日己未[31]

船王後墓誌銘は、辛丑年（舒明十三年／六四一）に死去した船王後の経歴・墓所等を記している。戊辰年（天智七年／六六八）に夫人と合葬されていることから、墓誌の成立は少なくともそれ以降であり、その用字から八世紀初頭以降とするのが通説である[32]。出土地は河内国の松岳山であり、船氏の勢力圏と考えられる。伊福吉部徳足比売骨蔵器銘は、和銅元年（七〇八）に死去した伊福吉部徳足比売の略歴等を記したものである。出土地は因幡国府至近であり、近隣には伊福吉部氏を祀る神社が所在するなど、伊福吉部氏の勢力圏と目される。

船王後墓誌銘では、墓地が「安保万代之霊基」「牢固永劫之宝地」として、子孫繁栄の拠点となることが祈念されている。「林」を含む墓域は、霊的に他者の侵入から守護され、永続することが期待されていたのである。一方、伊福吉部徳足比売骨蔵器銘からは、「末代君等不レ応二崩壊一」と、墓の維持が子孫に義務として課されていることが覗われる。墓地は、抽象的レヴェルでは霊的な守護が期待されていたが、実際にはその維持が心理的負担として子孫に義務づけられていたのである。このように、墓地は二重の意味で永続性が担保された空間であり、墓域に対する権利が相伝されることを支える論理として機能したと考えられる。

貴族・豪族層の墓地は霊的に他者が排除される空間であり、排他的権利が醸成される素地を本来的に有していた。また、霊的に守護が期待される一方、その維持が子孫の義務とされることで、永続的に相伝されることも可能だった。墓地に内在した以上の論理は、「氏々祖墓」の「林」が社会的に容認される上で重要な役割を果たしたと思われる。ところで、これらの墓地の属性は同時期の庶民の墓地にも適用しうる事象なのであろうか。項を改めて、庶民の墓地の形態を確認した上で、それらと「氏々祖墓」の関係について考察していきたい。

2　庶民の葬送地と「林」

本項では、当該期の庶民の葬送形態や「氏々祖墓」との関係を考察し、「氏々祖墓」の存在形態をより明確化していく。

庶民の喪葬形態としては、山林への埋葬[33]、住宅近傍への埋葬[34]、河原への埋葬などがあげられるが、ここではその形態について最も詳細に分かる貞観十三年（八七一）閏八月二十八日太政官符[35]にみえる河原への埋葬について考えてみたい[36]。

　太政官符
　　定二葬送幷放牧地一事
（中略）右被二右大臣宣一偁、奉レ勅、件等河原、是百姓葬送之地・放牧之処也。而今有レ聞、愚暗之輩不レ顧二其由一、競好二占営一、専失二人便一。仍遣二勅使一、臨レ地検察、所レ定如レ件者。事須下国司屢加二巡検一、一切勿上レ令二耕営一。（中略）但葛野郡島田河原、今日以往加レ功耕作為二熟地一、及紀伊郡上佐比里百姓本自居住宅地、人別二段已下者不レ在二制限一。（後略）

官符は、庶民の葬送・放牧地を山城国葛野・紀伊両郡の河原に定め、耕作等の行為を禁断する内容をもつ。河原は、庶民の葬送・放牧のための共同利用地として機能していたのである。官符にみえる島田河原については、『続日本後紀』に、

　勅二左右京職東西悲田一、並給二料物一令レ焼二歛島田及鴨河原等髑髏一。惣五千五百余頭[37]。

とあり、明確な墓地をともなわずに非常に多数の人骨が無造作に遺棄されるような凄絶な景観が想像される。また、貞観十三年官符の後半で共同利用地内の既耕地や農民の元来の住居については占有が認められており、これらの葬送・放牧地が住宅・耕地等からほど近い場所に営まれていたこともうかがわれる。

以上の庶民の共同葬送地と「氏々祖墓」の関係を考える上で、葬送のための共同利用地を山野規制の対象外となる土地と結びつける丸山幸彦の見解が注目される[38]。貴族・豪族層等の山野占有を規制した延暦十七年（七九八）十二月八日太政官符では[39]、「墓地・牧地」が規制の対象外とされている。丸山によれば、この「墓地・牧地」と貞観十三年官符の葬送・放牧地は同一であり、「墓地・牧地」が規制の対象とならなかった理由は、「墓地・牧地」が個別用益地としての性格をもちつつも、共同体による墓地の管理・維持がはかられていた点に求められるという。

延暦十七年官符は「林」をはじめて規定した慶雲三年詔の内容を承けたものであり、「墓地」についての規定も「氏々祖墓」を踏襲している[40]。したがって、延暦十七年官符の「墓地」が庶民の共同葬送地を示すとすれば、「氏々祖墓」にも庶民の共同葬送地が含まれる可能性が生じてしまう。ところが、「氏々祖墓」と庶民の共同葬送地には形態上の決定的な相違が存在する。

延暦十七年官符の「墓地」や慶雲三年詔の「氏々祖墓」は、山野占有を規制する法令の対象外であり、排他的占有が公的に承認されている。これに対し、貞観十三年官符では葬送地はあくまで庶民が共同利用するための空間とされ、耕作などのための排他的占有が厳禁されている。さらに、埋葬はほとんど遺棄に近いものであり、明確な兆域をもたなかったと思われる。丸山は貞観十三年官符の葬送地を共同体規制のもとに置かれた個別用益地として定義しているが、個別的用益権の存在自体がきわめて疑問である。「墓地」「氏々祖墓」と庶民の共同葬送地は、用字が共通するとしても、その内実を同一視することは適当ではあるまい。貞観十三年官符にみえる庶民の共同葬送地が、「氏々祖墓」に含まれることは原理的にありえないのである。

庶民の葬送は共同葬送地であり、周辺の山林に排他的権利を生ぜしめる「氏々祖墓」とは大きく異なる形態を検出できた。「氏々祖墓」は、貴族・豪族層の墓地にのみ適用されるべき概念であり、庶民の葬送地とは関わりをもたなかった。第一節では「百姓宅辺」の「林」が貴族・豪族層・寺院等の経営拠点・経営体に附随する樹木群に結果としてほぼ限定されることを述べたが、本節での検討の結果、「氏々祖墓」の「林」も貴族・豪族層等の所有に帰すべき地目だったことが明らかになった。

三　「林」と土地経営

1　「林」の機能

第一・二節の検討によれば、「百姓宅辺」「氏々祖墓」の「林」の所有主体は、実態としていずれも貴族・豪族層等にほぼ限定される。そこで次に問題となるのが、この時期に展開していた貴族・豪族層等の土地経営における「林」の位置づけである。本項では、額田寺伽藍並条里図（以下、「額田寺図」。32頁の図1[41]参照）を素材として、貴族・豪族層や寺院の土地経営のなかでの「林」の具体的機能を明らかにしていく。

　額田寺図は、大和国の額田寺及びその寺辺所領を描いた絵図で、天平宝字年間（七五七〜六五）をそう下らない時期の作製である。[42]同図には、「寺院」を中心として「田」「畠」「岡」「林」「原」など多様な地目が表現され、全体として一つの経営体を構成している。額田寺は、額田部氏の本拠地と目される地域に所在し、寺辺所領は七世紀以前より開発された額田部氏の所領であったことが確実視される。額田寺の寺辺所領からは、古代の貴族・豪族層の経営体の特徴の一端も明らかになるのである。[43]

　額田寺図に書き込まれた地目のうち「林」に関わるものは、「額寺栗林」（3-ケ・コ）、「寺栗林」（4-ケ・コ）、「寺林」（7-ク）、「橡林」（4-ケ）の四種類である。また、「林」に準じる表現として、「楊原」（2-ク・ケ、3-ク・ケ、4-ケ、5-ケ）もみえる。[44]これらの「林」は、「寺林」が「寺院」の西方に広がる他は、「寺院」の東南部の河川両岸に分布している。「寺院」は所領経営の中心として「宅」（=ヤケ）と同様の属性を有していることから、慶雲三年詔にひきつけると、これらの「林」を「百姓宅辺」の「林」に比定できる。

「林」を構成する樹木としては、一区画に「橡林」がみえるが、それ以外はおおむね栗林を主体としたと思われる。栗は食用に供されるとともに材木としても利用され、生産活動の上で重要な位置を占める。[45] 橡も、橡餅・橡粥などの形で食用になる一方、建材としても利用されていた。また、「楊原」を構成する柳は木材として利用された他、その特性から河川の氾濫への備えとしても機能した。[46]「百姓宅辺」の「林」を構成する樹木は、高い汎用性を備えていたのである。

「林」には、生産以外の機能も想定できる。「寺院」の東南方の道をまたぐ冠木門状の表現（4-ク）について、黒田日出男は以下の三点を指摘した。[47] ①門の前に広がる「額寺楊原」（3-ク）は、描かれた樹木の数が他と比較して多く、特別な地点と認識される。②門の前で「寺院」への道が分岐しており、境界的地点かつ交通上の重要地点であった。③門より西側では東を天とする文字記載が多いのに対し、東側の記載は西を天とする。さらに、門より東側の文字記載は、「額田寺楊原」（2-ケ）などと「額（田）寺」の呼称を冠しており、この点でも西側とは異なる。黒田は、これらの事実から冠木門状の表現を狭義の寺領の境界を示す表現とした。「林」である「額寺楊原」は、まさにこの門に隣接して存在するのである。

黒田の述べるように、緻密な樹木の表現から「額寺楊原」には特別な意味が認められるが、それは寺領を区画する門前に存在するとともに、「公田」や「法花寺荘」（3-ク）など寺領以外の地と隣接し、寺領の外周として権利の主張がより先鋭的となる地点に立地することに理由を求められるだろう。

一方、「寺院」の西側には門に関わる表現はみえないが、「寺林」（7-ク）にはやはり多くの樹木的描写がみえる。これが、「額寺楊原」同様に権利の主張に関わるものだとすれば、寺領を区画する門の有無にかかわらず、「林」には寺領の外周を示す機能が内在していたことになる。[48]「百姓宅辺」の「林」には、経営体の領域を区画する機能が認められるのである。

次に、額田寺図における「氏々祖墓」の「林」について検討する。額田寺図には、墓地的表現が七カ所にみえる(49)。うち四カ所には「船墓額田部宿禰先祖」（3-イ）、「□墓」（7-ウ）、「墓」（4-カ、7-オ）と明記されており、概形のみを描いた墓地的表現（4-キ、7-キ~ケ、8-ク・ケ）とは異なっている。とくに、「船墓」は額田寺の壇越である額田部氏との関連が明示され、「氏々祖墓」にあたることが明確である。それ以外の三カ所もこれに準じるものと考えられ、これらが額田寺の寺辺所領における「氏々祖墓」の「林」に相当する。

これら四カ所の墓地は、すべて「寺院」の北方に広がる「寺岡」の外周上に位置するが、それ以外の墓地的表現は「寺岡」と接していない。「寺岡」は、描かれた樹木の表現から伐木の利用や、「厩田」（7-オ）という字句から牧としての利用も想定され(50)、生産活動上一定の役割を担っていたが、四カ所の墓地にはこの「寺岡」との密接な関係が推定されるのである。

「寺岡」の外周には、墓地以外の構造物として、「石柱」が三カ所にみえる（3-オ・4-オ・6-イ）。「石柱」はいずれも寺領と私領の境界に立地し、それぞれ「寺立」と寺家による建立が強調されている。額田寺図の「石柱」は、寺領の境界の標識として「寺岡」に対する権利を主張する機能を有していたと考えられる(51)。

翻って、四カ所の墓地は、「寺岡」と「公田」「公野」「日根連千虫家」などの境界に位置しており、立地面で「石柱」と共通する。さらに、これらの墓地には「墓」と明記されて額田部氏の「氏々祖墓」であることが主張されており、寺家の建立を明示した「石柱」と同様の効果が期待される。四カ所の墓地には、「石柱」同様に「寺岡」の境界を示す役割が想定される。「氏々祖墓」の「林」は、単なる墓地にとどまらず、「百姓宅辺」と同じように、経営体の外周を区画する機能を有していたのである。

額田寺の寺辺所領において、「百姓宅辺」の「林」は汎用性の高い樹木で構成されて生産活動の一翼を担う一方で、寺領の境界を表示し、「氏々祖墓」の「林」は「寺岡」の外周を区画していた。二種の「林」は、ともに経営体の一部として、境界を区画する役割を果たしていたのである。

2　「林」の特質

第一項では、経営体の境界を区画するという「林」の役割を明らかにした。ここで疑問となるのは、「林」がこのような機能を担うことになった背景である。本項では、額田寺における「寺岡」と墓地（「氏々祖墓」の「林」）の関係を中心として、「林」が境界を区画する機能を担った条件を考察し、古代の土地所有・経営のなかに「林」を位置づけていく。

額田寺図は校班田図をもとに作成されたことがほぼ確実であるが[52]、両図の内容を比較することで興味深い事実が分かる。校班田図などでは「山」「岡」等の山野の段以下の面積は表示されなかったが、額田寺図では「寺岡」の面積が外周部の坪ごとに段歩まで記載されているのである。このことから、「寺岡」の面積記載が額田寺図の作製に際して付加された要素であり、同図が「寺岡」の面積算定、ひいては寺領としての確定を一つの契機として作製されたことが推定できる[53]。

この想定が正しければ、額田寺図の作製以前には「寺岡」は寺領として認定されていなかったことになる。額田寺の寺辺所領は七世紀以前の額田部氏の経営に由来しており、「寺岡」も同様の来歴を有する。額田寺の「寺岡」は、七世紀以前より連綿と経営が続いていたものの、額田寺図の作成された八世紀中葉に至るまではその経営が公的に認定されない状況に置かれていたのである。

令文では、雑令9国内条に「山川藪沢之利、公私共之」とあり、山野の生産物の共利化が原則とされていた[54]。天武四年（六七五）には貴族・豪族層・寺家の手に帰する「山沢・島浦・林野・陂池」の賜与が撤回されており、雑令の規定も貴族・豪族層・寺院等による山野占有を否定する政策の延長上に位置づけられる。八世紀初頭には、慶雲三年詔や和銅四年十二月詔[55]などによって、貴族・豪族層の山野占有が否定され、雑令の規定がより具体化された。寺院に対しても、和銅六年十月に規定額以上の「田野」を収公する政策がとられ[56]、一定額を超える山野経営は否定された。

このように、律令制下には山野共利化の原則によって、貴族・豪族層・寺院等による山野占有が基本的には禁止されていた。額田寺の「寺岡」が公的には認定されなかったことは、このような事実と照応する。これを前提とすると、額田寺の「寺岡」の外周に存在する墓地の「林」にも特定地点の境界にとどまらない機能を想定できる。墓地には他者の侵入を拒否する論理が内包され、その排他的所有が社会的に容認されていた。個々の墓地は周辺山林（「氏々祖墓」の「林」）に対してしか排他性を及ぼすことができないが、数基の墓地を周囲に擁することで排他性は「寺岡」へと拡張され、点の支配は面へと転化する。額田寺の「寺岡」は、政府による公的な認定を欠く状況にあって、墓地の論理を拡張することによって排他性を確保しているのである。このプロセスのなかで、「林」は具体的物件の所有を領域の所有・経営へと変換する触媒としての機能を果たしていた。

「百姓宅辺」の「林」についていては直接明らかにすることが困難であるが、ヤケという具体的物件の所有に依拠している点、領域の区画を通じて経営体付属地の所有を補強する機能を有する点において、同様の位置づけを与えうるだろう。

額田寺の寺辺所領の経営は七世紀以前にさかのぼり、墓地もすべて七世紀以前に営まれていること[57]から、額田寺における「氏々祖墓」の「林」と「寺岡」の関係は律令制成立以前にさかのぼると思われる。具体的物件の所有を領域の所有・経営へと拡張する「林」は、律令制以前から土地経営を補強する装置として機能していたのである。

ここまで述べてきたのは額田寺の事例であるが、貴族・豪族らによる前代以来の山野経営が八世紀初頭にも広範に展開していたこと（第Ⅰ部第一章）を考慮すると、このような状況はある程度一般化できよう。七世紀以前から続く土地経営は律令国家の一元的土地支配の下に統合されていくが、「林」を通じた土地所有のあり方は一定の制限を受けつつも、残存していくことになった。これは、一面では律令制下の山野が共利化政策のもとで公的な認定の埒外に置かれたために生じた偶発的事象であるが、他方では、律令国家の共利化政策と現実の山野経営の進展との間に、一定の妥協がはかられた結果としても評価できるように思う。一元的土地管理を建前とする古代国家は、実際には前代以来の様々な所有・経営のあり方を含みつつ存立していたのであり、我々は「林」を通じてその様子を目の当たりにすることができるのである。

結

本章では、八世紀の「林」が貴族・豪族層・寺院等に関わる地目であることを明らかにし、経営体の周囲を区画する機能を抽出した。さらに、「林」に具体的物件の所有をもとに土地経営を達成する媒介としての機能を見出し、律令制以前の土地経営形態を引き継ぐとの見通しを示した。最後に、「林」をめぐる状況の変化に関する事例をあげて締めくくることにしたい。

（前略）菅野朝臣真道等言、己等先祖、葛井・船・津三氏墓地、在二河内国丹比郡野中寺以南一。名曰二寺山一。子孫相守、累世不レ侵。而今樵夫成レ市、採二伐冢樹一。先祖幽魂、永失レ所レ帰。伏請依レ旧令レ禁。許之。[58]

延暦十八年、「寺山」である祖先の墓地が侵略を受けたことにより、菅野真道はその禁制を申請した。「寺山」は額田寺の「寺岡」と相似形をなし、「氏々祖墓」の「林」を通じて土地経営が補強される空間である。ところが、「寺山」は「樵夫」らによる侵略を受けてしまう。「樵夫」の活動は、その集団性・規模から競合する貴族・豪族層による侵略行為である可能性も高い。在地での競合の激化にともない、「林」を通じた山野経営は限界を迎えつつあった。これに対して、真道は政府の禁制を求めて旧態の回復をはかっている。八世紀の最末期には土地所有において政府による認定が重視され、旧来の論理はすでに後景に退きつつあったのである。

註

（1）『類聚三代格』巻一六。
（2）彌永貞三「律令制的土地所有」（同『日本古代社会経済史研究』岩波書店、一九八〇年、初出一九六二年）。なお、彌永自身は後に共利化された「林」の存在も想定しているが（同論文、補注）、実態としてはともかく、法的に成立しえないことは木村茂光の説くとおりである（「日本古代の『林』について」（同『日本古代・中世畠作史の研究』校倉書房、一九九二年、初出一九八六年））。
（3）泉谷康夫「奈良・平安時代の畠制度」（同『律令制度崩壊過程の研究』鳴凰社、一九七二年、初出一九六二年）、戸田芳実「律令制下の『宅』の変動」（同『日本領主制成立史の研究』岩波書店、一九六七年）、宮本救「律令制的土地制度」（同『律令田制と班田図』吉川弘文館、一九九八年、初出一九七三年）など。
（4）『通典』巻一　食貨一　田制上の引く北魏太和九年の制に、「諸人有二新居一者、三口給二地一畝一、以為二居室一。奴婢五口給二一畝一。男女十五以上、因二其地分一、口課二種菜五分畝之一一。」とある。堀敏一『均田制の研究』（岩波書店、一九七五年）も参照。
（5）天聖田令唐16条。
（6）吉村武彦「律令制的班田制の歴史的前提について」（井上光貞博士還暦記念会編『古代史論叢』中、吉川弘文館、一九七八年）、森田悌「畠と園地」（同『日本古代の耕地と農民』第一書房、一九八六年、初出一九八四年）など。
（7）天平十九年（七四七）二月十一日大安寺伽藍縁起幷流記資財帳（大日古二―六二四）には、「泉木屋幷薗地二町」（大日古二―六五七）とみえる。
（8）天平神護二年（七六六）越前国足羽郡道守村開田地図や天平勝宝三年（七五一）近江国水沼村墾田地図では、荘域外に「百姓畠」「百姓家」、「家」「畠」がそれぞれ隣接して描かれている。
（9）梅田康夫「律令時代の陸田と園地」（『宮城教育大学紀要』一三、一九七八年）。

(10)『出雲国風土記』には、「安心高野」(秋鹿郡条)や、「出雲大川」の両岸(出雲郡条)が「百姓之膏腴之園」であったことが述べられている。
(11) 吉村前掲註(6)論文、森田前掲註(6)論文など。実態としても、八世紀初頭における一般住宅・付属地に強固な所有権を見出すことは現時点では困難である(梅田康夫「律令制社会の園宅地所有について」〔服藤弘司・小山貞夫編『法と権力の史的考察』創文社、一九七七年〕)、吉村前掲註(6)論文など。
(12) 大宝令での同条の存在を否定する見解としては、早く坂本太郎「大化改新の研究」(『坂本太郎著作集』六、吉川弘文館、一九八八年、初出一九三八年)、亀田隆之「陸田制」(同『日本古代制度史論』吉川弘文館、一九八〇年、初出一九七二年)など。むろん、古記の存否は大宝令における条文の存否に必ずしも直結しない(吉村前掲註(6)論文)が、近年の大宝令施行期の宅地売買文書の分析からも両論が提出されており(田島裕久「霊亀三年十月三日格について」〔『史学』五三―二・三、一九八三年〕、同「八・九世紀における売券作成についての一視点」〔『ヒストリア』一一一、一九八六年〕、下鶴隆「宅地売買文書群から見た田令宅地条」〔『歴史学研究』七三一、二〇〇〇年〕など)、定見をみない。ただし、宅地売買文書の分析を通じて大宝令の存否にせまる手法は、大宝令文の確実な実効性が証明されない限り、水掛け論に陥いる可能性がある。
(13) 荒井秀規「戸令応分条の『田』をめぐって」(『古代史研究』七、一九八八年)。
(14) 下鶴隆「日本律令における『宅』と『田宅』」(『ヒストリア』一六四、一九九九年)。
(15) 吉田孝「イヘとヤケ」(同『律令国家と古代の社会』岩波書店、一九八三年)、同「律令国家と荘園」(『講座日本荘園史2 荘園の成立と領有』吉川弘文館、一九九一年)など。
(16)『日本書紀』崇峻天皇即位前紀。
(17)『続日本紀』同月壬午条。
(18) 荒井前掲註(13)論文、中林隆之「律令制的土地支配と寺家」(『日本史研究』三七四、一九九三年)、下鶴前掲註(14)論文などは、この点から「園宅」を大宝令の語句として認めない。
(19) 田令官人百姓条古記は「不得売易与寺謂……」と引用しているが、「不得」と「売易与寺」の間に位置する「捨施」の語も大宝令に確実に存在し、「宅」「園」も想定される。引用に際し、説明に不要な語句が省かれたのであろう。

(20) 砂川和義・成瀬高明「大宝令復原研究の現段階（二）」（『神戸学院法学』一三―二、一九八二年）なども、「園宅」の存在を想定する。なお、不得私蓄条古記が「園宅」を省いたのは、「財物」についてのみの説明を付したためと考えられる。

(21) このように考えることが妥当であれば、「宅地」を一般住宅に相当する語として用いることは、少なくとも大宝令の段階では誤りである。

(22) 柳沢菜々「律令国家の山野支配と家産」（『ヒストリア』二三五、二〇一二年）は、木簡などの実例から「宅」を「領域的にはあくまで垣などで囲われた一定区画内に存在する建物群にとどまり、そこに置かれた家政運営に関わる機関を指す場合もある」ものとした上で、「百姓宅辺」の「林」を領域的に限定された存在とする。さらに、延暦十七年（七九八）十二月八日太政官符（観世音寺文書〈平―四八九八〉、『類聚三代格』巻一六）にて「元来相伝加功成林」の所有が許可されるに至り、有力者の経営体に含まれる「林」のすべてが法的に位置づけられたとしている。ただし、「宅」が中心となる施設を第一義としつつ、周辺に拡張されうる概念であったことを考慮すると、慶雲三年詔が小規模な「林」を想定していたとしても、現実には経営体に含まれる一定規模の「林」の所有を許可する方向で運用された可能性は高い。

(23) 実態として農民の活用する樹林が存在し、森田悌も述べる（「公地公民制の展開」〈同『天武・持統天皇と律令国家』同成社、二〇一〇年〉）ように、それが生活上不可欠の役割を果たしていたことには異論はない。ただし、そうした樹林は慶雲三年詔の主たる対象ではなかったとみておきたい。

(24) 同条古記から、「別祖」「並得営墓」「以外不合」の字句が復原される。なお、『令義解』によれば「氏宗」の語義は「氏中之宗長」であり、「氏上」と実質的には同様である。

(25) 稲田奈津子「喪葬令と礼の受容」（池田温編『日中律令制の諸相』東方書店、二〇〇二年）。

(26) 三位以上条に直接対応すると思われる唐喪葬令の条文（『唐令拾遺』喪葬令復旧一八条、天聖喪葬令宋24・25条参照）にはみえない。なお、義江明子は、「別祖・氏上」規定と唐儀制令の条文（『唐令拾遺』儀制令復旧二八条）の影響を指摘している（「日本令の嫡子について」〈同『日本古代の氏の構造』吉川弘文館、一九八六年、初出一九八〇年〉）。

(27) 白石太一郎「畿内における古墳の終末」（同『古墳と古墳群の研究』塙書房、二〇〇〇年、初出一九八二年）など。

(28) 三宅和朗は、墳丘上の植樹が、中国の影響や古墳立柱の伝統などを背景として、七世紀後半（ないし中頃）に開始されたとする。また、植樹の盛行の契機として、慶雲三年詔を重視している（「古墳と植樹」〔『史学』八一―四、二〇一三〕）。

(29) 戸田芳実「山野の貴族的領有と中世初期の村落」（前掲註（3）書所収、初出一九六一年）。

(30) 釈文は、『寧楽遺文』下など。本文三行目の「十」の釈読に関しては早くから議論があり、真拓とされる静岡県立美術館蔵小杉榲邨旧蔵の拓本の観察によっても、「十」とする説（三谷芳幸「采女氏塋域碑考」〔『東京大学日本史学研究室紀要』一、一九九七年〕）と「千」とする説（近江昌司「采女氏塋域碑について」〔『日本歴史』四三一、一九八四年〕）がある。ここでは、暫く三谷説に従い、「十」とする。

(31) 船王後墓誌銘と伊福吉部徳足比売骨蔵器銘の釈文は、奈良国立文化財研究所飛鳥資料館編『日本古代の墓誌』（同朋舎、一九七九年）による。

(32) 前掲註（31）書解説（東野治之執筆）。以下の出土状況の知見も同書による。

(33) 『類聚国史』七九　禁制　延暦十一年八月丙戌条、同十二年八月丙辰条、大同三年（八〇八）正月庚戌条など。

(34) 『日本後紀』延暦十六年正月壬子条。

(35) 『類聚三代格』巻一六。

(36) なお、森浩一は山林への埋葬や住宅近傍への埋葬が国家によって否定される過程で河原への埋葬が生じるという時期的変遷を考えているが（「古墳時代後期以降の埋葬地と葬地」〔『森浩一著作集』一、新泉社、二〇一五年、初出一九七三年〕）、埋葬の否定は喪葬令9皇都条の適用により京辺の埋葬が規制されたためであり（和田萃「東アジアの古代都城と葬地」〔同『日本古代の儀礼と祭祀・信仰』上、塙書房、一九九五年、初出一九七六年〕）、一般化することはできない。

(37) 『続日本後紀』承和九年（八四二）十月甲戌条。

(38) 丸山幸彦「九世紀における大土地所有の展開」（『史林』五〇―四、一九六七年）、同「延喜庄園整理令と初期庄園」（『史林』六一―二、一九七八年）。

(39) 『類聚三代格』巻一六。

(40) 小口雅史「律令制下における大土地所有の展開」（笹山晴生先生還暦記念会編『日本律令制論集』下、吉川弘文館、一九九三年）。

(41) 釈文・グリッド番号は、東京大学史料編纂所編『日本荘園絵図聚影 釈文編一 古代』（東京大学出版会、二〇〇七年）によった。また、同図に関する研究成果は、『国立歴史民俗博物館研究報告』八八（二〇〇一年）に集成されている。

(42) 狩野久「額田部連と飽波評」（同『日本古代の国家と都城』東京大学出版会、一九九〇年、初出一九八四年）。

(43) 石上英一「日本古代における所有の問題」（同『律令国家と社会構造』名著刊行会、一九九六年、初出一九八八年）。

(44) 「原」という表記から原野に近い状況も想定されるが、絵図の表現では柳の植林が強調されており（3-ク・ケ）、やはり「林」の一類型とするべきであろう。

(45) 木村前掲註（2）論文、伊藤寿和「大和国における奈良時代の農業的土地利用の諸相」（『日本女子大学紀要 文学部』四一、一九九二年）など。

(46) 営繕令17堤内外条に、「凡堤内外并堤上、多殖二楡・柳・雑樹一、充二堤堰用一」とある。なお、伊藤前掲註（45）論文、黒田日出男「古代荘園絵図読解の試み」（前掲註（41）書所収）なども参照。

(47) 黒田前掲註（46）論文。

(48) 領域を区画する「林」は他の荘園図にもみえる。天平宝字三年（七五九）越中国射水郡楔田開田地図と神護景雲元年（七六七）越中国砺波郡鳴戸村墾田地図にみえる「榛林」は、荘域の境界のすぐ内側に位置し、荘域を区画する機能が想定される。

(49) 現地の古墳との対応については、服部伊久男「古代荘園図からみた氏寺の構造と景観」（前掲註（41）書所収）など参照。

(50) 伊藤前掲註（45）論文。

(51) 延暦十二年四月十七日播磨国坂越神戸両郷解（平―九。勝浦令子「『播磨国坂越・神戸両郷』補遺」（『史学論叢』六、一九七六年）も参照）では、東大寺が「大墾生山」の経営を開始した際に「堺柱」を建てている。後に大伴宿禰某が侵入した際には、「堺柱」を移動して東大寺の山林を切り払っており、山地・丘陵に建てられる柱の土地に対する権利を表明する機能を如実に物語っている。

(52) 山口英男「額田寺伽藍並条里図」（金田章裕・石上英一・鎌田元一・栄原永遠男編『日本古代荘園図』東京大学出版会、一九九六年）。

(53) 山口英男「『額田寺伽藍並条里図』の作成過程について」(前掲註(41)書所収)。
(54) 『日本書紀』同年二月己丑条。
(55) 『続日本紀』同月丙午条。
(56) 『続日本紀』同月戊戌条。
(57) 山口前掲註(52)論文、服部前掲註(49)論文。
(58) 『日本後紀』延暦十八年三月丁巳条。

第三章　天武・持統朝の山野支配
―禁制地の実相―

はじめに

古代社会では山野河海（本章では、以下「山野」と略する場合がある）における現実の所有関係はあいまいであり、諸階層による自由な用益が可能であったとされる(1)。その一方で、公権力によって特定の山野などに禁制が施され、用益が制限される場合があった。このような公的禁制の対象となった山野を、本章では「禁制地」と称する。禁制地は山野のなかに設けられた特殊な空間ではあったが、その存在形態は公権力による山野支配のあり方や当時の山野の利用状況による制約を受けており、その性格の解明は古代の権力や社会を明らかにする糸口ともなりうる。

禁制地の設定に関する画期として先学が注目してきたのは、七世紀後半、とくに天武・持統朝を中心とした時期であった。調・贄の性格について考察した梅村喬は、天智朝頃に山野などの私有化の危機意識のもとで王権の山野への排他的用益の確立が企てられ、天武朝には最高の祭祀権者として天皇の地位が確立するとともに、供御貢納地としての禁制地が設定されていったと想定している(2)。令文に示された禁制地である「禁処」の成立と変遷を論じた森田喜久男は、律令制の成立とともに天皇が山野河海に対する権威を確立し、天武・持統朝にこれを可視化するために禁制地の設定がはかられたとした(3)。律令国家の山野支配と王土思想の関連について検討した三谷芳幸は、天武・持統朝に中国の山野支配制度を継受することで、禁制地の法制化が進められたことを述べる[4]。

これらの研究が一様に指し示すように、天武・持統朝は律令制下の禁制地の揺籃期であり、この時期の禁制地は律令制下の祖型としての意義を有する。さらに、この時期の禁制地に照らし出される山野河海の支配・利用状況の把握によって、律令制の整備が飛躍的に進展したとされる天武・持統朝の実相に接近することも可能であろう。

しかしながら、天武・持統朝の禁制地は、律令に規定された「禁処」への連続性を強調される一方で、その内実の検討は積極的にはなされてこなかった。そこで、本章では天武・持統朝の禁制地の「画期」性の持つ意味にも着目しながら、その実態・性格について分析し、律令制下の禁制地の初源を明らかにすることを直接の課題として設定する。その上で、この時期の山野河海の支配・利用の状況や、天武・持統朝に禁制地の設定が集中的に進められた理由についても見通しを得ていきたい。

一　「禁処」―令文における禁制地―

古代の禁制地は、禁制地に関わる唯一の令規定によって、研究上「禁処」と称されてきた。本節では、令文にみえる「禁処」の性格や唐制との関係について検討し、禁制地を「禁処」と称することのもつ意味と、その問題点を指摘する。

「禁処」は、雑令9国内条に次のように規定される。

凡国内有下出二銅鉄一処上、官未レ採者、聴二百姓私採一。若納二銅鉄一、折二充庸調一者聴。自余非二禁処一者、山川藪沢之利、公私共之[5]。

この条文は、鉱物資源の私的採掘を可能とする条件などを述べた上で、特定の資源が産出されない山野や河川での収穫物を共利とすべきことを記す。「禁処」は、収穫物の共利という原則が適用されない空間、すなわち不特定多数の対象による利用が制限される禁制地として規定されている。同種の規定は他にみえないことから、古代の禁制地は法的にはすべて「禁処」に該当することになる。

「禁処」は、日唐令の相違に関する知見から日本で独自に考案された語と長らく考えられてきた。従来、雑令国内条と対応する唐令は以下に掲げる『唐六典』巻三〇　士曹司士参軍条の注によって復原されていた。

凡州界内、有下出二銅鉄一処上、官未レ採者、聴二百姓私採一。若鋳得二銅及白鑞一、官為二市取一。如欲レ折二充課役一、亦聴レ之。其四辺、無レ問二公私一、不レ得下置二鉄冶一及採上レ銅。自余山川藪沢之利、公私共之。

傍線部の文言が日本令と共通していることからも明瞭なように、この部分は日本令の藍本となった唐永徽令に近い形であるが、日本令の「非禁処者」に対応する表現はみあたらない。このことから唐令には「禁処」に関する規定が存在しないとされ、「禁処」は日本令を編纂する際に新たに創出された用語とみなされてきたのである。この想定が認められるとすれば、「禁処」は山野河海に関わる日本独自の事情を背景にした用語となる(6)。

古代の禁制地は法制の上では「禁処」に含まれ、しかも「禁処」は日本固有の状況を背負った語と考えられた。これらは、「禁処」を日本の禁制地の称とするに足る事情であったといえる。しかし、唐令復原の史料として追加された天聖令によって、「禁処」が日本独自の用語であるという前提は崩れてしまった。天聖雑令には、

諸州界内、有下出二銅錍〔鉱カ〕一処上、官未レ置レ場レ者、百姓不レ得二私採一。金・銀・鉛・鑞・鉄等亦如レ之。西比〔北〕縁辺、無レ問二公私一、不レ得レ置二鉄治〔冶〕一。自余山川藪沢之利、非レ禁者、公私共之。

という条文がみえる（宋10）。大まかな構造自体は先に掲げた『唐六典』の文章と類似しているが、その内容はいくつかの部分で大きく異なっている。行論上もっとも重要な相違点は、『唐六典』にはみえなかった「非禁者」という文言が天聖令に存在することである。これは日本令の「非禁処者」に近い表現である。

周知のように、天聖令は全体として開元二十五年令と思われる唐令を土台とし、宋代の実情に応じて内容に改変を加えられている。前掲条文と『唐六典』の伝える唐令との相違点の大部分は、宋代の改変にかかると考えられるが、「非禁者」の部分に関しては、唐永徽令を源流とする日本令と、唐開元二十五年令を改訂したと考えられる天聖令に同内容の文言があるため、同列に論ずることはできない。これを整合的に説明するためには、永徽令にこれに近い文言が存在して日本令に継承される一方、永徽令を改訂した開元二十五年令を介して天聖令にまで引き継がれたと考える以外にない。唐令には「非禁処者」のもとになった文言が存在し、日本令の「禁処」はこれを継受した表現だったのである。

「禁処」が唐で創出された概念であったことは、用語それ自体に日本独自の事情が介在していなかったことを意味する(7)。中国では、君主による山野の私産化が春秋中期以降に進行し、とくに漢代には法家系官僚のもとで積極的に推進されていった(8)。「禁処」はこのような中国固有の事情を背景としつつ、国土をあまねく君主の所有に擬す王土思想を支柱とすることで法制に定着した概念ととらえられる。これを受容したこと自体には一定の意味があるものの、「禁処」の語に日本独自の意義を見出して過大評価することはできないのである。

ここで改めて「禁処」という呼称の問題点を考えてみよう。「禁処」は、特定の存在形態に拘束されないことから、君主の指定する公的な禁制地であれば地域・時期を超越して適用しうる柔軟性をもつ。また、「禁処」は天皇が山野河海に任意に設定する空間であり、そこには天皇による無制限の支配が暗黙のうちに含意される。このような特徴を有する「禁処」の語を使用することによって、意識するとしないとにかかわらず、古代の禁制地の時期的な差異は捨象され、天皇による普遍的かつ独占的な山野河海の支配が幻視されてしまうのである。従来の研究で天武・持統朝の禁制地の実相があまり問題とされてこなかったことも、「禁処」という均質の実態を前提として議論が進められた結果であったように思う。

しかしながら、中国の制度を継受した「禁処」にこめられた君主による山野河海支配のあり方が日本の実態と必ずしも一致しないことは今や明らかである。日本の禁制地の独自性や時期的差異を覆い隠して普遍的存在へと昇華してしまう危険性をもつ「禁処」の語に拘泥することは問題であろう。ここでは「禁処」の語を用いることを避け、禁制地のあり方を検討する際にも「禁処」の存在形態・論理を前提とするのは控えたい。

二　天武朝の禁制

天武朝における山野の禁制は、天武五年（六七六）五月に施行された。

勅、禁二南淵山・細川山一、並莫二蒭薪一。又畿内山野、元所レ禁之限、莫二妄焼折一。[9]

飛鳥周辺の山々（南淵山・細川山）と「畿内山野」での用益が制限されたのである。これは、広範な山野に対する禁制としては確認される限り最も早い。本節では主として、ここで禁制の対象となった土地の条件を検討することで、天武朝における禁制地の性格やその背景となる山野の状況について考えていく。

天武朝では、これ以外にも山野河海を対象とした政策が実行されている。まずはこれらの政策との関連から、天武朝の禁制の意義について概観してみよう。天武四年二月には、

詔曰、（中略）親王・諸王及諸臣、幷諸寺等所レ賜、山沢・島浦・林野・陂池、前後並除焉。[10]

と、王族・豪族・諸寺に認められてきた「山沢」以下の所有が一律に廃止されている。さらに同年の四月には、

詔二諸国一曰、自レ今以後、制二諸漁猟者一、莫下造二檻穽一、及施中機槍等之類上。亦四月朔以後、九月卅日以前、莫レ置二比弥沙伎理・梁一。（中略）若有レ犯者罪之。[11]

と、猟に用いられる檻穽・機槍の全面的禁止や、漁のために設置される「比弥沙伎理」・梁の季節的制限など、漁猟道

具の使用制限が命じられた。

天武四年二月詔は、中国で発達して雑令国内条に定着していく共利化の原則が導入された起点として後代からも回顧されている(12)。天武四年四月詔で使用を禁じられた檻穽・機槍は、雑令39作檻穽条でも通行の妨害となることや人を殺傷することを禁止されている。道具の名称は異なるものの主旨が共通する条文は唐令にも存在し(13)、この禁令の源流は中国に求められる。同詔にみえる「比弥沙伎理」・梁などの季節的制限は日本令には結局定着しなかったが、唐令には季節的な漁猟の禁断を明記した条文の存在が推定される(14)。中国では山野などに対する共利化の布告と表裏をなすものとして君主による山野などの利用の適切な制限・管理が理想とされており(15)、天武四年四月の禁令もこのような山野河海支配の思想を承けたものと位置づけられる。

このように、天武朝には中国的思想の移入をともないながら山野河海政策が実行されていた。畿内の山野を対象とする天武五年の禁制の背後にも中国的思想の影響を認めるのが自然であろう。すなわち、ここでの禁制は令文の「禁処」へと直結するような中国的山野支配思想を導入する契機としての意義を有していたのである(16)。ただし、令文の「禁処」が実態としての禁制地と必ずしも一致しないように、禁制を支える中国的思想は内実と即応するわけではない。禁制の実態は、あくまで別個に検討される必要がある。

天武朝の禁制では、南淵山・細川山、そして「畿内山野」の用益が制限されている。南淵山は稲淵川の流域、細川山は細川川の上流に位置し、ともに飛鳥川の水源として地域の生活や生産活動を支えていた。皇極朝には、南淵山の近辺である南淵川（稲淵川）上流地域で大王による祈雨の儀式が執行された(17)。ここで南淵山周辺地域が王権の祭祀の舞台となったことは、この地が水に関わる聖地として認識されていたことを暗示する。その聖性の核となっていたのは、やはり飛鳥を潤す水源だったことであろう。これらの山が水源として生活・生産上の要地であるとともに聖地でもあったことは、禁制が施行された理由の一つとして想定できる(18)。

一方、ここでの禁制の理由として、皇居の周辺ないし行幸の経路という立地を重視する見解[19]がある。南淵山・細川山は、天皇の所在する飛鳥の近隣であり、しばしば行幸が行われた吉野と飛鳥を結ぶ経路の近辺に位置する。貴族・豪族・寺院らによる山野などの占有を禁断した延暦十七年（七九八）十二月八日太政官符[20]に、

其京城側近高顕山野、常令二衛府守一、及行幸経過顕望山岡、依レ旧不レ改、莫レ令二斫損一。

とあるように、少なくとも八世紀の末には、宮都の周辺や行幸の途上にある山野は伐採を厳しく制限されるべき禁制地であった。このようなあり方を持統朝にまで遡及させることができれば、南淵山・細川山に禁制が敷かれることになった理由としても有力であろう。

以上のように、南淵山・細川山に禁制が敷かれた条件については、①生活・生産上の要地や聖地、②皇居の周辺や行幸の経路という二通りの考え方ができる。「畿内山野」の禁制に関しても、これらと大きく離れた条件は想定しがたい。そこで両説の妥当性を検証する意味も兼ね、これらの条件が「畿内山野」にも当てはまるか考えてみよう。

生産・生活上の要地や聖地は畿内に無数に存在しただろうから、①説を「畿内山野」に敷衍することに特段の疑問はない。また、生産上の要地などは元来在地による管理に委ねられていたと考えられる[21]が、「畿内山野」に以前から禁制が施行されていたこと（「元所禁之限」）は、これと符合する。①の条件は「畿内山野」に無理なく該当しうるのである。

他方、②説の皇居周辺という条件はきわめて特殊な立地であり、「畿内山野」の全体には適用できない。行幸の経路についても、以前からそこに禁制が施行されていたことをにわかには想定しがたく、「元所禁之限」という語に合理的な理解を付しにくい。これらの点から、②の条件をすべての「畿内山野」に適用することは難しいといえる。また②の説は、八世紀後半の禁制のあり方からの推論であり、それが天武朝にまで遡及しうることを全面的に証明しているとはいえない。

したがって、「畿内山野、元所禁之限」は主として①の条件によって禁制を敷かれたと考えるのが妥当である。南淵山・細川山の禁制の理由としては①②の両方が考えられるが、「畿内山野」の禁制と関連づけるとすれば、水源・聖地としての条件を重視すべきと思われる。天武朝の禁制は、全体として生活・生産上の要地や聖地を主体としたのである。これらの土地は共同体的秩序によって管理されていたと考えられるが、この状況が天武朝の禁制によってただちに変更された形跡はない。天武朝の禁制の主眼は、これらの土地を政府の直接的な管理下に組み込むことではなく、従来の規制を再確認することにあったと考えられよう。

天武朝の禁制は、中国的な山野支配の観念の本格的な受容をともなって推進された点で大きな画期性を有していたが、実際には在地に委ねられていた生産上の要地・聖地などに対する規制を確認したにすぎなかった。公権力による山野への関与はこの段階ではきわめて限定的であり、山野の大部分は依然として在地の秩序によって管理されていたのである。

三　持統朝の禁制

持統三年（六八九）八月には、畿内の三カ所の野・海における漁猟の禁断と、守護人の配置が指示された。

禁二断漁猟一、於二摂津国武庫海一千歩内、紀伊国阿提郡那耆野二萬頃、伊賀国伊賀郡身野二萬頃一、置二守護人一、准二河内国大鳥郡高脚海一。[22]

これらの禁制地の用途については、守護人を配置した上での禁断という形式からみても天皇への供御のための禁制地と解する[23]のが正しい。天武朝にみえる禁制地は民衆にとっても必要な生産上の拠点であったが、持統朝のそれは天皇権力に密着した存在だったのである。そこでは権力と山野の関係がより先鋭化することが予想され、両者の関係を観測する素材としては好適である。仮にこのような禁制地を天皇が自由に設定しえたとすれば、持統朝には「禁処」に近い性格の実態が現出していたことになるし、ここでの禁制の方式がまったく新しいものであったとすれば、そこに天皇による山野支配の深まりを認めることができるだろう。以下ではこれらの禁制地の来歴や禁制の方式について、とくにそれ以前のあり方との関連を中心に考察を加え、その性格を明らかにする。

1　禁制の対象地

持統三年の禁令は、摂津国武庫海・紀伊国阿提郡那耆野・伊賀国伊賀郡身野を対象とし、河内国大鳥郡高脚海に準じた措置がとられた。ここで禁制の雛型として参照された高脚海は、持統三年以前から禁制が施行されていたことになる。持統朝の禁制地の性格・起源を考える意味で、まずは高脚海と王権との関係について俯瞰してみよう。

延喜二十二年（九二二）年四月五日の年紀をもつ和泉国大鳥神社流記帳(24)には、高脚海の一部をなす「高磯浦」に関する記載がみえる。そこでは、「高磯浦」の範囲について、上限を「津川、所謂石津者、難波長柄豊前朝廷之御領。伊岐宮《(寺)》造料石(25)、従㆓讃岐国㆒運置津也。仍名者」としている。「高磯浦」の一方の端である石津は、難波長柄豊前朝廷（＝孝徳）が領し、伊岐宮《(寺)》造営の際に用いられたというのである。また、流記帳ではその下限の小川についても、「益鏡小川、所謂益鏡者、同朝廷為㆓陵所㆒、御賢行幸。其間従㆑輦件小川落㆓入御鏡㆒也。仍為㆑名」と記され、孝徳の行幸と関連づけた地名起源譚が語られている。これらはもとより確実な史実とすることはできないが、ともに孝徳と関係する伝承であり、その段階での王権との関わりが暗示される。

高脚海の所在する大鳥郡域は、古くから王権との結びつきが濃厚な地域であった。記紀には、垂仁天皇の治世下のこととして「高石池」(26)「狭山池」「日下之高津池」(27)の開発記事が載せられている。垂仁朝という年紀自体には信を置きえないが、六〜七世紀に王権によって同地域の灌漑用池が整備されていったことには一定の事実性を認めえよう。用水の整備は耕地の開墾をともなうものであり、この地域の開発が王権の主導によって進められていったことをうかがうことができる。高脚海を擁する大鳥郡域は、早い段階から王権と直接的な関係を有していたのである。

高脚海を含む大阪湾は、律令制下には大膳職の雑供戸である網曳が展開し、天皇の食膳に供する海産物の獲得がなされていた(28)。八世紀にこれらの海産物の貢進を統括していたのは、和泉宮（茅渟宮）を中心とした特別行政区である和泉監であったと考えられている(29)。和泉監は令前における茅渟縣の機能の一部を継承しており、海産物の統括も茅渟宮の段階にまでさかのぼると想定される。茅渟縣の管轄範囲が大鳥郡域にまで及んでいたことも考慮すれば(30)、高脚海が七世紀以前から貢納物獲得の場であった可能性が高く、禁制の起源もこの段階に求められる。高脚海は七世紀以前から王権への貢納物を獲得する場としての伝統をもち、王権との直接的な関係のもとで禁制が施行された地として位置づけられるのである。

高脚海に準じて持統朝に新たに禁制が敷かれたとされる地域のうち、所在地をある程度特定しうる摂津国武庫海と伊賀国伊賀郡身野についても、その周辺環境から王権とのつながりを想定できる。

武庫海には、古代の瀬戸内海交通の要衝にあたる武庫水門が設けられていた。武庫（務古）水門は、麛坂王・忍熊王の反乱に接した神功皇后が、船で難波を目指したが果たせず、寄港して諸神への祭祀を行うことで無事の航海を得たとされる地である(31)。また、応神紀には諸国から貢納された五〇〇隻の船がこの地に浮かべられたという話が載せられている(32)。これらは歴史的事実を忠実に写したものではないだろうが、水上交通の要地である武庫水門が王権と密接に関係していたことを示す伝承として位置づけられる(33)。また、大化三年（六四七）に孝徳天皇が有間温湯に赴いた際には、帰途に武庫行宮に立ち寄っている(34)。この時にいかなる施設が行宮に充てられたかは判然としないが、それ以前から存在した王権に直接関わる施設であった可能性もある。

伊賀国伊賀郡身野については、具体的な所在地については諸説あるものの、律令制下の名張郡に近接する地域を想定する説が有力である[35]。天武紀に「名張厨司」という語句がみえることから、遅くとも天武朝には名張の地域から天皇への供御が恒常的になされていたと考えられる[36]。これと近隣する身野が持統朝に禁制を敷かれたことも、名張地域が有した供御の伝統と無縁ではないように思われる。

持統三年に禁制地の原型として参照された河内国大鳥郡高脚海は、古い段階から大王に対する供御地としての役割を担っており、禁制の施行もその延長上に位置づけうる。また、この時に新たに指定された禁制地も、その周辺環境からは王権との一定の関係が想定された。これらの事実によれば、持統朝にみえる禁制地はまったく新規に占定された土地ではなく、それ以前から王権と関わりを有する土地に設定されていたことになるのである。

2　禁制の方式

持統三年の禁令には各禁制地について面積が定められており、具体的な数値は信頼できないものの、禁制地が恒常的に領域を区画されていたことをうかがいうる。これらの各領域には守護人が配置され、禁制の実施が監視されていた。このような禁制のあり方は、少なくとも高脚海では持統三年以前から（おそらくは孝徳朝より[37]）実現されていた方式であったが、それはどの程度一般化しうるのだろうか。ここでは王権による狩猟地などに充てられた「標野」の存在形態と持統朝の禁制の方式を比較し、この点について考察していく。

茜草《あかね》さす　武良前《むらさき》野　逝き　標野《しめの》行き　野守は見ずや　君が袖ふる[38]

これは、天智朝に多数の王族・豪族の参加の下で行われた蒲生野での薬猟[39]の際に、額田王から大海人皇子へと詠まれた著名な歌である。この「標野」は、王権の狩猟地である蒲生野を指している。額田王の歌によれば、「標野」には「野守」が配されていた。「標野」である蒲生野は、「野守」によって守護されていたのである。

「標野」は「標」によって「しめ」られた土地の意であるが、その性格については定説がない。瀧川政次郎は、「標野」を後の「禁野」と同様の空間と解し、永続的な禁制地であることを強調した。[40]これに対し、森田喜久男は「標野」を標結の慣行の枠内で理解する。標結は、簡便な結界によって施行された一時的な農民の土地占有形態である。[41]「標野」をこれと同様の空間と想定すれば、永続性・固定性を有しない一時的な占有地となる。[42]「標野」の永続性をめぐり、以上のように相反する説が提示されているが、その語義からはいずれとも決しがたい。そこで、やや迂回路となるが当時の蒲生野の歴史的環境からの接近を試みる。

蒲生野での狩猟が行われた天智朝には、蒲生野の開墾も進められていたことが想定される。天智八年（六六九）には百済からの亡命者や遺民の蒲生郡への配置がなされているが、[43]彼らは開墾可能な原野である蒲生野の開拓を担ったと考えられるのである。さらに、大宝二年（七〇二）には美濃国多伎郡の民も移されており、[44]七世紀後半から八世紀初頭にかけて蒲生野では一貫して政府の主導下での開発が行われていたことがうかがわれる。また、広義には蒲生野に含まれる匱迮野は天智によって宮地の候補とされ、観覧に供されている。[45]このように、蒲生野は七世紀後半には王権と深い関係を結んでおり、天智朝の薬猟もこのような関係を前提として挙行されたと思われる。[46]この時期には狩猟地の撰定にあたっては王権との結びつきも重視されたのであり、単に狩猟に適した土地であればよいわけではなかったのである。

狩猟地と王権との関係は、他の土地でも確認することができる。大和国宇陀郡に位置する菟田野（宇陀野）である。この地は推古朝に薬猟の地とされ、[47]『西宮記』にも交野と並ぶ「禁野」として記載されているように、九世紀以降も天皇と直接関わる狩猟地となっている。[48]この地について特筆されるのは、七世紀以前の状況も推定できる点である。菟田野の近辺には上縣の地名が残るが、[49]これは神武紀にみえる菟田下縣[50]に対応するものであり、菟田野が大化前代の王権に直属する菟田上縣の近辺に立地していたことが確認できる。また、雄略紀には「厨人菟田御戸部」という人物が宍人部として貢上されたという伝承が記載される。[51]これは、菟田の原野からの獲得物が王権に恒常的に貢納されていたことを前提とした記述である可能性が高い。菟田野が推古朝に薬猟の地となったのは、このような七世紀以前の王権との関係を背景としたと考えられる。

以上の諸例によれば、「標野」である狩猟地には大王と関連の深い特定の山野が選択されており、菟田野のようにさらに古い段階からの結びつきを背景とするものも存在した。むろんその存在形態が桓武朝以降に広がっていく狩猟のための禁制地と異なるのはいうまでもないが、(52)「標野」は農民の慣行同然に脆弱な植物によって一時的に占められていたわけでなく、周囲の土地とも緩やかに結合しつつ恒常的に王権と関係を結んでいたのである。

翻って、「標野」がある程度恒常的な狩猟地であったとすれば、天智朝の蒲生野にみえる「野守」も狩猟期間中のみの守護人とは思いがたい。「野守」は「標野」に常駐し、一般の狩猟などを規制する役目を負っていたと考えてよいのではないか。このように考えるのが妥当であれば、高脚海で持統朝以前からみられた守護人の常置は、それ以外の王権に直属する山野河海でも実現されていた様態とみることが可能である。

ここまでの検討によって、領域の永続的な排他的占拠と恒常的な守護人の配置に特徴づけられる持統朝の禁制方式が、それ以前から一般的にみられたことが明らかになった。持統朝の禁制は、形態の面からも前代のあり方を踏襲しており、そこに支配の著しい深化を見出すことはできないのである。

結

本章では、天武・持統朝の禁制の性格の実相について検討してきた。天武・持統朝の禁制地は、Ⓐ旧来より在地の秩序によって禁制が施行されていた生産などの要地や聖地と、Ⓑ王権が独占する狩猟・貢納のための土地という二つの類型にまとめられる。これらの土地に施行された禁制は中国の山野支配思想によって理論的に支えられていた点で前代と隔絶していたが、その内実は旧来のあり方を踏襲したものであり、この段階で山野河海の実効的な支配が大きく深まったとは考えがたい。山野河海の大部分は在地の秩序によって管理されており、天皇の支配が実際に及んでいたのはかつての供御地の系統をひく一部の禁制地にすぎなかったのである。

三上喜孝は、中国に存在した山野などの季節的制限が継受されなかったことなどから、山野などの管理・制限が実質的には在地に委ねられていたとして、共同体的管理を原則とする山野などのなかに天皇による禁制地の排他的所有が包含されるというモデルを示している[53]。本章の検討によれば、禁制地の多数を占めるⒶ型は在地による管理を続けられていた。天皇の山野河海支配は、この段階ではさらに限定的だったのである。

最後に天武・持統朝に集中的に禁制が進められた理由についてふれておきたい。結論から述べれば、禁制の大きな動因は第二項でも取り上げた天武四年二月詔にあった。詔を再掲する。

詔曰、（中略）親王・諸王、及諸臣幷諸寺等所レ賜、山沢・島浦・林野・陂池、前後並除焉。

ここでは、天智朝前後の時期に公認されていた豪族層支配下の山野などの支配が否定された。政府は豪族層による多角的な経営の一角をなす山野を公認する一方でその把握を進めていたが、その進展を背景として公認の撤回に踏み切ったのである（第Ⅰ部第二章）。その背景には、中国から導入された山野共利化の思想があった。この措置によって豪族層による山野などの支配は法的根拠を喪失することになったが、一方で王権に直属する山野や、在地の規制下に置かれていた要地・聖地の位置づけも不明確になり、従来の慣行が共利化の原則の下で破壊される危険が生じた。そこで、天武・持統朝には前者を再編する（Ⓑ型）とともに、後者の再確認がはかられた（Ⓐ型）と考えられるのである。その意味で、天武・持統朝の禁制は理念上の必要からではなく、現実の政治課題への対応としてとられた政策だったといえよう。結果として、それが理念的に王権の山野河海支配を一段進め、雑令国内条における「禁処」の継受にも影響を及ぼしたことは事実だが、その実質を過大評価することはできないのである。

註

（1）彌永貞三「律令制的土地所有」（同『日本古代社会経済史研究』岩波書店、一九八〇年、初出一九六二年）。
（2）梅村喬「律令財政と天皇祭祀」（同『日本古代社会経済史論考』塙書房、二〇〇六年、初出一九八二年）。
（3）森田喜久男a「古代王権の山野河海支配と禁処」（『歴史学研究』六七七、一九九五年）、b「古代王権の山野河海支配と『禁処』」（同『日本古代の王権と山野河海』吉川弘文館、二〇〇九年）。
（4）三谷芳幸「律令国家の山野支配と王土思想」（同『律令国家と土地支配』吉川弘文館、二〇一三年、初出二〇〇三年）。
（5）慶雲三年（七〇六）三月十四日詔（『類聚三代格』巻一六）は国内条を法源として山野占有を規制していることから、国内条が大宝令に存在したことは確実視され、さらに浄御原令にも存在したとする見解もある。吉村武彦「八世紀『律令国家』の土地政策の基本的性格」（『史学雑誌』八一―一〇、一九七二年。改稿して『日本古代の社会と国家』（岩波書店、一九九六年）に収録）など参照。
（6）亀田隆之は、「禁処」を日唐間の山野などの利用度・利用法などの差異から日本令に付加された語句と考え、山野などの私有が未発達で共同体的な管理以外の統制が存在しなかったことを「禁処」規定が導入された条件として提示している（亀田隆之「古代における山林原野」（同『日本古代制度史論』吉川弘文館、一九八〇年、初出一九七二年））。勝浦令子は、日唐の山野河海の支配度の違いを重視し、唐では「禁処」に相当する空間の存在は当然の前提として記されなかったが、日本では山野などの支配観念が相対的に未熟であるため、あえて「禁処」の語を挿入したとする（勝浦令子「古代における禁猟区政策」（井上光貞博士還暦記念会編『古代史論叢』下、吉川弘文館、一九七八年））。
（7）日本令と天聖令は、「処」字の有無と「山川藪沢之利」と「非禁（処）者」の順序という二点で相違しており、これを日唐間の条文の違いとして高く評価する見解がある（三上喜孝「北宋天聖雑令に関する覚書」（『山形大学歴史・地理・人類学論集』八、二〇〇七年）、森田喜久男「問題の所在」（前掲註（3）書所収）など）。とくに森田は、「処」の有無から、唐令はあくまで山野河海の用益に関する条文であったが、日本令では「禁処」空間自体に力点があるとした。しかし、天聖令の相当条文は宋令であって、開元二十五年令や永徽令の字句を忠実に保持していることが保証されていない。また、仮に唐令が宋令と変わらない字句であったとしても、「処」一字に日中の法意の大きな差異を見出すのは、やや穿ちすぎに思える。

（8）増淵龍夫「先秦時代の山林藪沢と秦の公田」（同『中国古代の社会と国家』弘文堂、一九六〇年、初出一九五七年）、重近啓樹「中国古代の山川藪沢」（『駿台史学』三八、一九七六年）など。
（9）『日本書紀』同月是月条。
（10）『日本書紀』同月己丑条。
（11）『日本書紀』同月庚寅条。
（12）『類聚三代格』巻一六 大同元年（八〇六）閏六月八日太政官符。
（13）天聖雑令宋41条にも、「諸有二猛獣一之処、聴レ作二檻穽・射窠等一、不レ得レ当二人行之路一。皆明立二標幟一、以告二往来一」と、檻穽・射窠等の設置に関して人の通行する場所への設置を禁じる規定がある。
（14）天聖雑令宋8条に、狩猟の季節的制限に関わる規定がみえる。
（15）三上喜孝「律令国家の山川藪沢支配の特質」（池田温編『日中律令制の諸相』東方書店、二〇〇二年）など。
（16）三谷前掲註（4）論文。
（17）『日本書紀』皇極元年（六四二）八月甲申条。
（18）仁藤敦史は、天武朝における「新城」造営計画（『日本書紀』天武五年是年条など）と関連づけ、用材確保のための禁制とする（「倭京から藤原京へ」〔同『古代王権と都城』吉川弘文館、一九九八年、初出一九九二年〕）。南淵山・細川山があえて例示された理由の一つとしては、考慮しておく必要があるだろう。
（19）日本古典文学大系『日本書紀』（岩波書店、一九六五年。笹山晴生執筆）、森田前掲註（3）ａｂ論文など。
（20）『類聚三代格』巻一六。
（21）鬼頭清明「山野河海と贄」（同『古代木簡の基礎的研究』塙書房、一九九三年、初出一九八七年）など。
（22）『日本書紀』同月丙申条。
（23）勝浦前掲註（6）論文、大平聡「居村『放生木簡』と古代の放生」（『六浦文化研究』一、一九八九年）。
（24）平―二一八。
（25）本文は、大鳥神社蔵本によったが、紙面にはある時点での意図的な改変の痕跡が多数残っている。この部分についても、内閣文庫蔵本（文化七年〔一八一〇〕の地誌編纂のために昌平坂学問所に附された）には「寺」と記されており、元来は「寺」であった可能性が高い。
(26)『日本書紀』垂仁三十五年九月条。
(27)『古事記』垂仁天皇段。
(28)瀧川政次郎「雑供戸考」（同『律令諸制及び令外官の研究』角川書店、一九六七年、初出一九五八年）など。
(29)遠藤慶太「和泉のミヤコ」（『都市文化研究』四、二〇〇四年）。
(30)茅渟県の管轄として王権への須恵器の貢納を担っていたと考えられる「陶邑」（『日本書紀』崇神七年八月己酉条）は、大鳥郡内に比定される。
(31)『日本書紀』神功皇后摂政元年二月条。
(32)『日本書紀』応神三十一年八月条。
(33)鷺森浩幸は、五世紀末から六世紀初頭に外交上の拠点として重要な位置にあった武庫水門の地位が低下し、生産的な大王・王族の所領に移行していったと推定している（「猪名の王家所領と武庫水門」〔『大手前大学史学研究所紀要』二、二〇〇三年〕）。
(34)『日本書紀』同年十二月晦条。
(35)勝浦前掲註（6）論文など。
(36)『日本書紀』朱鳥元年（六八六）六月庚寅条。
(37)勝浦前掲註（6）論文。
(38)『万葉集』一―二〇。
(39)『日本書紀』天智七年（六六八）五月五日条。
(40)瀧川政次郎「あかねさす紫野の歌」「標野」（同『萬葉律令考』東京堂出版、一九七四年、初出一九六四年）。
(41)石母田正「古代村落の二つの問題」（『石母田正著作集』一、岩波書店、一九八八、初出一九四一年）。
(42)森田前掲註（3）a・b論文。
(43)『日本書紀』同年是歳条。

(44)『続日本紀』同年三月庚寅条。
(45)『日本書紀』天智九年二月条。
(46)なお、九世紀に入っても蒲生野は天皇との関係が深い地としてみえる。延暦二十二年（八〇三）には桓武天皇の行幸の地となり、おそらく遊猟が決行された（『類聚国史』巻八三　政理五　免租税　同年閏十月癸亥条／『日本紀略』同日条）。同二十三年に蒲生郡荒田五三町が伊豫親王に賜与され（『日本後紀』同年九月甲戌条）、承和四年（八三七）には蒲生郡荒廃田四三町が勅旨後院田とされている（『続日本後紀』同年三月甲申条）。
(47)『日本書紀』推古十九年（六一一）五月五日条。
(48)『西宮記』臨時五　諸院。この地は、貞観二年（八六〇）に源融へ狩猟の地として賜与され（『日本三代実録』同年十一月三日条）、元慶七年（八八三）には狩猟の禁制が施行されるなど（『日本紀略』同年三月十三日条）、九世紀以降も天皇家を中心とした狩猟の舞台となっている。
(49)延喜九年十一月十五日民安占子家地処分状（平―二〇二）など。
(50)『日本書紀』神武天皇即位前紀戊午年六月丁巳条。
(51)『日本書紀』雄略二年十月丙子条。
(52)三谷前掲註（4）論文など。
(53)三上前掲註（15）論文。

第Ⅱ部　寺領にみる大土地経営の歴史的展開

第一章　「寺田」の成立—大和国弘福寺を例として—

はじめに

第Ⅰ部第一章では、大土地経営について律令制的土地制度との相互関係のなかでいかなる歴史的展開をみせたのかを解明することを目標として、有力者の大土地経営と国家的規制のあり方について検討した。そして、律令制以前から続く大土地経営が「田」を中心とした形態へと転化していく様相を描出した。ただし、検討の軸を法令の解釈に置いたために、具体相に即応した検討を尽くせなかった。また、律令制的土地制度の根幹にあたる「田」の性質をめぐる問題にふれえなかったため、抽象的な議論に終始してしまった感も否めない。

そこで本章では「田」の特徴・機能について実態に即して検討しながら、古代の大土地経営の展開について考える。素材として取り上げるのが、大和国弘福寺領の「寺田」である。寺院の大土地経営に関する史料は比較的恵まれており、すでに多くの論考も提出されているが、意外にも八世紀の「寺田」の特性について実態面から取り組んだ研究は少ない[1]。本章では、八世紀初頭の「寺田」の特徴・機能などを確認した上で、七世紀以降の「寺田」の成立過程や、そこから顕在化していく問題点などを検討していく。これらの考察を通じ、七世紀から律令制下へと続いていく大土地経営と律令田制の関係を描いていきたい。

一　弘福寺領と「寺田」

大和国弘福寺は斉明が没してから天智六年（六六七）までの間に創建された寺院であり、斉明の住した飛鳥川原宮を前身とする。[2] 天武朝には「国大寺」として重視され、封戸などの経済基盤も整えられた。[3] おおむね平城遷都までの間、弘福寺は最も重要な官寺としての位置を保っていた。

八世紀初頭の弘福寺の「寺田」に関する基礎的な史料は、和銅二年（七〇九）十月二十五日弘福寺水陸田目録（以下、「和銅目録」[4]）である。

弘福寺川原

田壱伯伍拾捌町肆段壱伯弐拾壱歩

陸田肆拾玖町柒段参歩

大倭国　広瀬郡　大豆村　田弐拾町玖段弐拾壱歩

山辺郡　石上村　田弐拾捌町肆段壱伯肆拾陸歩

葛木下郡　成相村　田壱町弐段柒拾弐歩

高市郡　寺辺　田参町参段参拾玖歩

陸田壱拾壱町玖段壱伯弐歩

内郡　二見村　陸田陸段

河内国　若江郡　田壱拾弐町陸段

壱伯肆拾歩

山背国　久勢郡　田壱拾町弐伯参拾捌歩
陸田参拾洙町壱段弐伯陸拾壱歩
尾張国　仲島郡　田壱拾町肆段弐伯捌拾壱歩
尓波郡　田壱拾町
近江国　依智郡　田壱拾壱町壱段参拾陸歩
伊香郡　田壱拾町弐段弐伯弐拾捌歩
美濃国　多藝郡　田捌町
味蜂間郡　田壱拾弐町
讃岐国　山田郡　田弐拾町
和銅二年歳次己酉十月廿五日（下略）

和銅目録には「寺田」の総計・所在・種別・地積が記載されている（表1）。延暦十三年（七九四）五月十一日付の弘福寺文書目録（以下、「延暦文書目録」[5]）に「水陸田目録一巻〈二枚／踏官印〉和銅二年」とあるように、その原本には太政官印が踏され、署名部分には太政官・民部省を中心とした官人の名が列なる。和銅目録の作成の主体は太政官・民部省だったとみられる。

本文書と同様の文書は筑前国観世音寺や河内

表1　和銅2年弘福寺水陸田目録の「寺田」

所在			田種	地積		
国	郡			町	段	歩
大倭	広瀬	大豆村	田	20	9	21
	山辺	石上村	田	28	4	146
	葛木下	成相村	田	1	2	72
	高市	寺辺	田	3	3	39
			陸田	11	9	102
	内	二見村	陸田		6	0
河内	若江		田	12	6	140
山背	久勢		田	10	0	238
			陸田	37	1	261
尾張	仲島		田	10	4	281
	尓波		田	10	0	0
近江	依智		田	11	1	36
	伊香		田	10	2	228
美濃	多藝		田	8	0	0
	味蜂間		田	12	0	0
讃岐	山田		田	20	0	0

国西琳寺にも発給された形跡がある。(6) これらの文書は、『続日本紀』和銅六年四月己酉条に「因㆓諸寺田記錯誤㆒、更為㆓改正㆒」とみえる「田記」との関連が指摘されている。「田記」は各寺院の「寺田」を記載した文書で、政府と国に保管されていた。和銅目録は和銅二年の班田の際に作成されて各寺院に頒布されたその写しと考えられる。(7) 和銅目録にみえる「寺田」は、「田記」に記載された内容を網羅しているとみられる。本節では、和銅目録所載の「寺田」周辺の景観・環境を具体的に復原し、八世紀初頭の寺領と「寺田」の特徴を析出する。その過程でこの時期の「寺田」の寺領内での位置づけや、国家にとっての「寺田」の意義などを見通してみたい。

1　大和国広瀬郡・葛下郡

和銅目録によると、大和（大倭）国広瀬郡・葛下（葛木下）郡の寺領はそれぞれ大豆《まめ》村・成相村に所在した。「大豆」は、現奈良県北葛城郡広陵町の馬見《まみ》丘陵にその名を残している。「成相」という地名は、延喜諸陵式13能裒野他遠墓条にみえる押坂彦人大兄王子の成相墓にもあらわれており、これは広陵町三吉の牧野古墳に比定される。よって、広瀬郡・葛下郡の寺領は現在の広陵町付近に展開したと推定される。

十一世紀には、不輸官物田の認定を求めて弘福寺から大和国にしばしば牒が提出された。そこには寺領の坪付・作不が記録され、寺領の所在や利用状況が分かる。最も年紀の古い寛弘三年（一〇〇六）十一月二十日付の弘福寺牒(8)（以下、「寛弘三年牒」）によれば、寺領の主要部分は、「広瀬荘」（広瀬郡二〇条五里・二一条五里）と「木戸池内」（二一条五～六里、二二条四～五里）に弁別できる。これらは現在の広陵町安部・大塚付近に比定され、(9) 互いに近接しつつも独立した領域を構築していた。これらの他、広瀬郡には「東従㆓御立路㆒至㆓坂合郡〔部〕岡㆒、南従㆓坂合〔部脱カ〕岡㆒至㆓佐富田㆒、西従佐富〔田至脱カ〕船埼路社、北従㆓船埼路㆒至㆓成相不本〔木〕㆒」という四至をもつ「瓦山」と、その「四至内田」も存在した。「四至内田」の所在地は、「広瀬荘」「木戸池内」を見下ろす馬見丘陵上に比定される真野条であり、(10)「瓦山」もその周辺にあったと考えられる。このように、十一世紀の広瀬郡所領はⒶ「広瀬荘」Ⓑ「木戸池内」Ⓒ「瓦山」「四至内田」という三グループに分かれていた。

Ⓒの「瓦山」は北限が「成相木本」であり、「四至内田」に「成相里」が含まれていることから、成相村に存した葛下郡所領との関連が疑われる。さらに、「四至内田」の地積（一町五段三二四歩）は和銅目録に載る葛下郡の「寺田」の地積（一町二段七二歩）と近似し、両者が同一であった可能性も想定される。この点を追求するにあたって注目できるのが、天平二十年（七四八）二月十一日の年紀を有する弘福寺牒(11)（以下、天平二十年牒）である。

天平二十年牒は、僧綱に宛てて広瀬郡所領の所在・構成を報告した文書である。その作成の経緯について、牒は次のように説明する。天平十八年十月の僧綱牒によって「縁起資財等」の勘録が命じられ、翌十九年二月に寺家は資財帳を提出した。しかし同年八月に「田畠条里」が注されていないという不備が僧綱牒によって指摘されたため、改めて言上した、と。牒には地目・施設ごとに寺領がまとめて記録されており、「水田」「墾田」「墾陸田」の坪付や「瓦山」の四至は寛弘三年牒とよく一致する。この記載が正しければ、遅くとも天平二十年には寛弘段階の寺領が完成していたことになる。

しかし、この史料にはすでに多くの疑問が指摘されている。資財帳提出までの経緯は大安寺・法隆寺・元興寺でも同様であることから史実性を疑う必要はないが(12)、「田畠条里」の提出が求められたという事実は他寺では確認できない。さらに、宝亀年間以降に整えられたはずの大和国の統一的条里呼称が用いられていることや、宝亀年間以降に作成されたと考えられる「弘福寺印」が牒に押されていることなどから、天平二十年牒は十一世紀頃に作成された疑文書と考えられている(13)。一方で、次に述べるように牒には八世紀の寺領についての重要な知見も含まれている。

天平二十年牒は、「淡海大津宮御宇　天皇水主内親王、以㆓去天平六年歳次甲戌四月三日㆒、買納賜広湍郡水陸田幷荘家・瓦山等是也」と、広瀬郡所領の成立の契機を天平年間の水主内親王による施入に求めている。十一世紀には、例えば寛弘三年牒に「件荘々田、為二天智天皇　御施入一」とあるように、広瀬郡所領の起源を天智朝とするのが一般的だったが、天平二十年牒はあえてその説を採用していない。これは寺家にとって有利な情報ではなく、逆説的に何らかの所伝にもとづく可能性が示唆される。水主内親王は天平九年八月に薨じた天智皇女である。(14)仏教に造詣が深く、(15)近江国甲賀郡水主荘を施入するなど(16)弘福寺との関係も浅からぬものがあった。和銅目録に「寺田」が存在することから、広瀬郡の寺領全体の起源を天平年間とみなすのは誤りだが、その一部が内親王の施入によって成立していた可能性は十分にありうる。井上寛司は、「広瀬荘」を本来的な寺領とし、「木戸池内」を水主内親王による施入地と想定する。(17)「広瀬荘」「木戸池内」は隣接していながら異なるまとまりを構成しており、この想定は両者の区別を説明するものとして自然である。

次に天平二十年牒の記載様式に目を向けると、不審な文言を除けば、本文や僧綱押署などは他寺の資財帳とよく一致している。(18)これは、弘福寺にかつて存在した天平十九年資財帳(19)を参照しながら述作されたためと考えられる。天平十九年資財帳の影響は寺領の記載にもみられる。寛弘三年牒が耕地の坪付のみを列記する方式をとるのに対し、天平二十年牒は「瓦山」をはじめ「水田」「墾田」「墾陸田」「荘家」といった地目・施設ごとに整理して記録している。この方式は他寺の天平十九年資財帳の記載方法と類似しており、本文や僧綱押署と同様に資財帳の記載に強く規制された部分と考えられる。天平二十年牒にみえる寺領の坪付は十一世紀の情報によっているが、地目の構成自体は天平年間の資財帳の情報にもとづいていたのである。偽文書とされる天平二十年牒の「瓦山」の記述は、失われた天平十九年資財帳の情報によっていたと推定でき、「瓦山」は少なくとも八世紀中葉にまでさかのぼらせることができる。

このように考えることが妥当であれば、「成相」の地名を介して、「瓦山」「四至内田」と和銅目録の葛下郡所領が関連する可能性はさらに高まる。ただし、寛弘三年牒などでは「四至内田」は広瀬郡とされており、和銅目録が葛下郡とするのとは矛盾するという難点がある。この障害を克服するには、「四至内田」の所在した真野条の特性を考える必要がある。真野条は広瀬郡と葛下郡の境界付近という立地条件から、所属郡に混乱がみられた。例えば、寛弘三年牒などでは広瀬郡とされる一方で、延久三年（一〇七一）九月二十日付の興福寺大和国雑役免坪付帳[20]では葛下郡とされているのである。この特徴を考慮すれば、寛弘三年牒で広瀬郡とされる「成相」が和銅目録で葛下郡とされたとしても別段不自然ではない。「四至内田」の前身は、やはり和銅期の葛下郡の「寺田」に求めうるのである。さらに「四至内田」がそうである以上、本体である「瓦山」も和銅段階の葛下郡所領であったとして差し支えあるまい。和銅目録の葛下郡の「寺田」は後の「四至内田」にあたり、「瓦山」も寺領に含まれていたと考えられるのである。なお、十一世紀の状況を考慮すれば、葛下郡所領は当初から広瀬郡所領と一体であった可能性も高い。

以上の考察により、八世紀初頭の広瀬・葛下郡所領に和銅目録にはあらわれない「瓦山」が含まれていたことが明らかになった。このことは、和銅目録の「寺田」が寺領の全てを網羅する概念ではなかったことを明瞭に示している。そこで以下の行論では、その地域に展開した寺家の所領を包括する概念として「寺領」を用い、和銅目録に記録された狭義の「寺田」とは区別することにしたい。

2　大和国宇智郡

和銅目録によれば、大和国宇智（内）郡には六段の「陸田」が存在した。「陸田」は基本的には雑穀を栽培するハタケだが[21]、宇智郡の「陸田」はきわめて小規模であり、農業経営の拠点とするには心許ない。宇智郡所領には何か別の機能があったように思われるのである。

宇智郡所領のあった二見村は現在の奈良県五條市二見付近に比定される。この地は吉野川に沿い、大和国から紀伊国へと抜ける主要な交通路も走るなど、陸上交通と水上交通の結節点であった。

このような交通の要衝に位置する寺領の類例としては、大安寺の泉木屋があげられる。泉木屋は、木津川沿いの平城京の外港であった泉木津に設置された大安寺の交易・流通の拠点であり、天平十九年資財帳によれば二町の「薗地」が附されていた。「薗（園）地」は蔬菜類のハタケを指し、時には周囲の経営を包括する称であった（第Ⅲ部第一章）が、ここでは拠点に付随する小耕地であったと考えられる。

このような小耕地をともなう寺院の流通拠点のあり方を念頭に置くと、宇智郡所領の一見不可解な存在形態にも見通しを得ることができる。二見周辺は吉野川―紀ノ川沿いの要地であり、飛鳥方面へと物資を供給する際の陸揚げ地点の一つと目される。そこに設けられた「陸田」は寺家の流通拠点に付属するものであったと考えてよいのではないか。宇智郡所領の本体はむしろ流通拠点にあり、「陸田」は寺領の機能の中核ではなかったのである。和銅目録はこのように多様な機能を有する寺領をあくまで「寺田」という指標で編成している点を確認しておきたい[22]。

3　讃岐国山田郡

ここまで、和銅目録にみえる寺領に、「寺田」以外の部分や耕地経営以外の機能が備わっていた可能性をみてきた。次に問題としたいのは、「寺田」そのものの特性である。本項では讃岐国山田郡所領を素材として、この点を考えていきたい。

山田郡所領は、現香川県高松市林町付近に比定される。天平七年の年紀をもつ讃岐国山田郡田図（図2・3[23]）によって、八世紀中頃の寺領の状況を知りうる。現存する山田郡田図は十一世紀後半から十二世紀初頭の間に作成されたようだが、延暦文書目録に「讃岐国田白図一巻」とあるように、天平七年作成の原図は確実に存在していた。原図は天平七年の班田との関連で作成され、現存図はその忠実な模本であったと考えられる[24]。

山田郡田図が描く天平七年段階の寺領は南北二つの地区に分かれていた。山田郡田図に書かれた両地区の地積・田租・直米等の集計を、石上英一の研究によって欠損部を復原して示すと、次のようになる。

〔南地区〕
右田数八町九十八束代　直米卌一石六斗
田租稲百廿二束九把四分　不咸
合今墾田八十九束代　直米拼租者丙子年（天平八年）不取
〔北地区〕
右田数十一町四百十二束代　直米六十三石四斗
田租稲百七十七束三把六分　不咸
畠数一千四百十三束代之中
三百卌束代田墾得　直米三石四斗
六百九十束代見畠　直米三石五斗
三百六十三束代三宅之内　直不取
廿束代悪　不沽

南地区には「田」「今墾田」、北地区には「田」「畠」という地目がみえるが、各地目は寺領の中枢を含む坪内に混在して描かれている。このことから、これらの多くは俄かに寺領に編入されたのではなく、成立当初から弘福寺の影響下にあったと推測される。つまり、寺領は八世紀初頭には「寺田」を越える範囲も領域としていたことになる。これは、前項までで扱った他地域の寺領のあり方とも整合的である。

田図に描かれた「田」は、坪々に細分化され、時には自然地形に規制されたような形状をとる。集計部の「田」の地積はこれら小地片の地積の合計に等しく、地積の集計は実態に即して行われたようにもみえる。しかし、この想定には問題がある。和銅目録にみえる山田郡の「田」の地積（二〇町）は、美濃国（計二〇町）にもみえ、近江国（計

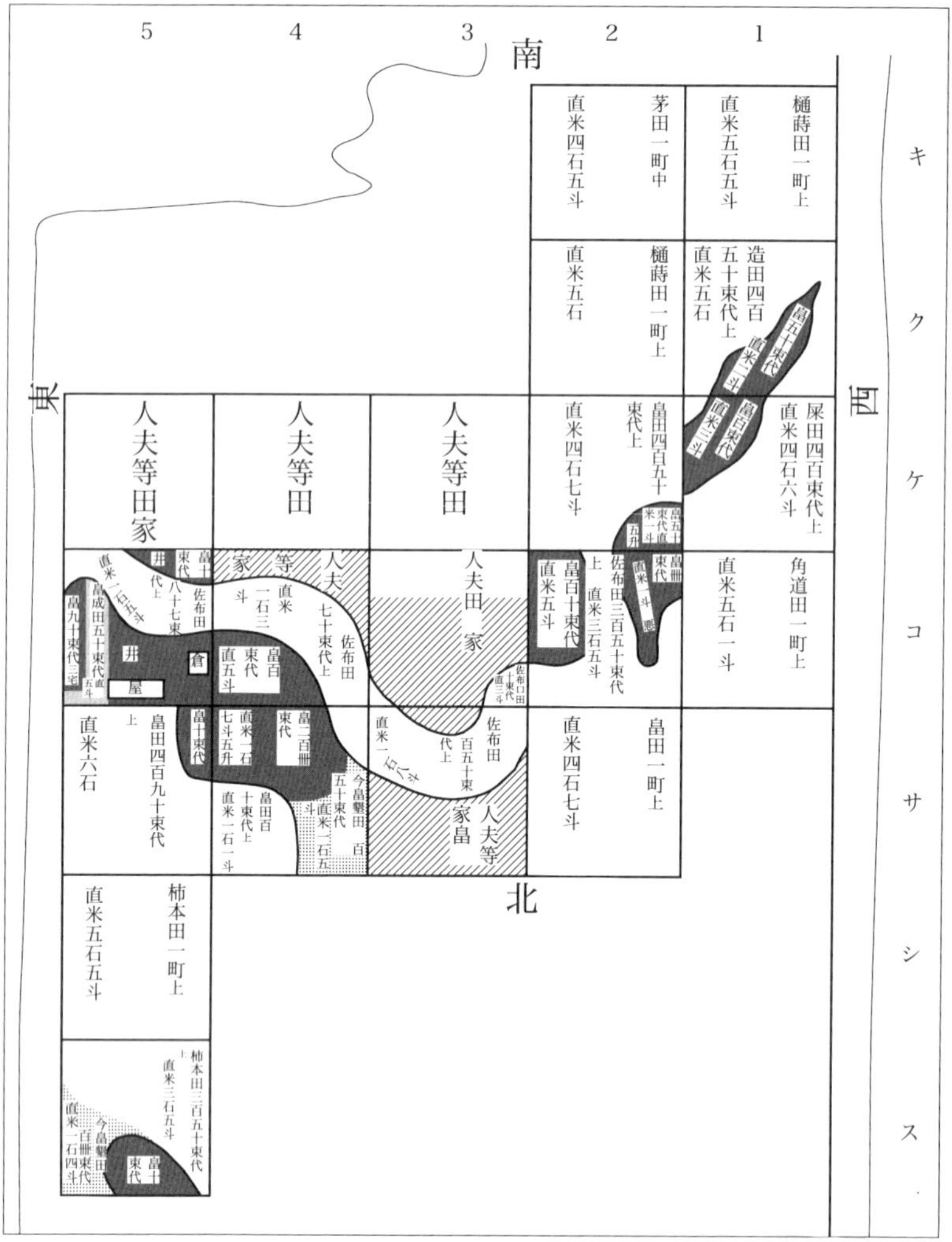

図 2　山田郡田図北地区の記載

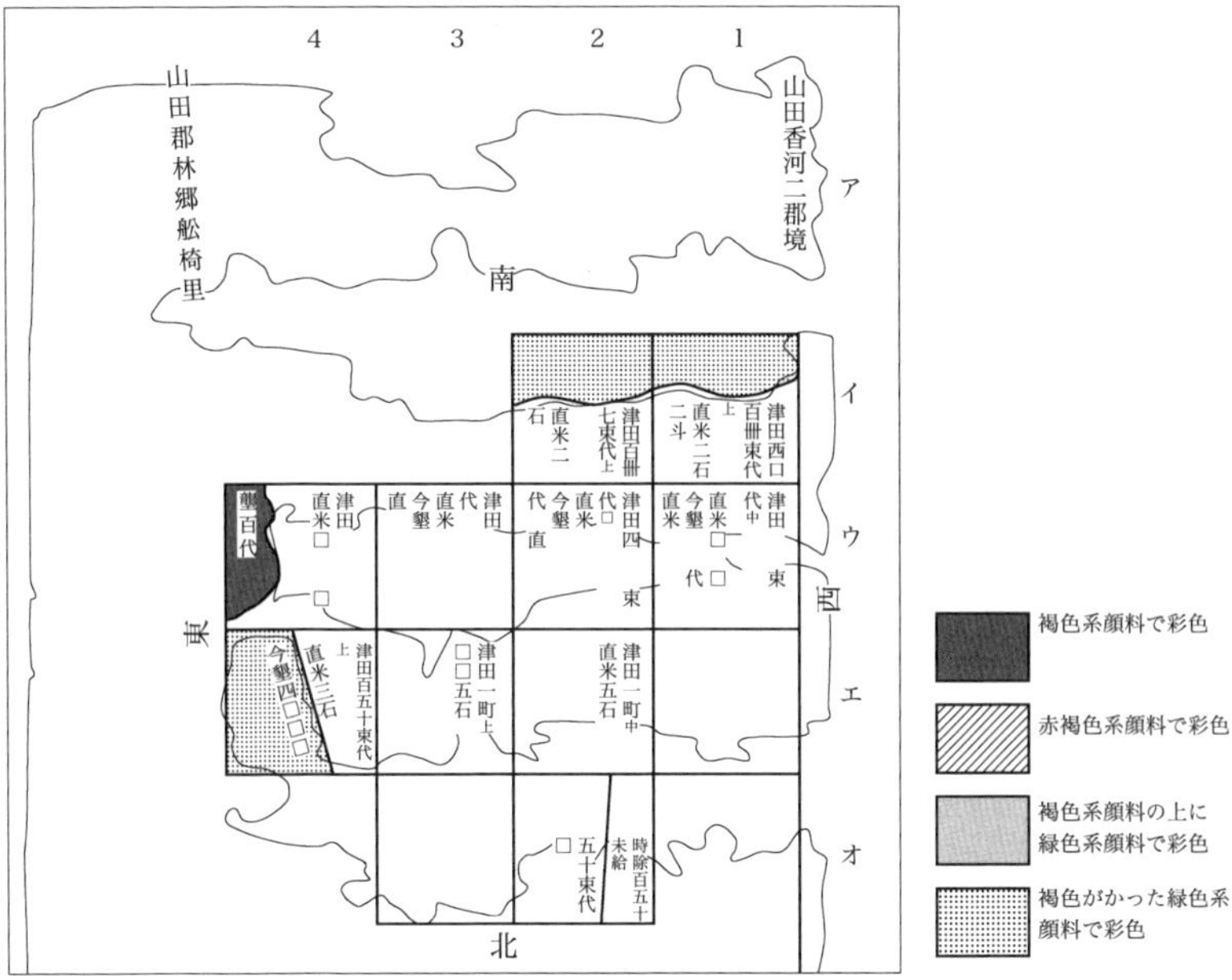

図３　山田郡田図南地区の記載

二一町三段二六四歩）や尾張国（計二〇町四段二八一歩）と近似する。畿外の「寺田」は全て国ごとに二〇町という規格性を有していたのである。これは寺領設定の際の強い作為がはたらいた結果であろう。山田郡田図の「田」の地積はこの数値をほぼ引き継いでいることから、実際の耕地の測地によって決定された数値とはいいがたい。

「田」の特質を解明するために、次に「畠」「今墾田」に注目する。北地区の「畠」は、集計部の記載では①「田墾得」②「見畠」③「三宅之内」④「悪」に分類される。①「田墾得」は、田図の「今畠墾田」（4-サ・5-ス）[25]と「畠成田」（5-コ）の合計と地積が一致する。各区画の直米は一束代あたり一・〇升と、「田」とも遜色ない数値に設定されている。語義から考えても、「田墾得」は水田となった（と主張される）耕地である。図の彩色としては、4-サの「今畠墾田」と5-コの「畠成田」にはやや褐色のかかった緑色の顔料が、5-スの「今畠墾田」には褐色の上に緑色の顔料がそれぞれ塗布されている。5-コの「畠成田」は、両脇を褐色に塗られた後、空隙に両脇にはみ出すように緑色の顔料で彩色されている。[26] これらの彩色は、原図に加えられた修正を再現したものと考えられている。

②「見畠」は、各坪に散在する「畠」（1-ク・ケ、2-ケ・コ、4-コ・サ、5-コ・サ・ス）に相当する。これらは文字通りのハタケとしての利用が主張される部分であり、図では褐色系の顔料によって表現されている。

③「三宅之内」の地積（三六三束代）は、5-コ全体から「佐布田」（八七束代）、「畠成田」（五〇束代）を除いた分にあたる。5-コ内部の区画としては、ⅰ「畠成田」の左方、ⅱ「畠成田」の右方、ⅲ「佐布田」の上方の三ヶ所に分かれる。ⅱ「畠成田」右方の空間には「倉」「屋」と書かれた方形区画と、井戸を表現した「井」字がみえる。ⅰ「畠成田」左方には「三宅」の注記がなされ、ⅲ「佐布田」上方には「井」字が書き入れられる。ⅰ〜ⅲには、「倉」「屋」の区域を除いて「畠」と同様に褐色系の顔料が塗布されているが、直米の記載はなく、耕地としては認識されていなかったことがうかがわれる。この部分は文字通りの「三宅之内」、すなわち寺領経営の拠点となる荘所だったと考えられる。

④「悪」は直米が設定されない「畠」であり、5-サ・スの「畠」が該当する。その呼称には、耕地としては用をなさないという主張が込められている。この他、2-コの右上方の「畠卌束代」にも「悪」という注記がある。この区画の直米は一束代あたり〇・二五升ときわめて低率であり、同様の土地であったと認識されている。

北地区の「畠」は、このように水田・ハタケ・荘所・非耕地など多様な地目・施設を包括する地目であり、景観としてのハタケとは必ずしも一致しなかった。

南地区の「今墾田」八九束代に該当する坪は、石上英一の検討によれば1-ウ・2-ウ・3-ウ（あるいは3-オも含まれるか）である。[27] これらの区画には「田」も併存しており、「今墾田」の規模はきわめて小さい。これらの坪では四町分の区画に対してわずかに「田」でない部分（八九束代）が存した。「今墾田」は、あたかもこのごく少ない間隙を埋めるために設定されたようにみえる。「今墾田」は、寺家の主張を素直に受け取る限り、ごく最近開墾された水田である。しかし、その規模がきわめて小さいことや、坪を「田」で埋めるという機能を担った点などから、機械的に算出された可能性が考慮される。「今墾田」は、景観としても水田だったとは限らないのである。

このように、天平七年段階の「畠」「今墾田」は耕地・非耕地・荘所など多様な実態を有していた。とくに問題なのは、「寺田」以外にも水田化が主張される「畠」（「田墾得」）が存在したことである。「田墾得」は墾開された水田を意味し、これを素直に受け取れば、近年に開発が進んだ結果として水田が成立したことになる。しかし、この主張には寺家のある意図がこめられており、字句通りには受け取れないように思う。天平七年からみて前回、すなわち天平元年には全面的な割替えをともなう大規模な班田が行われた[28]。「田墾得」が発見されたのは、この天平元年班田だった可能性が高い。この回の班田では「寺田」は対象外とされていたが、「畠」は狭義の「寺田」の範囲には含まれないため、入念な校田にさらされたであろう。そこで「畠」とされる土地が水田であったことが露呈し、いわば方便として「田墾得」という表現がとられたのではないだろうか。この想定が認められるならば、「畠」の水田化の時期を田図作成に近い時期に求める必要はなくなる。むしろ、「畠」が実態としては水田だったことは常態だとすら考えられる。寺領には「寺田」の範囲を超える水田が恒常的に存在しえたのである。

ここまでの検討を総合して、いよいよ山田郡の「寺田」の特質にせまってみたい。寺領は成立当初から「寺田」の外にも及んでいた。「寺田」外の寺領は、当初から水田など多様な実態を有していた。一方で、「寺田」の地積は機械的に割り当てられ、その後も変動しない固定的な数値であった。ここでの「寺田」は、寺領内の水田そのものではなく、先天的に地積を決定された理念的な存在だったのである。多彩な地目で構成され、おそらくは用益形態が変動していったであろう寺領のなかにある基準で設置された特別区。これこそが、山田郡の「寺田」の基本的な姿であった。

4　山背国久世郡

山背国久世（久勢）郡所領に関連する史料としては、天平十五年四月二十二日付の山背国久世郡弘福寺田籍（以下、「弘福寺田籍」）[29]がある。弘福寺田籍は「山背国久世郡天平十四年寺田籍」という継目裏書を有し、田主ごとに班田の結果を記した久世郡の田籍のうち、寺家の要請によって弘福寺の分を抄出した文書と想定される[30]。中心的な内容は「寺田」の所在・名称・地積・田品などの記録であり、地積の合計が和銅目録と符合することから、弘福寺田籍は八世紀中葉の「寺田」の様相を伝える史料として位置づけられる。これによると、「寺田」は路里・紋屋里・家田里・難田里という固有名詞を冠した里に所在した。虎尾俊哉の復原によると、これらの里は互いに隣接して一円的形状をとっていた[31]。その所属郷は、周辺に列栗郷戸主の口分田が多くあることから列栗郷と考えられるが、具体的な所在地に関しては、現在の木津川よりやや北側を流れた旧流路の東北岸（現京都府久御山町北川顔・藤和田周辺）に比定する説と、南西岸（現京都府八幡市八幡荘周辺）とする説が対立する[32]。いずれにしても、弘福寺領は久世郡の南西地域に広がっていたことになる。

弘福寺田籍では、「合田壱拾町弐伯参拾捌歩〈久世郡〉／荒廃田肆町壱段参伯参拾壱歩／定田伍町捌段弐伯陸拾□□〔柒歩〕」と、「田」の合計が一〇町二三八歩であり、四町余が「荒廃田」であったと述べられている。「寺田」全体の地積は和銅目録と完全に一致しているものの、その半数近くは非耕地とされているのである。むろん、当該期の農業技術の段階では、耕地の荒廃は継起的に起こるが、久世郡の「荒廃田」の割合はやや過大である。

前項の考察によれば「寺田」は寺領のなかに設定された特別区であり、実態としては「寺田」の範囲外にも水田は営まれていた。その地積は何らかの基準によって決定され、固定的に運用されていた。逆にいえば、重要だったのは名目上の地積の維持だったともいえる。久世郡で「寺田」の大部分が「荒廃田」だったことは、このような「寺田」の特性に由来するのではないだろうか。つまり「寺田」の範囲に含まれる非耕地（未墾地も含むか）が、弘福寺田籍

表2　天平15年山背国久世郡弘福寺田籍にみえる「寺田」の地積

所在			地積				定田				荒廃田			
里	坪	田名	町	段	歩	分類	町	段	歩	分類	町	段	歩	分類
路	17	口利田		2	72	①		2	72	①			0	―
	19	日佐田		1	216	①		1	216	①			0	―
	20	川原寺田		9	243	②			288	①		8	315	②
	21	川原寺田		4	0	①			0	―		4	0	①
	27	井門田			95	②			95	②			0	―
	29	川原寺田	1	0	0	①			216	①		9	144	①
	30	川原寺田		5	140	④		4	216	①			284	④
	31	川原田	1	0	0	①		9	0	①		1	0	①
	32	川原寺田		9	288	①		1	144	①		8	144	①
	33	酔田		4	167	②			44	②		4	123	②
	34	門田		1	216	①			200	②		1	16	②
紋屋	4	門田			144	①			144	①			0	―
	5	酔田		1	317	①		1	216	①			101	①
	6	酔田		1	29	①			72	①			317	①
家田	24	御田			324	①			324	①			0	―
	25	家田		8	44	②		8	44	②			0	―
	26	家田		1	72	①		1	72	①			0	―
	33	家田			259	①			259	①			0	―
	34	川原田		5	136	②		5	136	②			0	―
	35	川原寺田		8	0	①		8	0	①			0	―
	36	川原寺田		8	108	①		8	101	①			7	①
難田	1	酔田		3	127	③		1	0	①		2	127	③
	3	酔田		1	48	③		1	0	①			48	③
	4	御田		1	73	②			288	①			145	②
			10	0	238		5	8	267		4	1	331	

※①～④の分類については、本文参照。

では「荒廃田」として計上されていると考えられるのである。ここでは久世郡の「寺田」が非耕地を包含する存在だったことに注意を向け、それが常態であった可能性を指摘しておきたい[33]。

弘福寺田籍には、地片ごとに「寺田」の名称が記録されている（表2）。このうち「川原寺田」という呼称には他と比して「寺田」であることへの強い主張がみられる。これは、「川原寺田」がより古い段階で設定された「寺田」であったことによると想定されている[34]。久世郡の「寺田」は、本源的なものに他が付加されるという重層的な構造をもっていたのである。

このことは弘福寺田籍にみえる「寺田」の地積からもうかがいうる。これらの地籍は、①町段歩制に先行する代制の数値整ないしその近似値（α）、②α±一〇〇又は二〇〇歩、③α±一二〇又は二四〇歩、④代制の数値＋四歩、という四通りに変換できる[35]（表2参照）。一代＝七・二歩という換算値からすれば、ほとんどが代制の数値と関連することは偶然ではない。とくに①は、代制下に設定された地積が町段歩制に継承された結果としか考えられまい。④も、四歩が二分の一代（＝三・六歩）の概数であることから、代制下に設定されたものとみなせるかもしれない。②③は、代制の数値ないしその近似値と町段歩制の切りのよい数値が合成された値である。これは、代制下に設定された地積の上に、町段歩制の地積が後次的に付加された結果ととらえれば合理的である。つまり、久世郡の「寺田」は代制下で一度設定されてから和銅年間までに、町段歩制の下で地積の修正がはかられていたのである。久世郡の「寺田」は、このように複雑な過程を経て設定されたことが想定される。

5　八世紀初頭の寺領と「寺田」

本節で検討した弘福寺領は、山・非耕地（未墾地・荒廃地）や「寺田」を名目としない耕地（「畠」）をも含みこみ、「寺田」の範囲を超えて広がっていた。寺領の機能も必ずしも耕地経営には限定されず、交易・流通や瓦の供給など多様な機能を有していた。「寺田」は実態としての水田・ハタケ（「陸田」の場合）を基本としていたが、非耕地などが「寺田」とされる事例もあった。また、寺領内に水田やハタケが存在しても、それが必ず「寺田」とされるわけではなかった。こうした事実からすると、「寺田」は寺領の一部分にすぎず、寺領内の水田・ハタケそのものの謂とはいえない。むしろ、ある基準で国家によって設定された理念上の空間と考えた方が実態に近い。

では、「寺田」の存在はいかなる意義を有していたか。八世紀初頭には、弘福寺の「寺田」の地積は「田記」に登録されていた。さらに、久世郡所領の具体的な所在地は天平十五年の弘福寺田籍に記録されていた。鎌田元一によれば、田籍は田令3口分条に淵源をもつ帳簿で、班田制の初期から作成されていたという[36]。田籍による「田」の把握の始期についても議論があるが[37]、国家が八世紀初頭の段階で「寺田」の所在を一定程度は文書によって把握していた可能性は高い。寺領のなかで少なくとも「寺田」は公的に把握・統制される空間だったといえる。

一方、山田郡田図にみえる「畠」は、八世紀初頭から実態としては水田を含んでいたが、「寺田」としては把握されていなかった。「畠」は字義としてはハタケ（非水田耕地）であり、これに対応する律令地目としては「園地」があった。しかし、「園地」は現実には運用されない地目で、法律上にのみ存在する概念であった（第Ⅲ部第一章）。山田郡の「畠」が「園地」として公的に把握されていたとは考えがたいのである。「寺田」に含まれる「陸田」（高市郡・宇智郡・久世郡に所在）と異なり、「畠」は国家の掌握下になかった可能性が高い。広瀬郡・葛下郡所領の「瓦山」は、八世紀中葉の資財帳に登録されていたと推定される。八世紀初頭にも寺院が山を所有することを認めた例が確認されることから[38]、弘福寺の「瓦山」の公認が古い段階にさかのぼることもただちには否定できない。ただし、寺院の山林領有は天武四年（六七五）に一律に否定されており（本章第三節第一項）、山林原野の所有は雑令9国内条の規定によって禁圧されていた。こうした状況を考えると、一般的な寺院の山林所有を国家が積極的に公認することは少なかっただろう[39]。

以上をあわせると、国家が地積・所在を把握して寺家に所有を認めていたのは「寺田」にほぼ限定される。その意味では「田記」に列記された「寺田」は、国家が掌握しえた寺領のほぼ全てだったことになる。換言すれば、八世紀初頭には国家は「寺田」という概念を媒介として寺領を把握していたことになる。

八世紀初頭には、弘福寺領は多様な地目と機能を備える経営体であった。「寺田」は国家によってその一角に設定された理念的な耕地として把握できる。国家は「寺田」によって寺領の把握と統制を試みたが、「寺田」は寺領を包括する集合とはならず、両者の間には乖離が生じていた。八世紀初頭の寺領と「寺田」をめぐる状況の概略は以上である。

二　弘福寺領の起源

本節では視点を変えて、弘福寺領の来歴について掘り下げる。弘福寺領の歴史的環境を手がかりとしてその起源を推定することで、前節で検討した寺領と「寺田」をめぐる状況の前提となる事情を明らかにしていきたい。

1　畿内の寺領

（1）大和国広瀬郡・葛下郡

大和国広瀬郡・葛下郡所領は、現広陵町の南端から馬見丘陵にかけて広がっていた。その近くには、敏達の殯宮が営まれたという広瀬の地がある。(40)また、敏達の王子である押坂彦人大兄は、馬見丘陵上の成相墓の被葬者である。多くの場合、大王・王族の殯宮や墓は所領付近に設定されることから、(41)この地域は敏達系王族の経済基盤の一つであったと考えられる。(42)律令制下になると、広瀬には「広瀬村常奴婢」が置かれた。(43)「常奴婢」と呼ばれる官奴婢の前身は律令制以前に大王・王族の宮に隷属する人民であり、(44)彼らが敏達系王族の所領経営を担っていた可能性は高い。広瀬地域には敏達系王族の所領が設定され、多数の人民を使役して開発が進められていたのである。

前節の検討によれば、弘福寺の本源的な寺領（「広瀬荘」）の近隣には、水主内親王の所領（「木戸池内」）が設定されていた。天智の創建にかかる寺院と天智皇女の所領が隣接していたことは、この一帯が天智の強い影響下に置かれた土地であったことを示している。弟の天武も、広瀬野を「蒐《けみ》」するための行幸を計画して行宮を構築するなど、(45)この地域に一定の執着をみせている。(46)天智・天武が押坂彦人大兄の孫にあたることを考慮すると、前代以来の敏達系王族と広瀬地域の関係は七世紀後半にも強く残っていたとみてよいだろう。広瀬郡・葛下郡所領はこうした関係をもとに、敏達系王族によって開発されてきた土地に設定されたと考えられる。

（2）大和国高市郡

大和国高市郡所領は和銅目録に「寺辺」と明記され、寛弘三年牒にみえる路東三〇条三・四里（弘福寺近傍）という所在地がほぼ八世紀にもさかのぼる。[47]弘福寺は斉明の川原宮の故地に営まれた寺院であった。王族の宮が寺院へと転換する際には、例えば上宮王家の斑鳩宮を前身とする法隆寺では、斑鳩宮の付属所領として開発された土地が法隆寺の寺辺所領へと引き継がれている。[48]弘福寺の高市郡所領も、創建の段階で川原宮の付属所領を継承したとみて大過ない。

（3）大和国山辺郡

石上村に置かれたという大和国山辺郡所領について、寛弘三年牒は山辺郡九条五・六里（現奈良県天理市田井庄町・川原城町付近）という所在地を記す。石上社の膝元にあたるこの一帯は石上村という名称にふさわしく、八世紀段階とほぼ同所だったとみられる。

石上地域は、王権と深い関わりをもつ石上社が鎮座し、安康の石上穴穂宮、仁賢の石上広高宮などの大王宮の伝承地でもあった。[49]履中紀の「石上溝」開削伝承や、[50]ミヤケの名残であるらしい「ミヤケ」「タベ」「イヌカイ」といった現存地名をみるに、[51]この地域が大王宮の付属耕地やミヤケとして開拓されたことが推定される。七世紀には、これらの関係をもとに王権の直轄地的性格をもつ山辺縣も展開していった。[52]

弘福寺領推定地は「三宅」の小字が残る天理市富堂町に隣接し、近隣には山辺縣と関連の深い山辺御縣坐神社も鎮座する。さらに灌漑に適した布留川沿いという立地も加味すると、寺領一帯の耕地は王権による石上地域の開発と結びついて形成された蓋然性が高まる。山辺郡所領の前身は、大化以前に王権との関連で成立した耕地群だったのである。

（4）山背国久世郡

山背国久世郡所領を含む巨椋池南岸一帯は、仁徳紀と推古紀には「栗隈」（現京都府宇治市大久保付近）での「大溝」の掘削がみえるように[53]、七世紀以前に王権によって耕地整備がなされた地域であった[54]。八〜九世紀には、宇治丘陵から木津川・宇治川・桂川合流地点付近にかけて園池司の「園」、左右馬寮の厩、禁野など多様な国家・官司に関わる土地が集中的に展開した。鷺森浩幸によると、これらの所領はこの地域に展開したミヤケの後身であった[55]。

弘福寺領は、旧木津川南西岸説を採れば園池司の奈良園（延喜内膳式60園地条。現八幡市上奈良・下奈良付近）、北東岸説の場合には左右馬寮の美豆厩（延喜左右馬式57美豆厩畠条。現京都市伏見区美豆町付近）と、いずれの場合にもミヤケに由来する官司の所領に近接する。さらに、弘福寺田籍によれば、弘福寺領に隣接して、同格の大寺であった薬師寺の所領も存在した。弘福寺領と官司の所領、そして薬師寺領はもとミヤケの構成要素であり、律令制の導入とともに政府の管掌となった土地であったと考えると理解しやすい。久世郡所領は大化前代のミヤケを引き継いでいたとみられるのである。

（5）大和国宇智郡

大和国宇智郡所領は紀ノ川―吉野川水運と陸上交通の結節点に設けられた流通・交易の拠点であった。この地域は飛鳥の外港として重要な位置を占めており、弘福寺の造営の資を確保するために寺領に編入されたと考えられる[56]。

（6）河内国若江郡

河内国若江郡所領については関連史料に乏しく、具体的な所在地を特定することができない。古代の若江郡域は、草香江などと呼ばれる入江と、そこに注ぐ大和川の分流に挟まれ、水運に恵まれた地域だった。古くはそこに三野縣主の本拠が営まれていたとされる[57]。縣主は域内の土地・人民を管掌して大王への奉仕を担ったが、域内の土地が王権のために割き取られることもあった[58]。あるいは弘福寺領もそうした耕地の一部だったのだろうか。若江郡域は物部氏の別業のあった「阿都」（現大阪府八尾市跡部付近）にもほど近く、王権と関わりの深い物部氏やその同族の所領が広がっていた。さらに若江郡域へは渡来人の進出も早くから確認される[59]。地理的環境、縣主の存在、物部氏や渡来人の盤踞といった条件をみるに、若江郡は大化以前から相当程度開発されていたとみられ、こうした土地の一部が弘福寺領に充当されたことが想定される。

2　畿外の寺領

（1）美濃国安八郡

美濃国安八（味蜂間）郡は揖斐川流域に位置し、八世紀には後の池田郡を含む広大な郡域を有していた。郡内には大海人の挙兵に際して基幹軍事力として期待された湯沐が置かれていた[60]。湯沐は大海人の資養を担った壬生部を主体とし、周辺に設置されていた名代子代の部を包摂して成立したという[61]。壬生部は推古朝頃に従来の名代子代の部を整理・再編したものであるから、この地域と大王・王族の密接な連関の原型は六世紀末までには形成されていたことになる。

大海人の湯沐に関しては、中心地を池田山地東麓の粕川流域一帯（後の池田郡）に求める説も有力だが[62]、その分布は安八郡全域に及んでいたとみられ、さらに尾張の海部郡域にまで広がっていたとする見解も提出されている[63]。これが妥当であれば、大海人の湯沐は揖斐川を中心として、安八郡以南の木曽三川流域一帯に分布していたことにもなる。

弘福寺領の形成を考える際に参考となるのは、天平勝宝八歳（七五六）の勅施入によって成立した東大寺領安八郡大井荘である。田島公の検討によると、大井荘の前身は天皇家（聖武―孝謙）の所領であり、勅旨所と称する機関に管理されていた。その開発は王権と安八郡域の特殊な関係が醸成された六世紀以前にさかのぼり、律令制成立後も天皇家の所領として継承されていたという。[64]首肯すべき見解である。前代以来の関係をもとに天皇家が管轄した土地は、大井荘のみでなく安八郡域に広くみられたとも考えられる。[65]七世紀後半に弘福寺に施入されたのは、こうした土地の一部だったのであろう。この推定は弘福寺の経済基盤が整えられる一つの画期が、湯沐の所有者である天武の治世下にあったことからも支証される。安八郡所領の起源は、名代子代の部―壬生部―湯沐の存在を媒介として王権と結びついた既墾地だったとみられるのである。

（2）安八郡周辺の寺領

大海人の湯沐が分布したと考えられる安八郡から伊勢湾まで続く回廊状の地域周辺では、美濃国多藝郡、尾張国中島（仲島）郡・丹羽（尓波）郡にも弘福寺領が置かれていた。地理的条件を考えると、これらの寺領が設定される前提として安八郡所領と類似する事情があったと予想される。

多藝郡は揖斐川を挟んで安八郡と隣接する地域にあたる。その歴史的環境を考える上で注目されるのは、大宝二年（七〇二）に多藝郡の民七一六人が近江国蒲生郡に配されたという事実である。[66]彼らが開墾にあたったと思われる蒲生野では、天智朝に百済からの帰化人を配して王権の主導下で開墾が進められていた。[67]八世紀初頭にその開墾事業に投下された多藝郡の民が単なる公民だったとは考えがたく、おそらく伝統的に王権に隷属していた人々であったとみられる。やはり多藝郡には湯沐のような隷属民が存在したのであり、弘福寺領もこうした関係から設定された可能性が高い。

中島郡は長良・木曽川の流域にあたり、安八郡に東接する。弘福寺領の所在地は、天長二年（八二五）十一月十二日尾張国弘福寺田勘検文（以下、「天長二年勘検文」）[68]にみえる地名との対照から、愛知県一宮市木曽川町内割田付近であったとする説が有力である。[69]加藤謙吉は、弘福寺領推定地からほど近い太神社（一宮市大和町於保）周辺に壬申の乱で湯沐令として活躍した多品治[70]の本拠地があったと想定する。[71]弘福寺領と湯沐の関係はここからもうかがうことができる。さらに新井喜久夫によると、太神社周辺にはかつて間敷屯倉[72]が設置されていたという[73]。こうした周辺環境は、弘福寺領となる経営体がミヤケや王権に直属する部民などとの関係から形成されたことを推測させる。なお、中島郡の東に位置する丹羽郡に置かれた弘福寺領は、天長二年勘検文の記載によって愛知県岩倉市から一宮市千秋町・丹陽町付近に位置していたと推定される[74]。これは中島郡所領ともさほど離れておらず、太神社にも近い位置である。郡域はわかれているが、もとは中島郡所領と一体のものであった可能性もあるように思う[75]。

以上の地域とは隔たっているが、琵琶湖の東北岸に位置する近江国伊香郡も伊吹山より連なる山地帯を挟んで安八郡（後の池田郡）に隣接している。壬申の乱に際して、同郡を本拠としたらしい胆香瓦臣安倍は高市皇子に従って活躍した[76]。安倍は高市の舎人と思われ、伊香郡の豪族と大海人—高市が関係を結んでいたことがうかがえる。これ以上の追求は難しいが、王権と在地豪族の深い関係が弘福寺領設定の契機となったことは間違いないだろう。

（3）近江国愛智郡・讃岐国山田郡

近江国愛智（依智）郡域は、七世紀代から王権の主導で依知秦氏などの渡来系氏族によって開発が進められた地域であり[77]、弘福寺領もこうした開発地と強く関連することが想定できる。寺領は現滋賀県彦根市稲里町付近に比定され[78]、十一世紀には平流《へる》荘と呼ばれていた[79]。その近隣（同市三津屋町・石寺町の曽根沼付近）には、八世紀中葉に東大寺領覇流《へる》荘が成立していた[80]。覇流荘の前身は、勅旨田として天皇家がイニシアティブを保持した土地だった[81]。さらにさかのぼると、近隣に存在して同一の名称をもつ東大寺領と弘福寺領が一体のものであった可能性も想定される。つまり、王権の主導のもとで開発された土地の一部が七世紀後半に弘福寺領とされ、残余が八世紀中葉に東大寺領に施入されたと考えられるのである。

讃岐国山田郡も渡来系氏族との関係が疑われる地域である。山田郡には朝鮮式山城である屋島城が築かれているし[82]、八世紀においても郡司として秦氏がみえる[83]。この地域もまた渡来系氏族を受け入れつつ、王権の主導によって開発が進められていたのではないだろうか。愛智郡・山田郡の各所領は、渡来系氏族によって古くから開発されたことが推定できるのである。

3　弘福寺領の起源

畿内の弘福寺領の多くは、宮の付属耕地やミヤケなどとして大化前代から大規模に開発された土地を引き継いでいた。畿外の寺領も、ミヤケや名代子代の部、そして天武の湯沐の分布などを媒介として早くから王権が進出した地域や、王権の主導下で渡来人によって経営されてきた地域に営まれた。七世紀後半に寺領として施入されたのは、それ以前から開発が進められていた土地だったのである。

前節の検討によれば、八世紀初頭の弘福寺領は耕地（水田・ハタケ）と非耕地（未墾地・荒廃地・山等）が有機的に結びつく経営体であった。これは、七世紀以前から存続した古代の大土地経営の一般的性向とも合致しており、寺領が大化前代の経営を継承したことの名残と考えれば整合的である。一方、「寺田」と寺領が乖離をきたしていたことも、弘福寺に当初施入されたのが「寺田」そのものでなく、それ以上の広がりを有する経営体だったとすれば説明がつく。つまり、「寺田」は既存の経営体の形をとどめた寺領に後次的に付加された存在と考えられるのである。

本節の検討によれば、弘福寺領は律令制以前の大土地経営のあり方を濃厚に残しつつ、「寺田」という制度を受け入れた経営体としてとらえうる。次節では、経営体としての寺領に「寺田」が設けられる過程を考察してみたい。

三 「寺田」の成立

本節では、まず七世紀以降の寺領規制の進展を概観することで、八世紀初頭の寺領と「寺田」をめぐる状況が現出する道程を一般化していく。これによって、前節ではふれえなかった、「寺田」の制度が寺領の上に敷かれていく具体的な経緯も明らかになるだろう。

1 寺領把握の進展

七世紀初め頃の寺領のあり方は、物部守屋滅亡後の四天王寺の創建に関する「分㆓大連奴半与㆒宅、為㆓大寺奴・田荘㆒」[84]という記述に端的に示されている。ここで物部氏の所有する「宅」が四天王寺の「田荘」へと転化したことは、両者が等質で互換可能な存在と認識されていたことを意味する。この時点で、寺領は豪族層の経営体と同質の存在だったのである。推古朝に寺院は飛躍的に増加しつつあったが、この段階では寺領の国家的管理は問題とされていなかったようである[85]。寺領は壇越となる豪族や王族の支援と干渉を受けながら経営されていったのだろう。

孝徳朝になると、一連の改革のなかで本格的な寺院の統制が開始され、寺領の把握も政治課題として取り上げられるようになった。大化元年（六四五）八月、改新政府は「大寺」（大官大寺か）に僧尼を招集し、各氏族による寺院造営を援助することを宣言した[86]。これは、政府（大王）が造寺事業のイニシアティブを掌握することを企図した政策であり、寺院の直接的な統制の画期と評価される[87]。寺領に関しては、「巡㆓行諸寺㆒、験㆓僧尼・奴婢・田畝之実㆒、而尽顕奏」と、「田畝」の実態を把握・上申することが命じられた。これが記録に残る限り、最初の寺領対策である。

これと深く関わるのが、「詔㆓東国朝集使等㆒曰（中略）又於脱㆑籍寺、入㆓田与㆒㆑山」と、「籍」に漏れた寺院に対する「田」「山」の施入を指示した大化二年三月の詔[88]である。「田」「山」の問題と関連づけられているところからみて、「籍」

には寺領に関わる記載がなされていたと思われる。こうした「籍」が成立する契機としては、寺領を含む広範な内容にわたった前年八月の調査を想定すべきだろう。寺領の把握を目指した政府の取り組みは、「籍」という形で結実していたのである。

ところで、言葉を補って大化二年詔を解釈すると、「脱籍寺」を「籍」に登録し、それにあわせて「田」「山」を施入する、という意味にとれる。すると、寺院の所有する「田」「山」は「籍」への登録以前には存在しなかったことになる。しかし、前年の調査が既存の寺院を対象としていたことからも明瞭なように、この時点で多くの寺院は経済基盤となる経営体を保有していたはずである。つまり、「籍」は寺領の所有と本来的には因果関係をもたないのである。にもかかわらず、「田」「山」の所有が「籍」と結びつけられていることは、これらの「田」「山」が寺領そのものとは位相の異なる概念であった可能性を示している。具体的にいうと、「田」「山」は「籍」への登録によって政府の公認を受けることになった寺領のことと思われる。そうすると、大化二年三月詔は前年の調査に漏れた寺院とその寺領を調査・掌握し、「籍」の充実をはかる政策として位置づけられる。寺院は本来的に経済基盤たる寺領を保持していたが、ここでそれが政府に公認される存在へと転化したのである。

この段階の寺領把握の方式については、「田」「山」という表現によって、「籍」が「田」（耕地）・「山」（非耕地）などの地目別に編成されていたことが示唆される。改新政府の基本方針を示した大化二年正月の所謂「改新の詔」(89)では、「処々田荘」を収公することが宣言された。これによって豪族層の所有する経営体は公的には存立を否定され、地目ごとに土地の把握と規制が敷かれていった（第Ⅰ部第一章）。地目別に寺領を記録する「籍」の思想は、この方針と一致している。流動的な土地所有を把握することに対する技術的な困難もあっただろうが、「籍」の編成は改新政府の土地支配の方針に規定されていたのである。地目に分割され、「籍」に記録された「田」「山」は、まさに律令制下の「寺田」の淵源であったといえる。

次なる転機となったのは、天武四年に出された「親王・諸王、及諸臣幷諸寺等所レ賜、山沢・島浦・林野・陂池、前後並除焉」という詔[90]である。ここで「諸寺」には「山沢」以下の非耕地の所有が禁じられた。天武四年詔は有力者の所有する山野に対する公的把握の進展を背景として、山野の共利化政策を導入するものだった（第Ⅰ部第一・三章）。「籍」の段階では広く公認されていた非耕地（＝「山」）の所有は、ここで基本的には否定されたことになる。寺院による非耕地の所有はこれ以降も存続するが、それに国家的公認を与えることはなくなったことになる。政府の公認する寺領はこうして「田」にほぼ限定され、八世紀初頭の状況へと至る道筋がつけられた。「寺田」が寺領を包含するカテゴリーとならなかったことは、以上の歴史的経緯によっていたのである。

この後、持統朝には本格的な班田が開始され、和銅目録が作成される和銅二年までの間に持統六年（六九二）、文武二年（六九八、推定）、慶雲元年（七〇四、推定）の班田が存在したと推定されている[91]。弘福寺久世郡所領にみられた数度にわたる検田の痕跡は、おそらくこの時期の校班田に対応する。こうした校班田を契機として、政府による「寺田」の掌握はいっそう進んだとみられる。一方で、畿外の弘福寺田のなかには当初に設定されたと思われる整数値を保存したものもある。校班田を通じた「寺田」の把握には、地域差も存したのであろう。

2　「寺田」の確定とその限界

和銅期には「寺田」を記録した「田記」が作成され、各寺に写しが発給された。また、この時期には「寺田」に関する政策も集中的にみられた。本項では、これらの史実に関する検討から、八世紀初頭の「寺田」をめぐる達成と限界について明らかにしていく。

「田記」は「寺田」の所在・地積を記した文書であり、和銅目録はその写しと考えられる。「田記」の機能について、鷺森浩幸は校田に先だって国（班田使）および寺院に発給され、校班田の対象から「寺田」を除外するものであったと推定している。[92] これは、複数回の「田記」の発給を前提とし、「田記」を校班田のサイクルのなかに位置づける見解である。たしかに和銅二年になされた「田記」の写しの発給は、日程からして和銅三年の班田と関連して作成された可能性が高い。しかし、後述する和銅六年の「田記」の改正は校班田とは直接の関連をもたない時期に行われているし、「田記」が和銅二年以降の校班田に際して改訂されたり発給されたりしたことを示す証左も管見の限りみられない。さらに、大宝田令に「不レ在二収授之限一」と規定され、明法家に「雖二欠乗一不レ在二収加之例一」と認識されたように、地積に変化のないことが「寺田」の基本的な属性だった。[93] 実際に和銅目録に記載された弘福寺田の地積は、八世紀を通じて、さらには九世紀に至るまで尊重され続けた形跡がみられる。このような性格をもつ「寺田」を校班田の度に確認する意味は少ないのではないか。これらの点から、「田記」は校班田ごとに更新されたのではなく、基本的には一度きり作成された文書と考えられる。

　ところで、弘福寺田の地積は七世紀後半に幾度かの変更を経ているようだが、和銅以降には大幅な変動がみられなくなる。この現象は、まさに「田記」の作成にもとづくと考えられる。つまり、「田記」は「寺田」の確定を目的として発給された文書であり、固定化された「寺田」がここで最終的に成立したとみられるのである。七世紀後半以降に積み重ねられてきた寺領の把握は、「田記」の発行によって一定の達成をみたと評価できる。

　一方で、八世紀初頭には「寺田」をめぐる問題も多発した。和銅六年には、「因二諸寺田記錯誤一、更為二改正一。一通蔵二所司一、一通頒二諸国一」[94]と、「田記」の「錯誤」を理由とした改正が命じられた。この政策の意図について、同年の度量衡の改訂にともなう方格地割の再設定に関連するとの見解[95]もあるが、別の見方もできるように思う。前節までの議論によると、「寺田」は必ずしも景観としての水田とは一致しなかった。「寺田」と実態のこの乖離を前提にすると、「錯誤」の実相は理解しやすい。つまり、和銅六年の措置の目的は「田記」所載の「寺田」を実態に近づけることにあったと理解できるのである。[96]

同年には、「制、諸寺多占㆓田野㆒、其数無㆑限。宜㆓自㆑今以後、数過㆑格者、皆還収㆒之」[97]と、諸寺の「田野」占有が問題視され、「格」に定められた地積を超過した分が収公された。この「格」は単行の法令ではなく、「田記」であった可能性が指摘されている[98]。「寺田」の地積を制限する機能を有する「田記」は、「田野」を制限する「格」としてふさわしいように思われる。この法令は「寺田」の範囲を超えて占められた「田野」の規制を目的としたものとなる。政府の主観によれば、「寺田」の外側に営まれた「田野」は不法な占有地である。しかし、「寺田」が寺領を網羅する広がりとはなっていないため、「寺田」外に「田野」が存在することは常態であったと考えられる。そうすると、法令の意図を「寺田」として定めた範囲への寺領の縮減に求めることができる。これは、「田記」の改正とは別の方向から、記述を実態に近づける試みととらえられる。

八世紀の政府は、「田記」を実態に近づける、あるいは寺領を「寺田」の範囲に限定するといった政策をとり、「寺田」の地積を足がかりとした寺領統制を進めていった。しかし、弘福寺領の例をみる限り、これらの政策が奏功した証左はない。ここに「寺田」をめぐる政府の苦衷をみてとることも可能だろう。和銅四年の「田記」の作成は、寺領統制の核となる「寺田」の範囲を確定する成果を生んだ。しかし、固定的な「寺田」による寺領経営体の把握はさらなる困難をともなっていたのである。

結

本章では弘福寺の寺領と「寺田」の特徴を析出した上で、大化前代の経営体がたどった歴史的展開を跡づけてきた。八世紀初頭の寺領は中心施設・耕地・非耕地などによって構成され、多様な機能を果たしていた。「寺田」は寺領に設けられた特殊な区画であり、流動的な実際の土地利用を捨象して抽象化した地目であった。この政治的に創出された地種を通じ、政府は寺領に対する把握と統制を行っていた。大化前代の経営体に由来する寺領は、孝徳朝の調査によって地目ごとの把握がなされ、天武朝には山野を切り離された。こうして「寺田」に偏った把握の仕組みが整えられたが、「寺田」と実際の寺領の乖離をいかに統合するかが問題とされるようになっていった。律令制以前の大土地経営が「寺田」のもとに統合されていった経緯や、そこで積み残された課題についてほぼ明らかにできたと思う。

「寺田」は大宝令の段階から班田制の対象外に置かれ、地積は基本的に変化しなかった。その意味で律令制的土地支配のなかで特殊な位置を与えられていた。一方で、「寺田」の特徴は他の「田」にも敷衍できる。貴族や豪族層がかつて所有していた大土地経営体は八世紀初頭の段階ではかなり残存していた（第Ⅰ部第一章）。こうした経営体内の耕地の多くは位田・職田・功田・賜田など種々の律令制的田土にふり向けられたと推測される。[99]経営体としての所領の一部が「田」として把握されたという点では、貴族や豪族層の所領についても寺領と同様の状況を見出すことができる。既存の大土地経営に「田」の制度が施行され、実際の土地の間に乖離が生じるという現象は、「寺田」に限定されたわけではなかったのである。

政府は七世紀中葉以降の律令制度の導入のなかで、天皇・国家による国土の独占という観念を移入し、中国的な「田」の制度を施行することになった。八世紀初頭には大宝田令の制定を以て一応の形式を整えることができたが、そこに立ち現れたのは「田」に偏重した歪な土地支配のシステムだった。吉田孝は、律令田制が熟田を集中的かつ固定的に把握する制度であったと指摘しているが、[100]実際に把握されたのは理念的な「田」であった。その一方で、多様な機能をもつ地目が有機的に結合した前代以来の大土地経営のあり方はこうした制度のもとに温存されていた。その意味では古代日本の田制は八世紀初頭の段階では多分にフィクションを含みながら、現実の大土地経営と併存していたといえる。「田」を中心とした法制と現実とのすりあわせは、課題として残されたのだった。

このような状況が転換する契機となるのは、一つには和銅年間に萌芽のみえる墾田法の整備である。[101]また、全面的な改給をともなって空前の規模で実施された天平元年の班田も重要な画期として注目される。この間の事情については、章を改めて論じたい。

註

（1）概説としては、彌永貞三「律令制的土地所有」（同『日本古代社会経済史研究』岩波書店、一九八〇年、初出一九六二年）、宮本救「律令制的土地制度」（同『律令田制と班田図』吉川弘文館、一九九八年、初出一九七三年）など参照。寺家の土地所有全般に関しては、中林隆之「律令制的土地支配と寺家」（『日本史研究』三七四、一九九三年）など。

（2）福山敏男『奈良朝寺院の研究』（高桐書院、一九四八年）。一九五七・五八年度（昭和三十二・三十三）の発掘調査で弘福寺伽藍遺跡の下層全面から検出された遺構が川原宮であったと推定される。奈良国立文化財研究所編『川原寺発掘調査報告』（一九六〇年）参照。

（3）『新抄格勅符抄』大同元年牒に癸酉年（天武二年／六七三）に五〇〇戸の封戸が施入されたことがみえる。

（4）本文書の原本は東寺から円満寺に伝来したが、焼失してしまった。釈文は東京大学史料編纂所蔵影写本『円満寺文書』により、石上英一「讃岐国山田郡田図の史料学的分析」（同『古代荘園史料の基礎的研究』上、塙書房、一九九七年）も参考にした。なお、別系統の写本による大日古七―一も参照。

（5）平―一二。三断簡からなる同文書の基本情報は、石上英一「弘福寺文書の基礎的考察」（前掲註（4）書所収、初出一九八七年）参照。

（6）平野博之「『観世音寺大宝四年縁起』について」（『日本上古史研究』一―七、一九五七年）、松田和晃「和銅二年の『水陸田目録』をめぐって」（『古文書研究』二〇、一九八三年）、石上英一「古代荘園と荘園図」（金田章裕・石上英一・鎌田元一・栄原永遠男編『日本古代荘園図』東京大学出版会、一九九六年）など参照。

（7）中林隆之「日本古代の寺院資財管理と檀越」（栄原永遠男編『日本古代の王権と社会』塙書房、二〇一〇年）。

（8）天理図書館所蔵文書。平―四四四。

（9）　井上寛司「弘福寺領大和国広瀬庄について」（赤松俊秀教授退官記念事業会編『国史論集』一九七二年）。
（10）　馬見丘陵上には真野条・墓門条と称する特殊条里が存在した。秋山日出雄は、真野条を西側の滝川流域、墓門条を東側の佐味田川流域に比定する復原案を示している（奈良県立橿原考古学研究所編『大和国条里復原図』吉川弘文館、一九八一年）。一方、木村芳一は真野条を東側、墓門条を西側に復原している（「真野・墓門の条里について」〔『奈良県史4　条里制』名著出版、一九八七年〕）。
（11）　東寺文書礼三。大日古三―四一。
（12）　天平十九年二月十一日大安寺伽藍縁起幷流記資財帳（大日古二―五七九）、同日元興寺伽藍縁起幷流記資財帳（醍醐寺本諸寺縁起集元興寺縁起所引）。以下、大安寺・法隆寺・元興寺の天平十九年の資財帳については、これらの史料による。
（13）　金田章裕「条里プランの完成・定着・崩壊プロセス」（同『条里と村落の歴史地理学研究』大明堂、一九八五年、初出一九八二年）、石上前掲註（5）論文。この他、文言を不自然とする見解もある（水野柳太郎「寺院縁起の成立」〔同『日本古代の寺院と史料』吉川弘文館、一九九三年〕など）。石上は、天平二十年牒の坪付が寛弘三年牒より長和二年（一〇一三）十一月九日付の弘福寺牒（平―四七三）に近いことから、同牒が寛弘から長和の間に作成されたと推定している。
（14）『続日本紀』同月辛酉条。
（15）　神護景雲二年（七六八）十月九日造東大寺司牒（大日古一七―一一六）に、水主内親王の所有した経巻を録した「水主内親王経録」の存在がみえる。
（16）　延久二年（一〇七〇）三月十一日弘福寺近江国荘田注進状（東寺文書礼一一。平―一〇四四）。
（17）　井上前掲註（9）論文。
（18）　水野前掲註（13）論文。
（19）　延暦文書目録に「寺縁起財帳一巻〈天平十九年〉」とある。
（20）　平―四六四〇。
（21）『日本書紀』神代上第五段一書一一では、粟稗麦豆を「陸田種子」としている。

(22) 宇智郡には川原寺の瓦を生産した荒坂瓦窯が存在した。瓦生産の統括や、燃料を供給する山林の管理も、当初の宇智郡所領の機能として考慮する必要があろう。

(23) 松岡弘泰所蔵文書。釈文は、基本的には東京大学史料編纂所編『日本荘園絵図聚影 釈文編一 古代』（東京大学出版会、二〇〇七年）により、石上前掲註（4）論文も参照した。

(24) 石上前掲註（4）論文。以下、山田郡田図に関する基礎的なデータは、本論文及び東京大学史料編纂所編前掲註（23）書による。また、山田郡田図に関する石上の見解は本論文による。

(25) 以下、坪番号は東京大学史料編纂所編前掲註（23）書による。

(26) 石上は、「畠成田」が「田」と同様の無彩色の上に緑色の顔料が塗布されている点を重視し、かつて水田であったものがハタケに転化したものであるとした。しかし、それでは「田墾得」という表現とは合致しにくい。やはり、「今畠墾田」同様に「畠」が「田」に転換したと主張されているととらえるべきだろう。なお、田図の記載によって東代あたりの直米を計算すると、「今畠墾田」「畠成田」ともに一升という数値を得ることができる。むろん直米が机上の計算によって算出されている可能性は高いが、少なくとも寺家は「畠成田」の生産力を「今畠墾田」に劣るものとは考えていなかったことになる。

(27) 褐色の上に緑色が塗られた4-エの「今墾」と1-イ・2-イの上半部については、石上の想定するように天平七年以降になされた追記であったと考えておきたい。

(28) 『続日本紀』同年十一月癸巳条。宮本前掲註（1）論文など参照。

(29) 東寺文書礼一三。釈文は鎌田元一「律令制的土地制度と田籍・田図」（同『律令公民制の研究』塙書房、二〇〇一年、初出一九九六年）による。

(30) 鎌田前掲註（29）論文。

(31) 虎尾俊哉「天平十五年弘福寺田数帳」（同『班田収授法の研究』吉川弘文館、一九六一年、初出一九五九年）。

(32) 久世郡所領（山城荘）の所在地・地積等を弘福寺三綱が東寺長者政所に報告した文書である延久四年十一月の弘福寺山城国荘田注進状案（東寺百合文書モ函四。釈文は石上前掲註（5）論文）には、路里以下の条数が記されているが、並行して存在すると推定される家田里・難田里と路里・紋屋里の両方を一二条とする錯誤を犯している上に、里の序数は示されていないため、四里の所在地の確定は困難となっている。旧木津川東北岸説は石上前掲註（5）論文、南西岸説は高橋美久二「『弘福寺田数帳』と木津川河床遺跡」（杉山信三先生米寿記念論集刊行会編『平安京歴史研究』一九九三年）を参照。

（33）久世郡所領と同様に「陸田」の存在が確認できる大和国高市郡の寺領では、和銅目録にみえる「田」「陸田」の合計が寛弘三年牒で所領として申請された土地の地積を大幅に超過している。これも、非耕地を含めて「陸田」として計上されている例としてとらえることができるように思う。

（34）虎尾前掲註（31）論文。金田章裕「奈良時代の土地管理と小字地名的名称」（同『古代荘園図と景観』東京大学出版会、一九九八年、初出一九九五年）など。

（35）虎尾前掲註（31）論文。

（36）鎌田前掲註（29）論文。

（37）田籍の初見が天平十四年の弘福寺田籍であることなどから、田籍の成立を天平年間に引き下げて考える説がある（杉本一樹「絵図と文書」〔『文字と古代日本2　文字による交流』吉川弘文館、二〇〇五年〕、服部一隆「班田収授法の成立とその意義」〔同『班田収授法の復原的研究』吉川弘文館、二〇一二年、初出二〇〇七年〕）。杉本は、班田の結果は当初は戸籍に記録されていたとする。その場合、「寺田」などの扱いがどのようなものであったか、なお検討が必要と思われる。

（38）例えば、延喜五年（九〇五）十月一日観世音寺資財帳（東京藝術大学所蔵文書。釈文は平―一九四、『太宰府市史』古代資料編　一九〇号）によれば、観世音寺は大宝三年に「焼塩山弐処」を施入されている。

（39）額田部氏の所領を引き継ぐ額田寺の寺辺所領では、実際には額田寺の領有していた山をあらゆる論理で防御していた形跡がみられる。これは、山野の領有が基本的には認められていなかったための現象であろう。第Ⅰ部第二章参照。

（40）『日本書紀』敏達十四年八月己亥条。

（41）渡里恒信「城上宮について」（同『日本古代の伝承と歴史』思文閣出版、二〇〇八年、初出一九九八年）。

（42）平林章仁「敏達天皇系王統の広瀬郡進出について」（三品彰英編『日本書紀研究』一四、塙書房、一九八七年）も参照。ただし、平林は敏達の百済大井宮、押坂彦人大兄の水派宮、舒明の百済大宮も広瀬郡に所在したと考えるが、この点については百済大寺の遺跡と考えられる吉備池廃寺の存在から、現在の桜井市付近に想定する説も有力である。渡里前掲註（41）論

文、寺崎保広『長屋王』（吉川弘文館、一九九九年）など参照。
(43) 天平勝宝二年（七五〇）二月二十四日官奴司解案（東南院文書第五櫃第五巻。東南院三―一〇九〔六二八号〕）。
(44) 石上英一「官奴婢について」（『史学雑誌』八〇―一〇、一九七一年）。
(45) 『日本書紀』天武十年（六八一）十月是月条。
(46) なお、天武朝には広瀬・龍田祭が創始された。同祭は大和国の御縣六座・山口一四座を同時に祀るもので、律令制下の祈年祭の前身としての意義を有する（佐々田悠「律令制祭祀の形成過程」〔『史学雑誌』一一一―一二、二〇〇二年〕）。このような新しい祭祀の舞台の一つとして広瀬が選ばれた理由としては、これまで大和の河川の合流点である点が重視されてきたが、さらに敏達以来の王権と広瀬との密接なつながりを想定する必要もあるように思う。
(47) 具体的な比定地については、奈良国立文化財研究所編前掲註（2）書に考証がある。
(48) 仁藤敦史「『斑鳩宮』の経済的基盤」（同『古代王権と都城』吉川弘文館、一九九八年、初出一九八七年）、鷺森浩幸「法隆寺の所領」（同『日本古代の王家・寺院と所領』塙書房、二〇〇一年）など。
(49) 『日本書紀』安康天皇即位前紀、仁賢元年正月乙酉条。また、履中は弟の住吉仲皇子と争って逃走し、石上振神宮に入ったという（同履中天皇即位前紀）。
(50) 『日本書紀』履中四年十月条。
(51) 千田稔は、遺存地名等からこの地域がミヤケとして開発されたことを想定する。「石上神宮とミヤケ」（同『古代日本の歴史地理学的研究』岩波書店、一九九一年、初出一九八九年）参照。
(52) 延喜祝詞式3祈年祭条に、「六御縣」の一つとしてみえる。
(53) 『日本書紀』仁徳十二年十月条、同推古十五年（六〇七）是歳条。
(54) 吉田晶「大化前代の南山城」（大阪歴史学会編『古代国家の形成と展開』吉川弘文館、一九七六年）。
(55) 鷺森浩幸「屯倉の存在形態とその管理」（前掲註（48）書所収）。
(56) 宝亀四年（七七三）に皇后井上内親王と皇太子他戸親王が幽閉された「大和国宇智郡没官之宅」（『続日本紀』同年十月辛酉条）は、元来井上や他戸の領してきたものと考えられ（『新修五條市史』第四章第八節、一九八七年、初出一九五八年、岸俊男執筆）さらに古い段階の王族の拠点を引き継いでいる可能性がある。宇智地域は、飛鳥時代にはこうした王族・豪族の拠点が多く設けられていた可能性がある。また、千田稔は「三宅」地名の分布から宇智郡にミヤケが存在したことを想定している（同『埋れた港』学生社、一九七四年）。宇智郡の荒坂瓦窯（註（22））周辺地域について、境部臣→蘇我本宗家→大王家（天皇家）という支配権の変遷を想定する見解がある（小笠原好彦「飛鳥の古代寺院と大和宇智郡の瓦窯」〔『日本古代寺院造営氏族の研究』東京堂出版、二〇〇五年、初出二〇〇二年〕）。

(57)『日本書紀』には星川皇子に仕えたという河内三野縣主小根の名が伝わる（『日本書紀』清寧天皇即位前紀）。若江郡を本貫地とする美努連（天平神護元年〔七六五〕二月造東大寺司移案〔大日古五―五一六〕など）は、三野縣主の後身と考えられる。三野縣主の勢力圏は、三野縣主神社が鎮座する現八尾市上之島町一帯から、河内郡英多《あがた》郷の故地である東大阪市吉田付近に及ぶと推定される（吉田晶「県および県主」〔同『日本古代国家成立史論』東京大学出版会、一九七三年〕）。

(58) 原島礼二「県の成立とその性格」（同『日本古代王権の形成』校倉書房、一九七七年、初出一九七二年）。

(59) 吉田前掲註（57）論文。

(60)『日本書紀』天武元年六月壬午条など。

(61) 横田健一「壬申の乱前における大海人皇子の勢力について」（同『白鳳天平の世界』創元社、一九七三年、初出一九五六年）、直木孝次郎「大化前代における美濃について」（同『日本古代の氏族と天皇』塙書房、一九六四年、初出一九五九年）、早川万年「和珥部臣君手と大海人皇子の湯沐邑」（『岐阜史学』九一、一九九六年）など。

(62) 足利健亮・金田章裕・田島公「美濃国池田郡の条里」（『史林』七〇―三、一九八七年）。

(63) 早川万年「壬申の乱後の美濃と尾張」（『続日本紀研究』三二六、二〇〇〇年）、田島公「『美濃国池田郡の条里』追考」（足利健亮先生追悼論文集編纂委員会編『地図と歴史空間』大明堂、二〇〇〇年）。

(64) 田島公「美濃国東大寺領大井荘の成立事情」（『ぐんしょ』六〇・六一、二〇〇三年）。

(65) 例えば天平勝宝六年には存在が確認できる美濃国の勅旨田も、同様に勅旨所の管下にあった安八郡の土地であった可能性がある（天平勝宝八歳正月十一日美濃国司移〔『寧楽遺文』中、六六一頁〕）。

(66)『続日本紀』同年三月庚寅条。

(67)『日本書紀』天智八年（六六九）是歳条。第Ⅱ部第一章も参照。
(68)東寺文書礼六。平―五一。
(69)『新編一宮市史』本文編上、第一章、一九七七年、新井喜久夫執筆。
(70)『日本書紀』天武元年六月壬午条。
(71)加藤謙吉「『日本書紀』と壬申の乱」（新川登亀男・早川万年編『史料としての『日本書紀』』勉誠出版、二〇一一年）。
(72)『日本書紀』安閑二年五月甲寅条。
(73)新井前掲註（69）論文。
(74)新井前掲註（69）論文。
(75)付言すると、律令制下の丹羽郡の領域には邇波縣が存在したと推定され（『先代旧事本紀』天孫本紀に「邇波縣君」がみえる）、間敷屯倉と同時に入鹿屯倉も置かれたという。こうした点からも、丹羽郡域には王権が早くから進出していたことがうかがわれる。
(76)『日本書紀』での初出は天武元年六月甲申条。
(77)平岡定海「近江国愛智郡司依知秦公氏について」（『国史論集』小葉田淳教授退官記念事業会、一九七〇年）。
(78)彌永貞三『奈良時代の貴族と農民』第三章（至文堂、一九五六年。のち増補版、一九六六年）も参照。
(79)延久二年三月十一日弘福寺近江国荘田注進状（平―一〇四四）。
(80)覇流荘の現地比定については、彌永前掲註（78）書、谷岡武雄『平野の開発』（古今書院、一九六四年）、片平博文「近江国覇流村墾田地図」（金田・石上・鎌田・栄原編前掲註（6）書）など参照。
(81)彌永前掲註（78）書、河内祥輔「勅旨田について」（土田直鎮先生還暦記念会編『奈良平安時代史論集』下、吉川弘文館、一九八四年）など。
(82)『日本書紀』天智六年十一月是月条。
(83)天平宝字七年（七六三）十月二十九日讃岐国山田郡弘福寺田内校出田注文（大日古五―四五九）、天平宝字年間山田郡司牒案（東寺百合文書ル函一、釈文は石上前掲註（4）論文による）。

(84)『日本書紀』崇峻天皇即位前紀。
(85)この時期に寺院・僧尼の監督を主務とする僧綱が新設され、寺院や僧尼の計数調査も行われた(『日本書紀』推古三十二年四月戊午・壬戌条、九月丙子条)が、寺領について特段の施策はみられない。
(86)『日本書紀』同月癸卯条。
(87)本郷真紹「律令国家の仏教政策」(狩野久編『古代を考える　古代寺院』吉川弘文館、一九九九年)など。
(88)『日本書紀』同月辛巳条。
(89)『日本書紀』同月甲子条。
(90)『日本書紀』天武四年二月己丑条。
(91)宮本前掲註(1)論文、同「班田制施行年次について」(前掲註(1)書所収、初出一九五六年)など。
(92)鷺森浩幸「八世紀における寺院の所領とその認定」(前掲註(48)書所収、初出一九九五年)。
(93)『令集解』田令21六年一班条古記。
(94)『続日本紀』同年四月己酉条。
(95)水野前掲註(13)論文。
(96)三谷芳幸「神田と寺田」(同『律令国家と土地支配』吉川弘文館、二〇一三年)も参照。
(97)『続日本紀』同年十月戊戌条。
(98)水野前掲註(13)論文。
(99)吉田孝「律令国家と荘園」(同『講座日本荘園史2　荘園の成立と領有』吉川弘文館、一九九一年)。議政官の職田については三谷芳幸「職田の論理」(前掲註(96)書所収、初出二〇一一年)が詳しい。
(100)吉田孝「編戸制・班田制の構造的特質」(同『律令国家と古代の社会』岩波書店、一九八三年)。
(101)和銅四年十二月に「応墾開空地」の開墾を申請する制度が整備された(『続日本紀』同月丙午条)。

第二章　寺領の歴史的展開―筑前国観世音寺領杷伎野を例として―

はじめに

第一章では、制度と実態の関係を動的に復原する場として寺領に的を絞り、国家的土地制度の根幹にあたる「田」の一種である「寺田」の特徴や、実態としての寺領との関係について考察した。そして、「寺田」が水田（ないしハタケ）とは等置されない理念的な存在であることや、八世紀初頭に「寺田」と実態としての寺領との乖離が生じていたことなどを明らかにした。これを敷衍すると、奈良時代には制度としての「田」と現実の大土地経営を統合することが課題として残されていたことになる。以上をふまえ、本章では八世紀における寺領のその後の変化を追跡して、この状況がいかに止揚されていくのか解明することを主要な目標とする。

その素材としては、延喜五年（九〇五）の筑前国観世音寺資財帳（以下、本章では「資財帳」）[1]にみえる筑前国上座郡杷伎野（現福岡県朝倉市旧杷木町一帯。「ハキ」の表記は「把伎」「把岐」「波岐」など多様だが、便宜的に資財帳園圃地章によって「杷伎」に統一する）[2]を取り上げる。この地をめぐる状況が七世紀中葉から八世紀にかけてどのように推移したか、前項ではふれられなかった寺領の内実にも目を配りながらたどり、上述の課題につなげていく。さらに、その知見をもとに八世紀における大土地経営の歴史的展開や、その意義へと考察を進めていきたい。

一　杷伎野の施入

1　資財帳にみる施入

本章では、八世紀初頭になされた杷伎野の観世音寺への施入について基礎的な事実を確認して、考察の前提を用意する。観世音寺の建立と造営の経緯については、次の和銅二年（七〇九）二月詔に述べられている。[3]

詔曰、筑紫観世音寺、淡海大津宮御宇天皇（天智）、奉二為後岡本宮御宇天皇（斉明）一、誓願所レ基也。雖レ累二年代一、迄レ今未レ了。

宜下大宰商量、充二駆使丁五十許人一、及逐二閑月一、差二発人夫一、専加二検校一、早令中営作上。

観世音寺は、斉明の追福のために天智が発願した寺院である。詔の後半には、多年を経過してなお伽藍が未了であると記されている。これによると、この時点で観世音寺の造営は遅延していたようであるが、天武朝の丙戌年（朱鳥元年／六八六）に造営の資として寺封が観世音寺に施入されたことから、[4]少なくとも天武朝には観世音寺の造営が活発に進んでいたと推定されている。[5]さらに、朱鳥元年四月に大和国弘福寺から観世音寺へと伎楽が移されたとみられることや、[6]観世音寺に伝わる梵鐘が七世紀末の鋳造と推定されることなどからすると、[7]七世紀の後葉には観世音寺は寺院としてある程度機能していた可能性が高い。[8]

観世音寺領杷伎野は、資財帳園圃地章によると四九町の「薗（園）」からなり、大宝三年（七〇三）十月二十日に施入されたという。

筑前国□〔町カ〕　上座郡杷伎野白□

右、依□□□〔大宝三カ〕年十月廿〔日脱カ〕官符施納、薗卌九町□

筑後国□〔町カ〕　御井郡加駄野

四至　□□為堺

已上大宝三年十月廿日官施入

この施入は、筑後国三井郡加駄野や「焼塩山」である筑前国志麻郡加夜郷蠅野林と遠賀郡山鹿林東山などといった、複数の山野の施入と同時になされた。この記述を裏づける史料としては、観世音寺大宝四年縁起（以下、「大宝四年縁起(9)」）所引の大宝四年十二月十一日付の大宰府移がある。大宝四年縁起は、大宝から養老にかけての四文書を抄出した文書である。末尾には「件公験、為㆓本寺沙汰㆒、書㆓移案文㆒進上之。／保安元年六月廿八日」とあるように、保安元年（一一二〇）六月に作成されて本寺（＝東大寺）に進上された(10)。保安元年には末寺化にともなって封戸・荘園などの公験の写しが観世音寺から東大寺に一括して進上されている(11)。大宝四年縁起もこうした文書の一つだったのである。大宝四年縁起の本文は原文書の欠損を反映して空白となっている部分が多く、誤字も散見されるが、現在は失われてしまった八世紀初頭の文書の内容を伝える点でその史料的価値はきわめて高い。大宝四年大宰府移は、次のように引用されている。

大宰〔府〕　移観世音寺三綱等
波岐荒〔野〕　竺志前国上旦〔座〕鹿郡地
賀太荒野　竹志後国三井郡地
今用上件野充寺苑〔圃〕地若　充
可妨禁今以状移々到即准状故移
大宝四年二月十一日少典荊助仁
少弐正五位下勲四等佐伯宿禰
之類府印在廿二所

その内容は、笠志前国上旦座《かみつあさくら》郡（筑前国上座郡）の「波岐荒野」(12)、竹志後国三井郡（筑後国御井郡）の「賀太荒野」を「苑圃地」(13)として観世音寺に充て、他者による侵犯の排除（＝「可妨禁」）を保障するというものだった。観世音寺による杷伎野・賀駄野など二所の所有が大宝四年二月に大宰府によって確認されたことは、資財帳のいう大宝二年十月の官施入を承けたものとして時系列的にも整合する。

大宝四年大宰府移には施入された地積はみえないが、寛治三年（一〇八九）八月十七日観世音寺三綱等解案(14)に「筑前国上座郡抱〔杷〕岐野二万五千代、依官省大宝三年十月　日符旨、府国施行、而所ㇾ被二寄置一也」とあるのをみると、少なくとも寛治三年までは町段歩制に先行する代制の地積による施入額（二万五千代＝五〇町）が伝わっていたようであり、資財帳にみえる四九町という杷伎野の地積がほぼ施入当初の数値を示していることを推測させる。

ここで杷伎野は「荒野」の範疇でとらえられつつも、「苑圃地」の名目で寺家に施入された。杷伎野は、この後も資財帳の段階まで「薗」「園圃」などとして一面では認識され続けていくことになる。煩雑になるので、以下では「苑圃地」「薗」「園圃」などの呼称を代表させる場合、資財帳園圃地章の表記を用い、「〈薗〉」と表す。

一方、資財帳には水田章の墾田の部にも杷伎野の施入に関わる記述がある。

上座郡弐拾伍町陸歩　並大宝二年十月廿二日官施入也。薗地卌九町内□〔也ヵ〕。寺家所ㇾ墾。並下田也。

大宝二年十月に施入されたこの「墾田」は、四九町の「薗地」、すなわち杷伎野に包含されている。この記述を信じれば、大宝三〜四年の杷伎野の施入に先行して、その半ば以上の土地が「墾田」として官施入されていたことになる。しかし、こうした経緯は他の史料で裏付けられないし、大宝二年に施入された所領が翌年により広範囲の〈薗〉として施入されるのも不自然にみえる。また、「墾田」が先行して存在していたとすれば、大宝四年大宰府移でまったく言及されないというのも考えにくい。全体として、大宝二年の「墾田」の施入は疑わしいという印象を受けるのである。ここで項を改め、この点について掘り下げてみたい。

2　「墾田」施入の事実性

二五町の杷伎野の「墾田」に関する資財帳の記載において、各地片に固有名辞や坪付が附されていることをみると、これらの土地が延喜年間までのある段階で水田化していたのは確からしい。十世紀末の相論文書に把岐荘の「荘田」や、そこからの田租・地子米・「官灯分稲」の徴収などがみえるように、これらの水田は十世紀を通じて存在したようである。さらに、『続日本紀』神護景雲二年（七六八）九月辛巳条に杷伎野に所在したと思しい「見開田」がみえる（本章第三節第一項参照）ことから、杷伎野の水田は八世紀中葉にまで確実にさかのぼる。直接的な史料を欠くものの、その一部が八世紀初頭にさかのぼることも十分に想定できよう。実態として、八世紀初頭の杷伎野には水田が存在した可能性がかなり高いのである。しかし、この想定は大宝年間の「墾田」施入への疑念を払拭する材料とはなりえない。[15]

八世紀の初頭において、寺院は田令に規定された地目である「寺田」[16]（以下、「寺田」は田令に明文化された地目を指す）以外の「田」の所有を公的に認められていなかった。大宝年間に杷伎野に「墾田」が施入されたとすれば、それは必ず「寺田」に含まれた筈である。第一章の検討によれば、「寺田」は前代から連綿と経営されてきた寺領の一角に後次的に設定された、法制的・理念的色彩を強くもつ地目であった。したがって、寺領内の既熟田がすべて「寺田」とされたわけではないし、場合によっては「寺田」の実態が水田ではないことすらありえた。実態としての水田の存在は、法的地目としての「寺田」の設定と決して等置されない。故に、景観としての水田の存在は「墾田」の存在を保証しないのである。

一方、「墾田」が「寺田」に含まれていたということは、八世紀初頭における観世音寺の「寺田」の内訳を確定することで、杷伎野の「墾田」の実在性を検証しうることも意味する。そこで、以下に掲げた大宝四年縁起が抄出する文書を素材として、この時期の観世音寺田について検討してみたい。

筑前国観世音寺
　田卌町御笠郡
　　和銅二年歳次己酉十月廿五日（以下、署名略）

この記載は、四〇町の「寺田」が御笠郡に設定されていたことを示しているようにみえるが、これのみでは正確な意味を知ることができない。そこで、この文書を深い関連を有する弘福寺水陸田目録[17]や、資財帳の記載との関連を考えてみたい。

弘福寺水陸田目録は、弘福寺の「寺田」を国郡ごとに書きあげた文書である。

弘福寺①川原②
　田③壱伯伍拾捌町肆段壱伯弐拾壱歩
　陸田肆拾玖町柒段参歩
大倭国④　広瀬郡　大豆村　田⑤⑥弐拾町玖段弐拾壱歩
　　　　　山辺郡　石上村　田弐拾捌町肆段壱伯肆拾陸歩
（中略）
讃岐国　山田郡　田弐拾町
　和銅二年歳次己酉十月廿五日（署名略）

この文書の本文は、①寺院名、②寺院の所在地・別称、③「寺田」の地積の総計、④「寺田」の所在地、⑤「寺田」の種別（「田」「陸田」）、⑥「寺田」の地積、という要素からなる。内容や日付、署名などが共通することから、これと大宝四年縁起が抄出する文書（のオリジナル）は同時に作成された文書であった[18]。先学が指摘するように、その文書とは「寺田」の所在・地積を確定する内容を備える「田記」であり[19]、観世音寺と弘福寺に残された文書はその写しとしてとらえられる[20]。以下、行論の都合上、大宝四年縁起が引用した和銅二年十月二十五日付の文書を、「観世音寺田記案」（「田記案」）と称す[21]。

観世音寺田記案と弘福寺水陸田目録は、中央で統一的に作成されたにもかかわらず、内容や様式が合わない点もある。七ヶ国に分布する弘福寺の「寺田」を網羅する弘福寺水陸田目録に対して、観世音寺田記案は「御笠郡」と注記された地積を記すのみである。また、弘福寺水陸田目録には各所の「寺田」が④所在地→⑤種別→⑥地積という順で記されているが、観世音寺田記案では⑤種別→⑥地積→④所在地という順序がとられているようにみえる。

観世音寺田記案の記載は、資財帳とも食い違っている。資財帳における御笠郡の「田」は、筑前国大目佐伯連春継が寄進した五町余の「墾田」のみである。春継がこれとともに寄進した一切経が元慶元年（八七七）に帳に附された（資財帳仏経章）ことからみて、「墾田」の施入も九世紀の後半とみてよい。すると、田記案にみえる御笠郡の「田」が資財帳に存在しないことになってしまう。一方、資財帳には八世紀初頭から存在した複数国にわたる「田」がみえる（表3参照）が、これらは田記案にあらわれないのである。

こうした齟齬を解決する鍵は、坂上康俊の所論[22]にある。坂上は、田記案で「田卌町」に附された「御笠郡」という注記を、寺院の所在地ととらえる。本来は一行目「筑前国観世音寺」の末尾に附されるべきだった「御笠郡」が、書写段階の錯誤などによって次行末に竄入したという想定である。これによると、田記案は①寺院名（「観世音寺」）、②寺院の所在地（「御笠郡」）、③「寺田」の総計（「田卌町」）という要素からなり、弘福寺水陸田目録には存在した「寺田」の内訳（④〜⑥）が脱落していることになる。このように解釈することで、弘福寺水陸田目録との記載順序の相違や、資財帳との不整合は解消される。

ただし、坂上が「田卌町」を「上座郡の水田二五町（大宝二年施入）と三原郡以下三郡の墾田一六町を合計した概数」とした点は疑問である。「上座郡の水田」とは杷伎野の「墾田」であり、「三原郡以下三郡の墾田」は資財帳にみ

園圃地	山	封　戸	施入情報 (『新抄格勅符抄』大同元年牒による)
			和銅4年10月25日/符旨施入
			大宝2年10月22日/官施入/薗地49町内
杷伎野49町			大宝3年10月20日/官符施納
			和銅4年10月25日/符旨施入
			筑前国大目正六位上佐伯連春継の施入/「新附五町」
	大野城山		
	加夜郷蠅野林		大宝3年10月20日/官所納
	山鹿林東山		大宝3年10月20日/官所施入
			和銅4年10月25日/符旨施入
		碓井郷50烟	(丙戌年＝朱鳥元施入)
		金成郷50烟	(丙戌年＝朱鳥元施入)
			和銅2年10月20日/符旨所施入
			和銅2年10月20日/符旨所施入
		大石郷50烟	(丙戌年＝朱鳥元施入)
		山北郷50烟	(丙戌年＝朱鳥元施入)
			和銅2年10月20日/符旨所施入
加駄野			大宝3年10月20日/官施入

表3　資財帳にみえる観世音寺の所領

国	郡	荘所	熟田			墾田		
			町	段	歩	町	段	歩
筑前	那珂			3	130			
	上座	把伎荘						
						25	0	6
	穂浪		6	0	0			
						8	1	268
	御笠					5	3	150
	志摩							
	遠賀							
	嘉麻	長尾荘						
			6	4	0			
						4	8	86
	鞍手							
筑後	三原		8	0	0			
	生葉	生葉荘						
			4	0	0			
	竹野		4	0	0			
	御井							
肥前	基肄		3	0	0			
	三根		3	0	0			
	神埼		6	0	0			
			40	3	136*	43	3	150

＊「熟田」の総計は国別の数値をもとにしているため、郡ごとの地積の総計と一致しない。

える筑後国三原郡・生葉郡・竹野郡の「熟田」であろう。坂上は、これらが資財帳で大宝四年以前の施入とされていることを根拠として、「寺田」の内訳に比定したと思われる。しかし、上述のように杷伎野の「墾田」が大宝二年に施入されたことは疑わしく、確実な前提としては採用できない。

ここで虚心に資財帳を見渡すと、「熟田」と称するカテゴリーの総計が四〇町三段余であることが目にとまる。資財帳において、田記案の示す地積と近似する集合が存在することは、はたして偶然であろうか。弘福寺でも田記によって確定された地積が、平安期まで一定の規範性をともなって維持され続けた[23]ことを考慮すると、観世音寺でも田記に記録された地積が十世紀にまで「熟田」として保持されていた可能性はかなり高いように思う。

一方で、「熟田」を田記案の「寺田」とみなすには障壁がある。資財帳の「熟田」の施入年月日を確認すると、筑後国のものは「太政官和同〔銅〕二年十月廿日符旨施入」（ⅰ）であり、筑前国のものは「依二太政官和同〔銅〕四年十月廿五日符旨一施入」（ⅱ）である。後者は田記案の作成以降の日付であるため、矛盾が生じてしまうのである。

これを解消するために着目したいのが、（ⅰ）（ⅱ）の記載と田記案の年紀の関係である。（ⅰ）の記載は、日付がほぼ一致することから、田記案を大元の情報源としたことが想定される。田記案は太政官符の形式をとっていないが、太政官の関わった文書という点において「符旨」ともいえる。日付が五日ずれるのは、誤記と考えて差し支えあるまい[24]。

（ⅱ）は、年次が異なるものの月日は田記案と完全に一致する。（ⅰ）にも日付の誤記が想定されることを考慮すると、ここで「二」を「四」とする誤写がなされたとしても不自然でないように思う。他方、田記案の発給から二年後に「寺田」に関する太政官符が出されたことは想定しにくい。（ⅱ）はある時点で年紀を誤ってしまっており、「和銅二年四月廿五日」が本来の表記だったと考えられる。

以上の推定によれば、資財帳の「熟田」を本来的な観世音寺田とみなすことに妨げはなくなる。資財帳の「熟田」こそ、八世紀初頭の段階の「寺田」だったのである。そうすると、「熟田」の範疇に入らない杷伎野の「墾田」は「寺田」には含まれないことになり、大宝年間の施入が事実でないことがほぼ確定される。ここに、大宝年間に実際に施入されたのが〈薗〉だけであったことが明らかになった。

二　大宝年間の施入の特徴

1　〈薗〉としての施入

本章では、施入の特性や史的位置づけを考察することで大宝年間の施入が有した意義を総合的に明らかにし、八世紀における杷伎野の変化を規制することになる条件を提示する。まず、杷伎野の景観上の特質や法的な位置づけに着目しながら、〈薗〉としての施入がもつ特徴について考察していこう。

杷伎野の景観に関してまず想起されるのが「苑圃地」「薗」「園圃」などの表記に代表されるハタケとしての利用である。その具体相は、平安期の相論に関わる史料にあらわれている。寛治二年、「中島地」をめぐって、観世音寺と「大府贄人」を称する松永法師の間で係争が起こった[25]。事の起こりは、中島地を宇野御厨に属する土地とみる松永が、観世音寺の支配を妨害したことにあった。観世音寺は中島地が把岐荘の一部だと主張し、宇野御厨別当藤原頼行に訴えて松永法師の行為を止める一方で、大宰府にも裁定を求めた。観世音寺・松永の両者が提出した文書に即して審議がなされた結果、松永の提出した公験が不分明であることから観世音寺による中島地の領有が確認された。

観世音寺と松永が中島地の領有を争った背景には、筑後川の流路の変化があった。松永が中島地の南限として「古川来相前」、北限として「大川」をあげるように、同地は筑後川の旧流路（「古川」）と現流路（「大川」）に挟まれた地域である。松永は、「各国大河為レ限」という理屈で、当時の筑後川の南側にある中島地を筑後国生葉郡とみて介入を強めた。しかし、旧流路の北側に位置していた中島地は、本来的には北岸の筑前国に属していた筈である。松永の論理には明らかに無理があったといえる。

この紛擾の過程で両者の係争地は「桑垣」と称され、松永は観世音寺に「所在桑・麻・作畠地子」の弁済を求めた。

「作畠地子」が「麦地子」と言い換えられていることから、「畠」は麦のハタケだったとみられる。杷伎野の一部である中島地には、桑・麻・麦などのハタケが広がっていたのである。これは十一世紀の姿であるが、八世紀の杷伎野にも同様の実態があったと想定できる。

杷伎野では、ハタケ以外の土地利用も想定できる。大宝四年大宰府移で杷伎野は「荒野」と呼ばれている。「荒野」は、田令29荒廃条古記に「荒地、謂未熟荒野之地。先熟荒廃者非」とあるように、「未熟」の語と結びつく荒蕪地の謂であった。このことから、八世紀初頭の杷伎野には未墾地が含まれていたとみられる。その一部は、開墾予定地ともならない、いわば完全なる山野としての景観をみせていただろう。

さらに、杷伎野に八世紀初頭から一定の規模の水田が存在した（本章第一節第二項）ことを考慮すると、杷伎野はハタケ・非耕地を基本的な構成要素としつつ、水田も含みこむ空間として把握できる。

こうした諸経営を統括していた施設として、資財帳荘所章には「東屋」「東二屋」「西一屋」という少なくとも三棟の有力な建物からなる「把枝（伎）荘」がみえる。こうした中心施設も、八世紀初頭から存在した可能性が高い。

八世紀初頭の杷伎野は未開地・ハタケ・水田で構成される経営体であり、「把伎荘」によって統括されていた。石上英一によると、古代の経営体は耕地（水田・ハタケ）と非耕地（山・野・林等）によって構成され、場合によっては「荘所」「三宅」などの管理施設が付随する[26]。複数の用益地の総体として把握される杷伎野は、こうした古代的経営体の一類型としてとらえられるのである。

八世紀初頭において寺領の多くが同様の複合的な経営で成り立っている[27]ことからすれば、杷伎野は景観上で際だった特色を有してはいない。一方、大宝年間の施入では、未開地・ハタケ・水田といった土地がすべて〈薗〉として把握された。〈薗〉は複合的な経営体である杷伎野を包括する概念とみなしうる。この認定のあり方は、同時期の一般的な寺領などと比較して特殊なあり方を示している。

八世紀初頭に寺領の中核部分は「寺田」として認定されていた。第一章の検討によれば、「寺田」は一定の広がりをもつ寺領の一角に政治的に設定された一区画であり、寺領を包摂するような集合ではなかった。〈薗〉と杷伎野の関係は、こうした寺領と「寺田」の関係と大きく異なっている。

観世音寺の〈薗〉に類する地目としては、天平十九年（七四七）二月十一日法隆寺伽藍縁起幷流記資財帳にみえる近江国栗太郡・大倭国平群郡・河内国渋川郡・同和泉郡・播磨国揖保郡の「薗地」(28)や、同日大安寺伽藍縁起幷流記資財帳が載せる平城京内と山背国相楽郡の「薗地」(29)などがある。このうち、法隆寺の「薗地」は同所に「水田」「山林」「池」などが併存している。この「薗地」は、複合的な経営体の一角をなすハタケであり、様々な経営を包括する杷伎野とは異なったあり方をみせている。大安寺の「薗地」は、京内と交易拠点である泉木屋周辺に所在する小耕地である。これらも、複合的な経営体を包括する杷伎野とは存在形態が異なる。類似した用語が用いられていても、法隆寺・大安寺の「薗地」の様相は、杷伎野のそれとは一致しないのである。

以上の例のように、この時期の寺領は地目ごとに公的な認証を受けるのが一般的だった。そうしたなかで、経営体が一括して〈薗〉として把握された杷伎野のあり方は異例だったといえる。

律令制下の法的地目と〈薗〉の関係を考えた時に想起される地目としては、田令15園地条に規定される「園地」がある（以下、「園地」と表記した場合は園地条に規定される地目を指す）。「園地」は法意の上では蔬菜・雑穀から桑漆にいたるあらゆるハタケを包含する地目として設定されており（第Ⅲ部第一章）、杷伎野は一応その範疇に相応しい内容を備えてはいる(30)。しかし、「給₂園地₁者、随₂地多少₁均給」と規定された「園地」は「均給」、すなわち諸階層への公平な班給を建前にした地目であった。対して、杷伎野は隔絶した規模を誇る大土地所有の一形態であり、政府の「均給」によって生じたわけではない。条文の解釈の上で杷伎野を「園地」とみなすことはできないのである(31)。

さらに、「園地」という地目自体にも問題がある。「園地」が実際に諸階層に班給され、文書などによって管理されたという事実が確認できないのである。詳細は第Ⅲ部第一章に譲るが、「園地」を国家が一元的に管理することは、園地条を制定する段階から意図されていなかった可能性が高い。換言すれば、「園地」は法制上の概念にすぎなかったのであり、これによって杷伎野の法的位置づけを語ることは根本的に誤りなのである。

　その他の個別の法令にも杷伎野を法的に位置づけるものはみあたらず、結局のところ杷伎野は法的に不明確な位置づけにあった[32]。杷伎野は複合的な経営体を包括するという特殊な形で、しかも法的な位置づけを不明確にしたままで〈薗〉として認定されていたことになる。杷伎野は政府による施入を経た正式な寺領であったが、その認定のあり方は最も正統な認定を経た「寺田」とは大きく異なっていた。杷伎野は、「寺田」と無認可の寺領の、いわば中間的存在として位置づけられるのである。

2　来歴からみた位置づけ

　本項では、七世紀中葉から八世紀初頭にかけての歴史を辿りながら、大宝年間の施入の史的位置づけについて考察していく。その始点となるのは、康和三年（一一〇一）三月十六日大宰府政所下文[33]が引く同月十五日観世音寺解の一節である。

　謹案二旧記一、（a）件御荘《把岐荘》者、木呂殿東之山下、以二本願天皇御遊荒野一、所レ被二寄進一之根本御荘也。（b）因レ之、四至内水田等、併以二大宝年中一所レ被二施入一也。

　康和三年観世音寺解は、府国使の把岐荘への入勘を停止するよう求めた文書である。ここで観世音寺は、把岐荘が「本願天皇」（天智）の「御遊荒野」としての由緒をもつという「旧記」をもとに、領有の正当性を主張している。引用部bにみえる大宝年間の施入は、資財帳や大宝四年大宰府移の内容と一致するし、「四至内水田」は資財帳にみえる杷伎野の「墾田」に関する記述に対応する。全体として、引用部bの記述は資財帳の情報（ないしそれに近い情報）

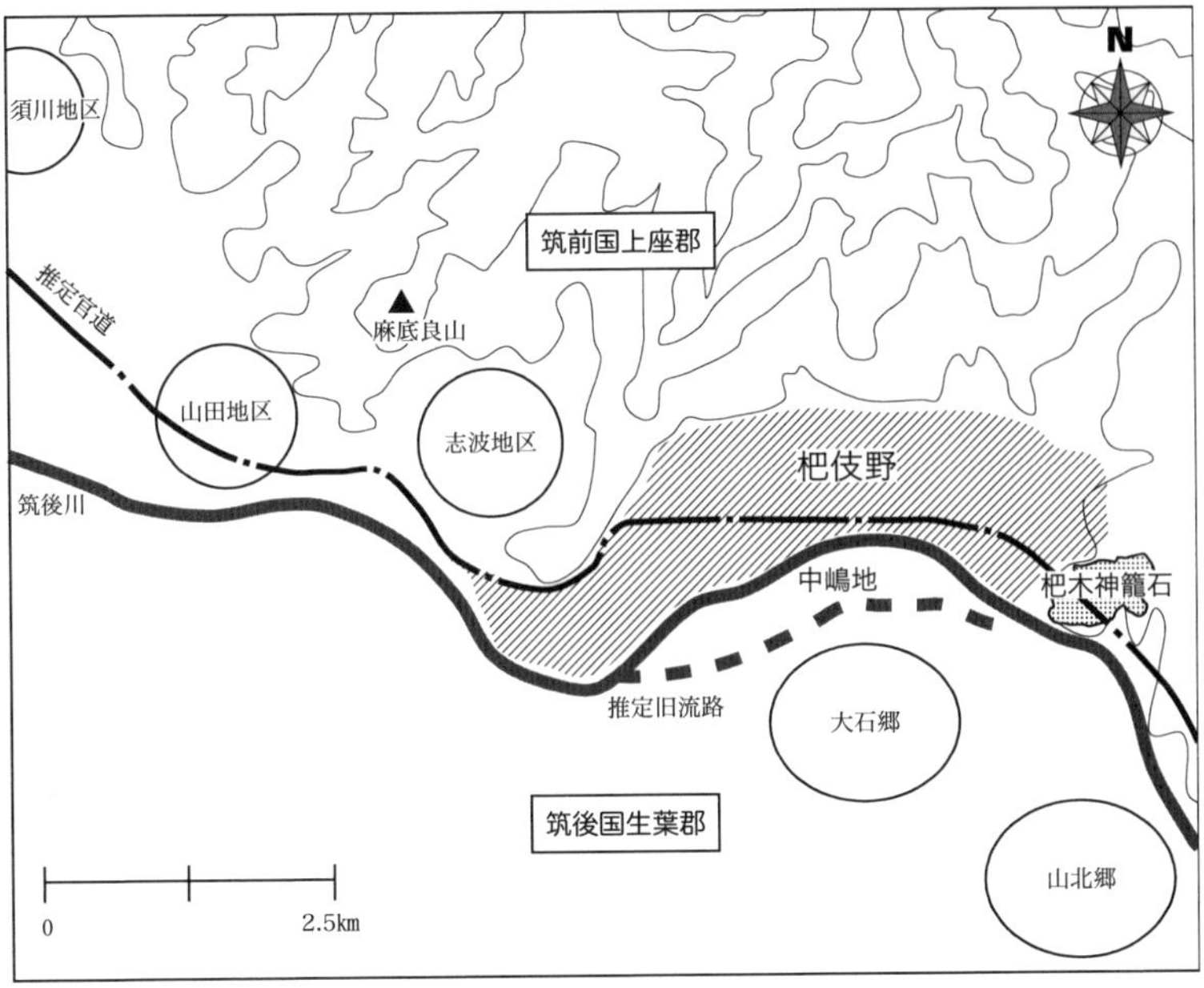

※須川・山田・志波の各地区は、朝倉宮の推定地。
※官道の推定は日野尚志註 28 論文による。

図 4 杷伎野周辺要図

によって作文したとみなしうる。一方の引用部aには、杷伎野が「本願天皇」の「御遊荒野」（遊猟地）だったとある。「荒野」という表現は資財帳には記述がなく、引用部aはそれ以外の情報によって述作されたことが推測される。この一見荒唐無稽な伝承の背景を考える上で無視できないのが、杷伎野の西に位置したという「木呂殿」（「木の丸殿」）[34]である。これは、古くから斉明の住した朝倉橘広庭宮（以下、「朝倉宮」）と同一視されてきた。

斉明六年（六六〇）、鬼室福信らの百済復興運動に呼応した斉明は、多くの王族らとともに翌年三月に筑紫の那津に到着し、五月には朝倉宮に遷居した[35]。朝倉宮の故地については、近世以来、朝倉市須川地区付近が有力視されてきた[36]。須川地区の長安寺地籍からは、八世紀にさかのぼる寺院跡が発掘されている。「長安寺」が「朝《あさ》闇寺《くらでら》」の音の転訛とされていることは、この寺院の所在地が八世紀のアサクラ地域の中心部に近かったことを示唆する。近年では、同市山田地区や志波地区でも大型建物が発見され、朝倉宮の有力な比定地となっている[37]。これらの地区はいずれも杷伎野の西であり、康和三年観世音寺解の記述にも一致する[38]。朝倉宮自体は間もなく斉明が崩じてしまったために短期間しか政権の中枢は置かれなかったが、康和三年観世音寺解の内容はこの朝倉宮と杷伎野の関係を強く示唆している[39]。以下では、杷伎野を含む杷木地域一帯と朝倉宮の関係について考えてみたい。

杷木地域は博多湾から豊後方面に至る要路上にあたり、把伎駅家が設置された地でもあった[40]。北に向かえば筑豊地域にもつながり、筑後川沿いに有明海に抜けることもできる至便の地である。藤本頼人は、天永元年（一一一〇）把岐浦住人隆実返状[41]の端裏書にみえる「把岐浦」という表現などから、杷木地域に筑後川の津が存在したと推定する[42]。杷木地域は、陸上・水上交通の結節点にあったといえる。

こうした立地は、必然的に軍事的価値をともなう。豊後と筑前を分ける丘陵帯となっている杷木地域東端部には、石列・土塁や水門状の遺構をともなう杷木神籠石と呼ばれる遺跡が存在する。周知のように、神籠石は七世紀代に築造された朝鮮式山城の一種であり、杷木神籠石は立地からして朝倉宮と一体になって機能する逃げ城的役割を負っていたと推定される。杷木神籠石と朝倉宮に挟まれる杷伎野もまた、朝倉宮と密接な関連を有していた可能性は高い。

さらに、杷伎野を含む筑後川両岸の観世音寺所領群に視野を広げると、田村圓澄の指摘も参考になる。杷伎野の対岸にあたる筑後国生葉郡の大石郷（福岡県うきは市浮羽町高見周辺）・山北郷（同市浮羽町山北周辺）には、朱鳥元年に施入されたという封戸が置かれていた（資財帳封戸章）。田村は、これらの封戸と杷伎野を一体不可分とみなし、この一帯に観世音寺所領が集中する理由を朝倉宮との関係に求めた[43]。生葉郡には他にも「生葉荘」（同荘所章）によって管理される「寺田」（資財帳水田章の「熟田」）が置かれており、こうした寺領・封戸の集中に整合的な説明を与えている点で田村説は説得的である。

杷伎野は、交通の要衝である杷木地域に生葉郡の封戸・「熟田」などと一体性を有しながら設けられた、朝倉宮の関連所領だったと考えられる。康和三年観世音寺解にみえる所伝は、こうした関係を朝倉宮にやってきた王族である中大兄とのつながりに仮託して伝えたものとして位置づけられる。朝倉宮が王宮となった時点で杷伎野が経済基盤として機能していたとすれば、その開発時期はより古い段階にさかのぼることにもなる。杷伎野は、七世紀代ないしそれ以前より存続する複合的な経営体として把握できるのである。

　次に、朝倉宮が機能を停止した時点から大宝年間に観世音寺に施入されるまでの杷伎野のあり方について、公的規制の進展にも留意しながら考えてみたい。

　朝倉宮は斉明の死去と中大兄の飛鳥への帰還を経て、短期間で王族の居所としての意義を喪失してしまった。天智朝になると観世音寺の造営が開始されたが、それから杷伎野が観世音寺に施入される大宝年間までに四〇年近くの空白が生じている。観世音寺が斉明の追善のために営まれた寺院であることを考慮すれば、斉明の居所であった朝倉宮の所領が施入されるのは自然な流れであるが、そうであるならば、なぜ観世音寺の造営の開始とともに施入がなされなかったのであろうか。また、実在性の低い杷伎野の「墾田」を別にすれば、資財帳にみえる観世音寺領として最も古いのは大宝三年十月に施入された杷伎野などである。しかし、天智年間より造営が進められた観世音寺に四〇年もの間、寺封以外の経済基盤が存在しなかったとは考えにくいように思う。

　これらの問題点を解消するために、ここで観世音寺の造営開始と同時期に、杷伎野が観世音寺の経済基盤とされていた可能性を考えてみたい。この仮説にとってまず障壁となるのは、大宝三年の施入が歴史的事実として動かしがたい点である。

　この点に関しては、律令制形成期における寺院への土地の施入が具体的にどのような行為であったのかも考慮する必要がある。大化二年（六四六）三月には「於脱レ籍寺、入二田与レ山」と、前年に作成された「籍」（後述）にもれてしまった寺院に「田」「山」を施入することが指示された(44)。これは、具体的には寺院が旧来より所有していた土地を「籍」

に登録する作業を意味していたと考えられる。[45] ここでの施入は、所領の付与ではなく、追認を指していたのである。この例のように大宝年間の杷伎野の施入が追認であったとすれば、それ以前より杷伎野が観世音寺と関係を結んでいた可能性も十分に想定できる。

次に問題となるのは、七世紀後半における寺領の一般的展開のなかに杷伎野の動向を位置づけうるかどうかである。以下、第一章によりながら概観する。

大化以前に起源をもつ寺領は、ミヤケやタドコロなどといった有力者の経営体と同様に、多様な地目で構成される経営体であった。ところが、孝徳朝には各種の経営体の存立が公的に否定された。そして、寺院の本格的な統制が開始されたこともあり、寺領を「籍」という帳簿に登録する制度が創始された。「籍」には、寺領が「田」「山」といった地目に分類されて載せられていた。これは改新政府の土地管理方式と合致するものであった。天智朝はこうした体制の下にあり、仮に杷伎野が観世音寺の経済基盤に充てられていたとすれば、何らかの地目（「野」などが想定される）として「籍」に登録されていた筈である。

ところが、天武四年（六七五）になるとこの状況は大きく変わる。「親王・諸王、及諸臣幷諸寺等所レ賜、山沢・島浦・林野・陂池、前後並除焉」[46]という詔によって有力者による非耕地の所有が禁止されるなかで、寺院もその対象とされたのである。これによって寺領のうち「野」「山」などを所有する正当性が失われ、政府が公認する寺領は「田」のみに限定されてしまった。杷伎野が天智朝から観世音寺の経済基盤であり、天武朝までに寺領として公認されていたとしても、その効力はここで失われ、公的には寺領ではなくなってしまったことになる。

ただし、法的位置づけがただちに現実の所有関係に影響を与えるわけではない。他の有力者の所領でもそうだったように、杷伎野でも観世音寺による経営は継続されたことだろう。こうして、大宝年間には経営実態があるにもかかわらず、公的な認証が与えられないという状況が現出することになる。これは、大宝年間に施入という手続きがなされて観世音寺の所有を追認する必要が生じる前提として不自然ではない。朝倉宮の所領から観世音寺の経済基盤への連続性を説明できることから、上述の仮説の妥当性は高いといえる。

以上の検討によると、観世音寺と杷伎野の関係が発生したのは造営が開始された天智朝のはじめであり、大宝年間の施入はその追認とみなしうる。従来は大宝年間を杷伎野の成立期ととらえていたが、施入自体は杷伎野の経営における画期とは認められない。大宝年間の杷伎野の施入は、天武年間の政策を受けて無認可の状態に陥ってしまっていた杷伎野を正式な寺領に復帰させる方策として位置づけられるのである。その際に一般的な寺領のように地目単位には分割されずに〈薗〉として認定されたことにより、杷伎野は政府の認証を受けながらも律令制的土地制度には完全には合致しないという特殊な属性を付与されてしまった。こうしたあり方が、後の杷伎野の展開を大きく規制していくことになる。

三　杷伎野の変容

1　『続日本紀』神護景雲二年九月辛巳条の検討

本章では、神護景雲二年に発生した事件を素材として、八世紀を通じて生起した杷伎野の変化について考えていく。次いで、この変化をうながした条件を追跡することで、杷伎野が内包していた問題点と、その解消の方向性を明らかにする。基軸的な史料として取り上げるのは、次の『続日本紀』神護景雲二年九月辛巳条（以下、「辛巳条」）である。

先レ是　勅、如聞、大宰府収二観世音寺墾田一、班二給百姓一。事如有レ実、深乖二道理一。宜下二所由一、研中其根源上。即仰二大宰一、捜二求旧記一。至二是日一奉　レ勅、班二百姓一見開田十二町四段捨二入寺家一、園地卅六町六段依レ旧為二公地一。

ここにみえる「見開田」と「園地」の地積は合計すると四九町であり、資財帳にみえる杷伎野の地積と完全に一致する。この事実に注目した梅田康夫は、「見開田」「園地」を含む観世音寺領を杷伎野に比定した[47]。地積の一致に加え、資財帳にみえる杷伎野以外の地籍がすべて一二町（「見開田」の地積）にも満たないことも考慮すれば、梅田の想定の蓋然性はきわめて高い。

ここで、事態を整理するために、便宜的に大宰府による「墾田」の班給がなされる以前（A）、農民に「墾田」が班給されてから観世音寺に改給される神護景雲二年までの間（B）、神護景雲二年以降（C）、という三つの時期に分けて考察する。

農民に班給される以前、杷伎野の一部は「観世音寺墾田」だった。八世紀初頭には存在しなかった「墾田」が、Aのある時点から出現しているのである。そこでAは、杷伎野に「墾田」が存在しない時期（A1）、杷伎野に「墾田」が出現してからそれが農民に班給されるまで（A2）、という二期に細分される。

これらの時期の杷伎野の状況を知るもう一つの手がかりは、神護景雲二年の措置で「園地」が「旧に依り」「公地」とされたことである。「旧」とはAの時期であり、神護景雲二年の措置はそこへの回帰を主眼としていたとみるのが自然である。つまり、Aの時期には杷伎野の一部は「公地」という状況にあったと考えられるのである。

Bは、大宰府が「墾田」を収公し、百姓に口分田として班給してしまった時期にあたる。農民に班給されたのは「墾田」の一部であり、これによって杷伎野の秩序は大きく動揺したとみられる。この事態を受けた観世音寺は、おそらく政府に「墾田」の返還を訴え、政府は大宰府に「旧記」の調査を命じた。

神護景雲二年に至り、杷伎野は「見開田」「園地」に分けられ、「見開田」はすべて寺家の所領に復帰した。この措置は、神護慶雲元年から翌年にかけての班田[48]にともなってなされたと推定できる。土地の勘定が杷伎野の全域にわたったのは、Bの時期に生じた混乱を収拾するためであろう。ここで「見開田」がいかなる名目とされたかは明言されていないが、「墾田」として施入された可能性が最も高い。他方の「園地」は、「見開田」として認められなかった杷伎野内の土地である。「旧に依り公地とす」という状況がどのようなものであったかは、ここではひとまず措く。資財帳によると、延喜年間の杷伎野内の「墾田」は二五町余となっている。神護景雲二年の「見開田」（=「墾田」）は一二町余であったが、その後に地積が倍増したことになる。大宝年間以降のある時点で出現した「墾田」は、神護景雲頃の混乱を経て、その後も順調にその地積を増していったことになる。これは、八世紀の杷伎野における大きな変化としてとらえることができる。

一方、資財帳では「園地」の分も杷伎野の地積の内に計上されている。つまり、神護景雲二年に「公地」とされたにもかかわらず、「園地」が寺領から離脱したわけではなかったのである。ここで疑問となるのが、「公地」の具体的な内容である。杷伎野の一部は、少なくともAとCの時期に「公地」としての性格を有していたことになる。その一方で、これらの時期において杷伎野が観世音寺領であったことは動かない。したがって、杷伎野の一部は、長期間にわたって観世音寺領かつ「公地」という状態にあったことになるのである。「公地」が寺領と明確に区別されている事例があること[49]を考慮すると、「公地」かつ寺領というのは聊か奇妙にも思える。八世紀における杷伎野の状況を知るためには、これを矛盾なく説明しなければならないだろう[50]。ここではその足がかりとして、辛巳条にみえる「公地」の語義を追究してみたい。

「公地」は、「公地公民制」に代表されるように、公有化された国土を漠然と指す学術用語として長く用いられてきた。吉村武彦は、「公地」が農民の農桑地や山野などからなり、私財田や寺領とは明確な境界線をもっていたことを論じ、辛巳条の「公地」も同様の土地であるとした[51]。

この定義は、律令制下の土地制度の特徴を分析する視角としては有効であるが、実証のレヴェルではすでにいくつかの疑義も呈されている[52]。最も問題なのは、「公地」という法制上の概念が一意であることを暗黙の前提としている点である。このことは、史料にみえる「公地」の語義の多様性を捨象してしまう危険性を孕んでいる。

まず、辛巳条の「公地」が、吉村のいうように農民のハタケと解釈しうるか検討する[53]。吉村が「公地」を農民農桑地と解する根拠とした史料としては、田令28為水侵食条「凡田、為レ水侵食、不レ依二旧派一、新出之地、先給二被レ侵之家一」の傍線部に附された、『令集解』跡記がある。

跡云。①新出、謂被レ損之田相代出地。②但至二他所一而新出所者、皆公地耳。③凡新出之地、不レ尽レ労而安得二佃食一者、則成二口分一耳。尽二強力一而開墾者、是私治田耳。（下略）

吉村は、②から「新出之地」が「公地」としての側面をもつとし、③より容易に開墾できる「新出之地」は口分田になるとする。さらに、この二つの解釈を総合することで、「新出之地」を媒介にして「公地」と「口分田」が結ばれるという構図を描き、「潜在的なレベルでは口分田は公地と認識された」と結論づけるのである。

しかし、ここで無視すべきでないのが②と③が異なる話題なことである。②は、穴記の「新出地、謂一郡之内所レ出也。隔越者随レ故耳」という解説と同じ内容であり、「他所」すなわち一郡を越えて新出地が現れた場合は「被侵之家」に給されないという法意を確認している。これは、唐令に「別縣界新出」の場合の規定が存在することを念頭に置いたものと考えられる[54]。「公地」は他所の「被侵之家」には給されない土地の謂であろう。むしろこれは、共利化されるべき土地、ないし乗田として扱われると解すべきである。

一方、③は「被侵之家」に「新出之地」を給した場合の議論である。口分田の代替として与えられた「新出之地」が簡単に開墾できる場合はもとのまま口分田とし、開墾に強力を費やす場合には墾田とすべきとの解釈である。穴記でも「問、何為墾田給二口分一哉。答、新出之地、負二公水一者、皆為二口分一。雖二新出地一、私開二井溝一造食者、為二墾田一也」と、新開田が口分田とされることへの疑問に端を発して同様の議論が展開されている。これは、延喜民部上式135公水条へとつながる法解釈である。

このように、穴記において「公地」に関する議論と口分田の話題は切り離されており、吉村のように両者を結合するのは正しくない。この史料によって、「公地」を農民の農桑地、ましてや口分田と解するわけにはいかないのである。

吉村が、農民の農桑地としての「公地」を指す例としてあげたもう一つの史料は、次の嘉祥三年（八五〇）十二月十日新島荘長家部財麿解（以下、「嘉祥三年新島荘長解[55]」）である。

（前略）新島荘長家部財麿解　申進㆓荘地中在公地勘住〔注〕㆒事

合圃弐町百八十歩

十六条十二桑原里七坪一段（中略）

右、件荘地中在公地、勘住〔注〕進上如㆑件。以解。

嘉祥三年十二月十日　荘長家部財万呂（下略）

この「公地」は、阿波国新島荘[56]において荘内での地子徴収を進める東大寺の動き[57]のなかで勘出された土地である。この「公地」の解釈としては、農民に班給されてしまった口分田を指すとする説[58]と、租が課される寺領内の土地を指すとする説[59]がある。前者の説が正しければ吉村の想定が成り立つようにも思えるが、ことはそう単純ではない。これに関連すると考えられるのが、年欠新島荘坪付注文[60]で宝亀四年図と弘仁三年図における「被輸公」の坪付が勘出されていることである。「公地」の勘出とはこれと同一の性格をもっており、ここでの「公地」とは「被輸公」、つまり輸租地を意味する。「公地」が仮に農民の口分田（阿波国では陸田が班給された[61]）を意味したとしても、それは農民の保有地ゆえにではなく、「輸公」であるがために「公地」と称されたと考えられるのである。したがって、ここで農民の口分田が「公地」と呼ばれていても、農民の農桑地が一般的に「公地」としての属性をもっていたことの証明とはなりえない。

以上のように、農民の農桑地が「公地」であるという見解は成立しえず、辛巳条の「公地」も農民の保有地とは考えがたい。

寺領との関係については、嘉祥三年新島荘長解で「荘地中在公地」と述べられているように、寺領内に「公地」が出現する場合もある。吉村は寺領と「公地」が常に泰然と区別されることを述べているが、「公地」の用法によっては必ずしもそうとはいえない。辛巳条の素直な解釈、すなわち「公地」が寺地内に存在するという解釈を、「公地」の一般的傾向を楯にして否定することは不可能なのである[62]。

さて、「公地」を農民の保有地とみなすのが無理であるとすれば、神護景雲二年の「公地」はいかに解釈すべきか。ここで注目されるのが、為水侵食条跡記で、「公地」が共利化された土地を指した点である。これと同様の意で用いられた例が、次の『日本三代実録』元慶五年八月二十三日条である。

勅、以㆓山城国葛野郡一条大山田地卅六町㆒、為㆓大覚寺地㆒。其四履、東至朝原山、西至観空寺并栖霞観東路、北至山嶺。自餘山野入㆓嵯峨院四至㆒者、皆為㆓公地㆒。若有㆘称㆓空閑㆒申請者㆖、一切不レ得㆓勅許㆒。但樵蘇之輩、不レ在㆓制限㆒。

ここでは、旧嵯峨院のうち大覚寺地とならなかった部分が「公地」とされている。そこでは一者の独占的利用が排除される一方で、樵夫らの小規模利用は否定されなかった。これは、「山川藪沢之利、公私共之」と雑令9国内条に規定された山野そのものである。「公地」には、山野などの共利性を属性とする空間を指す用法があったのである。

では、こうした共利化された土地が寺領の内部に生じることはありうるのだろうか。この疑問を解消する方途は、寺院・貴族・豪族らによる山野の占有を禁じた延暦十七年（七九八）十二月八日太政官符[63]のなかの「墾田地者、未開之間、所レ有草木亦令㆓共採㆒」という一文にあるように思われる。ここでは、寺家を含む有力者が囲い込んだ未墾地について、未開状態では共利であることが強調されている。つまり、寺家の占める土地のなかにも、共利化される土地はありえたのである。翻って、八世紀の杷伎野には未墾地・非耕地も多分に含まれていた。辛巳条は、そうした土地が共利化されていること（=「公地」）を改めて確認する内容だったのではないか。「公地」という表現によって意味がかえってとりにくくなってしまっているが、ここで真に意図されていたのは、「見開田」を除く杷伎野の土地が共利状態にあることが確認された、ということだったのである。

以上の解釈をもとに、辛巳条にみえる八世紀の杷伎野の状況をまとめる。〈薗〉として施入された杷伎野の内部には、一方で共利化された空間が併存していた。そこでは、周辺の農民による土地の利用が継続的になされていた。やがて、杷伎野の一部は「田」の一種である「墾田」として認定されていった。ところが、おそらくは共利の慣行を梃として農民による土地利用が深化したことを背景に、ある時点で杷伎野内の土地は農民に口分田として班給されてしまった。寺家はその恢復を太政官に訴え、神護景雲元～二年の班田に際して調査がなされた。その結果、当時の「見開田」はすべて「墾田」として認定され、それ以外の土地は旧来の通り共利の状態（「公地」）に置かれることが宣言された。その後、「墾田」として認められた範囲は拡大し、延喜年間の資財帳にみえる杷伎野の姿が成立したのである。

2　杷伎野の変容とその動因

前項の検討で判明した杷伎野の最大の変化は、「墾田」の増加であった。八世紀初頭には存在しなかった「墾田」がある時期に出現し、神護景雲二年には一二町余、そして資財帳の段階では二五町を数えるまでになる。本項では、〈薗〉としての施入のあり方や、杷伎野内の共利化された土地との関連にも留意しながら、この変化の動因となった事情について明らかにしていきたい。

田令では、大宝令・養老令ともに一般的な開墾田に関する規定が欠落していた[64]。これは、律令田制が新規の開墾田を把握するシステムを本来的には有していなかったことを意味する。八世紀初頭の杷伎野に「墾田」なる名目の土地が存在しなかったことは、この事実とも整合する。

開墾田の所有を保障する法の濫觴となったのは、和銅四年十二月詔[65]である。「親王已下及豪強之家」の山野占有を禁断した上で、「但有下応レ墾二開空地一者上、宜下経二国司一、然後聴中官処分上。」と、空地の占定を申請する手続きが定められたのである。ここで開墾予定地を登録するシステムがはじめて組み上げられ、公的な地目としての「墾田」が出現する素地が形成されたことになる（第Ⅰ部第一章）。これ以降、養老七年（七二三）の三世一身法、天平十五年の墾田永年私財法を経て、開墾田・開墾予定地を吸収しうる「墾田」という法的地目が確立していった。

ただし、天平十八年五月に「禁下諸寺競買二百姓墾田及園地一、永為中寺地上」(66)と、田令26官人百姓条の法意を援用して寺院の「墾田」買得を禁じているところをみると、「墾田」の整備がただちに寺家の大規模な「墾田」取得につながったわけではなかった。むしろ、天平勝宝元年（七四九）七月十四日付の太政官符(67)によって諸寺に大規模な「墾田」の所有を認めたことが、寺院の「墾田」所有の上では決定的に重要だったと考えられる(68)。この時に観世音寺にも五〇〇町という規模の「墾田」を所有することが認められている。ここに至り、観世音寺を含む有力な寺院が「墾田」を所有しうる基盤が整ったといえよう。

こうした墾田法の整備が杷伎野における「墾田」の増加の基礎的な条件であったことは疑いない。同時期に進展した田図の整備や条里呼称の全国的な設定といった土地支配の緻密化とも相まって、杷伎野の「墾田」化は進展していったと考えられる。一方で、古代社会において、制度や支配体制の整備とその普及は必ずしも一致しない。杷伎野のいかなる事情が「墾田」の増加と結びついていったか、以下で考えてみたい。

まず、「墾田」の整備が寺院の所有地にとってどのような意味を有したかみておこう。先にふれたように、八世紀初頭には実際の寺領の範囲と設定された「寺田」の間に一定の乖離がみられ、寺領の内部には「寺田」として認められていない空間が多く存在していた。政府は両者の一致を模索すべく寺領に対して圧迫を加えた(69)が、十全な成果をあげられなかった。この段階での「寺田」は特別な事由が発生しない限り田積を変更しないという、固定的・硬直的な性格を有しており、寺領の実際の変化に対応しえなかったのである。ところが、「墾田」が公的な地種である「田」の一種として確立して、田制に弾力性が生じたことにより、「寺田」に含みこまれなかった寺領が新たに「田」の列に加わる可能性が生じた。

観世音寺による杷伎野の領有は、曲がりなりにも公的に認められていた。しかし、それは旧来の経営体をそのまま〈薗〉として追認するという特殊なものであり、法文による明確な裏付けも有していなかった。むろん、公的な認証をまったく経ていない寺領よりは条件はよかっただろうが、律令制的土地制度に完全には合致しない杷伎野をめぐって、寺家と政府・大宰府などの間で軋轢が生じていたことは想像に難くない。ある時点で収公されて口分田として農民に分配されてしまっていることは、杷伎野が公権力との関係において必ずしも安定的な支配を行いえなかったことの証左であろう。こうした状況は、政府による保障が内在する「墾田」へと寺領を転換する動因として有力である。

杷伎野のもう一つの問題点は、前節でみたように、共利化された部分が存在することであった。広大な土地を囲い込む寺領の内部では、周辺農民の小規模な経営も展開していたと考えられるのである。公的な認定を得ていたにもかかわらず、杷伎野では寺家以外の主体による利用が完全には抑止しえなかったことになる。ところが、神護景雲二年の措置で、「見開田」は「墾田」として認定され、共利的空間（「公地」）を脱しえた。政府・国などとの関係において強い権利が内在し、伝統的に続けられてきた共利の慣行にも優先する「墾田」への転換は、寺領支配を強める上で欠かせないプロセスだったことがうかがわれる。このことも、杷伎野における「墾田」の増加を必然的にもたらした一因だったといえよう。

杷伎野では八世紀前半頃のある時点で、大宝年間の施入の段階では存在しなかった「墾田」が出現し、その数を増加させていった。その要因としては、〈薗〉という認定のあり方が律令制的土地制度に必ずしも合致しなかったことによる軋轢と、寺領内部での周辺農民の用益の慣行があった。寺家は寺領を「田」の一形態である「墾田」に転換することで、より安定した寺領支配を志向していったと考えられるのである。その意味で、「墾田」はより強固な経営を進めようとする寺家の思惑によって出現し、増殖していったと考えられるのである。

結　寺領の歴史的展開

本章では、七～八世紀における観世音寺領杷伎野を廻る状況の推移を辿ってきた。最後に、杷伎野から得られた知見を拡張して、寺領、さらには大土地経営一般の歴史的展開について考えてみたい。

まず、対照事例として八世紀初頭から中葉の大和国弘福寺の讃岐国山田郡所領の動向を取り上げている。山田郡所領は、少なくとも八世紀初頭にさかのぼる所領で、二〇町の「寺田」が置かれていた（弘福寺水陸田目録）。北地区と南地区に分かれる現地の様相は、天平七年に原図が作成された讃岐国山田郡田図（以下、本章では「田図」）によって確認することができる。その記載によると、ある程度の広がりをもった寺領の内部に、「寺田」が散在的に存在し、その間隙を埋めるように「今墾田」「畠」が存在していた。以下、田図の記載を地区ごとに子細にみてみる。[70]

南地区の記載としては、「寺田」と「畠」などがある（107頁の図3参照）。田図の集計部の記載によると「畠」は、①水田を実態とすると推定される「田墾得」、②経営施設の敷地である「三宅之内」、③実態としてのハタケを主体とする「見畠」、④非耕地に近い「悪」の四種の土地からなる。寺領として囲い込まれた部分のうち「寺田」とは認定されなかった種々の土地が、「畠」として計上されている様子が看取される。

北地区は、「寺田」「今墾田」「壟」で構成される（106頁の図2参照）。「今墾田」には、田図の集計部で計上されているもの（以下、「今墾田」A）と、田図本体に着彩によって表現されているだけのもの（以下、「今墾田」B）の二種がある。「今墾田」Aは田図作成と前後して認定された「墾田」とみなしうるが、「今墾田」Bはより後の段階で設定されており、少なくとも田図の作成段階では正式な「墾田」ではなかった。

この山田郡所領をめぐって、天平宝字年間にはある事件が起きた。寺領内の「検出田」一町四段余が天平宝字五年の班田に際して農民に班給されてしまったのである。(71)その具体的な所在地が天平宝字七年（七六三）十月二十九日の年紀を有する讃岐国山田郡弘福寺田内校出田注文（以下、「校出田注文(72)」）に記録されている。ここにみえる坪付と田図の記載を対照すると、問題となった土地は「寺田」とそれ以外の地目（「畠」「今墾田」）が混在する坪に集中していることに気づく。しかも、「寺田」と「今墾田」Aが同居する一坪を除けば、残りはすべて田図作成段階の正式な「田」（「寺田」と「今墾田」A）以外の土地が存在する坪であり、問題とされる土地の地積は各坪の「寺田」以外の部分にほぼ包摂される。こうした点からすると、一度は農民に班給されてしまったこれらの土地の主要部分は寺領内で「寺田」として認定されていなかった部分と判断できる。山田郡所領では、八世紀中葉に「寺田」として認定されなかった土地の支配が激しく動揺したのである。

その後、天平宝字七年前後にこれらの土地は「停二止班給一、為二寺田一畢」という。校出田注文によると、小字地名を附された「田」として勘出され、(73)寺領に復帰したようである。弘福寺が所有する狭義の「寺田」に九世紀に至るまで田積を変更しなかった例がみられることを参考にすると、「寺田とす」とは実質的には「墾田」への編入だった可能性が高い。

以上を整理すると、弘福寺領内の「寺田」以外を主体とする部分で八世紀中葉に寺家の支配を否定される事件が起こり、後にその部分が「墾田」として再認可されたことになる。「寺田」として認定されなかった寺領における経営の動揺と、その後の「墾田」への転換という点で、弘福寺山田郡所領の事例は杷伎野と軌を一にしていたといえる。杷伎野と山田郡所領の非「寺田」部分は、所有主体も地域も異なるが、「寺田」に認定されていないという点では共通している。この二ヵ所で類似の事態が生起していたことは、さらに多くの非「寺田」の寺領でも同様の展開があったことを強く推測させる。本章で検討してきた杷伎野の展開は、他の寺領でも共有されえたのである。そこで前章の検討とあわせて八世紀中葉までの寺領の歴史的展開を整理すると次のようになろう。

寺領の多くは、大化以前に形成された大土地経営体を母体としていた。律令制国家が形成されて一元的な土地支配体制が構築されていくと、寺領の一部は「寺田」という公的な地種として認定された。しかし、当初の「寺田」は寺領の全てを包括する概念ではなく、地積を変更しにくい固定的な存在であったために、実際の経営範囲とは乖離が生じてしまった。両者の統合は、八世紀初頭における国家制度上の課題として残されていくことになる。一方、寺家にとってもこの状況は好ましいものではなかった。「寺田」と寺領の乖離に起因する政府による圧迫が、周辺農民の侵入という慣行とともに、寺領経営を動揺させる原因ともなっていたのである。そこで、「墾田」の所有が認められるようになると、寺家は積極的に寺領を「墾田」に組み替えていった。こうして、律令田制と寺領の乖離は止揚され、「田」の所有にもとづく安定的な寺領経営が可能となった。

ところで、貴族・豪族に支給された位田・職田・功田・賜田・口分田などの「田」も、一度給田されてしまうと特別の事由が発生しない限り地積を変更しないという性格を有していた。律令制の成立とともに貴族・豪族が大化前代から経営してきた大土地経営体の一部もこうした「田」に読み替えられたと考えられるが[74]、その際にも制度と実態の乖離が生じていた可能性が高い。そうだとすると、墾田法の整備にともなって貴族・豪族が拡大させていった「墾田」には、八世紀初頭には「田」として認められなかった経営体内の耕地が含まれていたとみなしうる。寺領の歴史的展開は、大土地経営の全体的な推移と同期した現象だったのである。

このように、八世紀中葉には国家的土地制度に完全には包含されないまま存続していた大土地経営体が、「墾田」という地目を媒介にして曲がりなりにも律令田制の枠内に収まることになった。この時期に成立した「初期荘園」のある部分は、旧来の大土地経営体の転生したものとして位置づけられる。ここで大幅に範囲を拡大した「田」は、土地把握の上での最も基本的な地目として定着し、律令制国家の一元的な土地支配体制が後退した後にも引き継がれていく。その意味で、八世紀中葉に法制上の「田」が拡大したことを、列島における土地所有の歴史の一つの画期とみることもできるだろう。

吉田孝が「律令制の浸透」の範疇でとらえたように(75)、八世紀中葉における「田」の拡大は国家的土地支配の進展として評価することもできる。一方で、この変化の主要な動因となったのは、自らの大土地経営の安定化をはかる有力者の積極的な働きかけであった。「律令制の浸透」は、制度の自律的な変革と、それを受容する側の思惑の妥協点にこそ存在したといえよう。

註

(1) 東京藝術大学所蔵文書。釈文は、平―一九四、『太宰府市史』古代資料編 史料一九〇を参照し、写真版によって一部修正した。

(2) 原文は「團」。意により改める。

(3) 『続日本紀』同月戊子条。

(4) 『新抄格勅符抄』大同元年(八〇六)牒。

(5) 竹内理三「筑前国観世音寺史」(『竹内理三著作集』一、角川書店、一九九八年、初出一九五五年)、田村圓澄「観世音寺の草創」(同『日本古代の宗教と思想』山喜房仏書林、一九八七年、初出一九八五年)など。

(6) 新羅使を饗するために大和国弘福寺より筑紫に移送された「伎楽」(『日本書紀』朱鳥元年四月壬午条)は、資財帳通物章・伎楽章に載せられた「旧伎楽」と同一であると考えられている。「旧伎楽」は、天平二年(七三〇)九月六日に観世音寺に施入された「伎楽壱具」(天平三年三月三十日大宰府牒。釈文は『太宰府市史』古代資料編 史料四二など)と対応する「新伎楽壱具」(伎楽章)に先行する。高倉洋彰「筑紫観世音寺史考」(九州歴史資料館編『大宰府古文化論叢』下、吉川弘文館、一九八三年)など参照。

(7) 観世音寺に伝わる梵鐘は、糟屋評造舂米連広国が鋳したという妙心寺の梵鐘(戊戌年〔六九八〕銘)と相似であり、やや先行するようである。このことから、観世音寺鐘と天武十一年（六八二）四月に筑紫大宰丹比島が貢した「大鍾」（『日本書紀』同月癸未条）との関連が指摘されている（高倉前掲註（6）論文など）。

（8）田村前掲註（5）論文。

（9）大東急記念文庫所蔵文書。主な研究は、平野博之「『観世音寺大宝四年縁起』について」（『日本上古史研究』一―七、一九五七年）、松田和晃「和銅二年の『水陸田目録』をめぐって」（『古文書研究』二〇、一九八三年）、石上英一「古代荘園と荘園図」（金田章裕・石上英一・鎌田元一・栄原永遠男編『日本古代荘園図』東京大学出版会、一九九六年）など。釈文は石上英一論文をもとにし、写真版によって一部修正した。

（10）竹内前掲註（5）論文、笹山晴生「文献から見た観世音寺」（九州歴史資料館編『観世音寺』考察編、吉川弘文館、二〇〇七年）など。

（11）大宝四年縁起を含む一連の提出文書は、保安元年六月二十八日観世音寺本寺進上公験等案文目録（平―補二九九）に書きあげられている。

（12）原文は「波岐荒」。大宝四年縁起は、案文作成段階で欠損していた部分を空白で表現している。次行の「賀太荒野」と列が揃っていることから推すに、「波岐荒」の下にも元来は「野」字が存在しただろう。

（13）原文は「寺苑国地」。「苑国」は資財帳の「薗團」とともに「苑圃」の誤写と判断できる。同様に、「上旦鹿郡」は「上旦座郡」の誤である。

（14）東南院文書第七帙第九巻。東南院三―四四九（八五七ノ三号）。

（15）永延三年（九八九）十月二十五日大宰府牒案（平―三三五）、永延四年三月十三日大宰府牒案（平―三三七）、永祚二年（九九〇）十二月十三日観世音寺金堂長講所解案（平―三四三）、正暦二年（九九一）四月十三日観世音寺金堂長講僧等解案（平―三五一）など。

（16）田令21六年一班条。大宝令では、「凡神田・寺田、不在収授之限」という独立条文であった可能性が高い。虎尾俊哉「大宝田令六年一班条について」（同『日本古代土地法史論』吉川弘文館、一九八一年、初出一九八一年）など参照。この点についての先行研究は、服部一隆「大宝田令班田関連条文の復原」（同『班田収授法の復原的研究』吉川弘文館、二〇一二年、初出二〇〇四年）に詳しい。

(17) 円満寺旧蔵文書。釈文は東京大学史料編纂所蔵影写本「円満寺文書」により、石上英一「讃岐国山田郡田図の史料学的分析」（同『古代荘園史料の基礎的研究』上、塙書房、一九九七年）も参考にした。別系統の写本による大日古七―一も参照。

(18) 平野前掲註（9）論文、松田前掲註（9）論文、石上前掲註（9）論文、中林隆之「日本古代の寺院資財管理と檀越」（栄原永遠男編『日本古代の王権と社会』塙書房、二〇一〇年）など参照。なお、同様の文書は河内国西琳寺にも発給された形跡がある。

(19) 水野柳太郎「寺院縁起の成立」（同『日本古代の寺院と史料』吉川弘文館、一九九三年）。

(20) 中林前掲註（18）論文。

(21) 弘福寺水陸田目録も、本来的には「弘福寺田記案」と称すべきだが、混乱を厭い現行の文書名を用いる。

(22) 坂上康俊「観世音寺の経済基盤」（『太宰府市史』通史編Ⅰ、二〇〇五年）。

(23) 例えば、尾張国中島・丹羽両郡の弘福寺領では、弘福寺水陸田目録所載の「寺田」の地積が九世紀にまで維持されている（天長二年〈八二五〉十一月十二日尾張国弘福寺田勘検文。平―五二）。

(24) 石上前掲註（9）論文。

(25) 寛治三年九月二十二日大宰府下文案（東南院三―四四四〈八五七ノ一号〉）、同年九月二十日大宰府公文所問注勘状案（東南院三―四四五〈八五七ノ二号〉）、同年八月十七日観世音寺三綱等解案（東南院三―四四九〈八五七ノ三号〉）、同年六月七日宇野御厨別当藤原頼行下文案（東南院三―四五一〈八五七ノ四号〉）。この相論の詳細については、竹内前掲註（5）論文、日野尚志「筑後川流域右岸における条里について」（『佐賀大学教育学部研究論文集』二三、一九七五年）、藤本頼人a「筑後川上流における交流」（藤原良章・村井章介編『中世のみちと物流』山川出版社、一九九九年）、藤本頼人b「中世初期における宇野御厨の構造と変質」（『青山史学』二〇、二〇〇二年）など参照。

(26) 石上前掲註（9）論文。

(27) 鷺森浩幸『日本古代の王家・寺院と所領』（塙書房、二〇〇一年）、本書第Ⅱ部第一章など。

(28) 該当箇所は、大日古二―六一六。

(29) 該当箇所は、大日古二―六五七。
(30) 杷伎野を「園地」の一形態として分析した論考としては、梅田康夫「律令時代の陸田と園地」(『宮城教育大学紀要』一三、一九七八年)など。
(31) 鷺森浩幸「園の立地とその性格」(前掲註(27)書所収)、本書第Ⅲ部第一章。
(32) なお、八世紀初頭の社会には、「園」と呼ばれる経営体が広く分布していた。「園」は、河川の下流地域に多く分布する蔬菜類などのハタケを原義としながら、複合的な経営体を包括する称としても用いられた。景観の面からみて、杷伎野は「園」の範疇でとらえてよいと思われる。「園」については、鷺森前掲註(31)論文、伊佐治康成「日本古代『ソノ』の基礎的考察」(『学習院史学』三八、二〇〇〇年)、本書第Ⅲ部第一章など参照。
(33) 横浜市立大学所蔵文書。平―四九五四。
(34) 『新古今和歌集』巻一七　雑歌中に「朝倉や　木の丸とのに　わがをれば　名のりをしつつ　行くは　たが子ぞ」とある。
(35) 『日本書紀』斉明七年五月癸卯条。
(36) 近世以来の朝倉宮の比定地をめぐる研究については、長洋一「朝倉橘広庭宮をめぐる諸問題」(『神戸女学院大学論集』二六―三、一九八〇年)に詳しい。
(37) 朝倉宮を志波地区に比定する説としては、小田和利「朝倉橘広庭宮の再検討」(『九州歴史資料館研究論集』一八、一九九三年)、同「朝倉橘広庭宮と観世音寺」(『九州歴史資料館研究論集』三五、二〇一〇年)など。なお、近年では朝倉宮の故地を小郡市付近に推定する説(狭川真一「朝倉橘広庭宮と筑紫」〔『古代文化』五一―五、一九九九年〕)や、朝倉宮と大宰府の関係を推定する説(赤司義彦「朝倉橘広庭宮推定地の伝承について」〔『東風西声』五、二〇〇九年〕、同「筑紫の古代山城と大宰府の成立について」〔『古代文化』六一―四、二〇一〇年〕)もみられるが、「朝倉」の地名が郡名(上座《かみつあさくら》・下座《しもつあさくら》郡)に残っていくことを軽視しており、採用できない。
(38) 応徳元年(一〇八四)八月二十一日観世音寺牒案(平―一二一四)では、把岐荘の荘田の西限として「宮前山幷表木」をあげる。「宮前山」の名も朝倉宮と関連する可能性がある。
(39) 『日本書紀』斉明七年七月丁巳条。

(40) 延喜兵部式85西海道駅伝馬条。

(41) 平―二一九六。

(42) 藤本前掲註（25）a論文。

(43) 田村前掲註（5）論文。

(44) 『日本書紀』同年三月辛巳条。

(45) 第Ⅱ部第一章。

(46) 『日本書紀』同年二月己丑条。

(47) 梅田前掲註（30）論文。

(48) 班田年については、宮本救「律令制的土地制度」（同『律令田制と班田図』吉川弘文館、一九九八年、初出一九七三年）、同「班田制施行年次について」（同書、初出一九五六年）参照。

(49) 天平宝字三年（七五九）六月二十八日阿波国名方郡新島荘絵図に「公地与寺地堺」とある。また、天平宝字年間をそう下らない時期に作成された額田寺伽藍並条里図にも、寺地外に「公地」がみえる。

(50) ここで、辛巳条に関する先学の主な解釈をまとめておく。吉村武彦は「園地」を「墾田」が班給された農民の所有するハタケと解し、「旧に依り公地とす」を農民のハタケを彼らの手に残す措置とした（吉村a「八世紀『律令国家』の土地政策の基本的性格」（『史学雑誌』八一―一〇、一九七二年））。梅田康夫は、「園地」の所有関係に変化がなかったと考える吉村の説は不自然とし（梅田前掲註（30）論文）、「園地」を観世音寺領杷伎野の一部とみなし、それが神護景雲二年の措置によって施入以前の無主の状態に戻されたとする。その上で、資財帳でも杷伎野全体が寺領であるのは、神護景雲二年以降も実態として観世音寺の支配が継続した結果と考えた。その後、吉村は「墾田」「園地」が杷伎野の一部である可能性を認めつつも、梅田の説明を退けて自説を強調した（吉村b「土地政策の基本的性格」（同『日本古代の社会と国家』岩波書店、一九九六年））。この他、観世音寺の「墾田」が農民に班給された後に「見開田」と「園地」に分化したとする田仲正明の説（「日本古代の『公地』について」（井上辰雄編『古代中世の政治と地域社会』雄山閣出版、一九八六年））や、観世音寺の所有する「園地」が一度「公地」とされた後で「墾田」の収公にともなって再び寺地とされ、「見開田」の返還とともにまた「公地」に戻ったと考える金沢悦男の説（「律令制下の公地について」〔黛弘道編『古代国家の歴史と伝承』吉川弘文館、一九九二年〕）もある。いずれも寺領と「公地」の関係を整合的に説明しきれているとはいいがたい。
(51) 吉村前掲註（50）a・b論文。
(52) 俣野好治「律令制下公田についての一考察」（岸俊男教授退官記念会編『日本政治社会史研究』上、塙書房、一九八四年）、田仲前掲註（50）論文、金沢前掲註（50）論文、澤田浩「七〜八世紀における王臣家の〝初期荘園〟」（林陸朗・鈴木靖民編『日本古代の国家と祭儀』雄山閣、一九九六年）など。
(53) 『令集解』の主要写本（田中本・鷹司本・船橋本など）は「流」とする。この点につき、『宋刑統』戸婚律盗耕人墓田条が引く唐令や、天聖田令宋4条に「諸田為水侵射、不依旧流……」とあることも含めてなお検討する必要がある。
(54) 『宋刑統』戸婚律盗耕人墓田条が引く唐令には、「若別縣界新出、依収授法」とある。義解はこれを引用して解説をつけているようである。
(55) 東南院文書第三櫃第二三巻。東南院二―二六六（五三三号）。
(56) 新島荘は、新島荘・勝浦荘・枚方荘・大豆処の四地区に分かれ、ここで扱われているのは新島荘についてである。現地比定については、福家清司「阿波国名方郡新島荘図・大豆処図」（金田・石上・鎌田・栄原編前掲註（9）書所収）参照。
(57) 承和十一年（八四四）十月十一日阿波国牒（東南院二―二六二〔五三一号〕）。
(58) 丸山幸彦「九世紀における低湿地開発の進展と庄園返還運動」（同『古代東大寺庄園の研究』溪水社、二〇〇一年）。
(59) 金田章裕「阿波国東大寺領荘園図の成立とその機能」（同『古代荘園図と景観』東京大学出版会、一九九八年、初出一九九五年）。
(60) 東南院文書第三櫃第二三巻。東南院二―二六四（五三二号）。
(61) 『続日本紀』天平元年十一月癸巳条でこの原則が示されている。延喜民部上式130陸田班授条につながる。
(62) なお、『続日本紀』延暦十年（七九一）六月庚寅条には、山野の占有を禁じる延暦三年十二月十三日の詔（『続日本紀』同月庚辰条など）を承けて、山背国で「公私之地」の勘定がなされたことがみえる。吉村は、この史料も「公地」の領域性を示すものとして評価している。しかし、神護景雲三年九月十一日香山薬師寺鎮・三綱牒案（東南院三―一八〔五八八ノ四号〕）

で勅旨省の所領を「公地」と称しているように、「公地」に官司の所領としての用法があったことを考慮するならば、ここでの「公地」も同様のものであった可能性が高い。

(63) 延暦十八年正月十一日大宰府牒（平―四八九八）所引。『類聚三代格』巻一六。

(64) 吉田孝「墾田永年私財法の基礎的研究」（同『律令国家と古代の社会』岩波書店、一九八三年）、服部一隆「大宝田令荒廃条の復原」（同『班田収授法の復原的研究』吉川弘文館、二〇一二年、初出二〇〇六年）、本書第I部第一章など。

(65) 『続日本紀』同月丙午条。

(66) 『続日本紀』同月庚申条。

(67) 『続日本紀』同年七月乙巳条、同年九月二十九日大宰府牒案（大日古二四―六〇三）、同二年三月二十九日民部省符（『東大寺要録』巻六　封戸水田章所引）。水野柳太郎「寺院の墾田地」（同『日本古代の食封と出挙』吉川弘文館、二〇〇二年、初出一九六八年）も参照。

(68) 荒井秀規「国分寺の寺田」（須田勉・佐藤信編『国分寺の創建　思想・制度編』吉川弘文館、二〇一一年）など。

(69) 『続日本紀』和銅六年十月戊戌条には、「制、諸寺多占二田野一、其数無レ限。宜三自レ今以後、数過レ格者、皆還収二之」とある。

(70) 釈文と基礎的なデータは、石上前掲註（17）論文、及び東京大学史料編纂所編『日本荘園絵図聚影　釈文編一　古代』（東京大学出版会、二〇〇七年）による。

(71) 天平宝字七年（カ）山田郡司牒案。正文は宝亀十年（七七九）四月十一日に現地で所領経営に携わったとみられる讃岐造豊足に下されている。釈文は、石上前掲註（17）参照。

(72) 釈文は、石上英一「弘福寺文書の基礎的考察」（前掲註（17）書所収、初出一九八七年）参照。

(73) 註（23）参照。

(74) 吉田孝「律令国家と荘園」（『講座日本荘園史2　荘園の成立と領有』吉川弘文館、一九九一年）、本書第I部第一章など。

(75) 吉田孝「律令国家の諸段階」（前掲註（64）書所収、初出一九八二年）。

第Ⅲ部　ハタケ所有の特質と変化

第一章　ハタケ所有の階層性
―「園地」規定の背景―

はじめに

本章では、ハタケ（雑穀・蔬菜・桑漆など、水田以外の多様な耕地の総称として用いる）を素材として古代の土地所有の特性を明らかにすることを目標に掲げる。律令制下の土地所有・経営において水田の比重が高かったことは言を俟たないが、その全体像にせまるためには水田以外の地目にも視野を広げることが不可欠である。公的な土地規制の度合いが水田に比べて弱いことを考慮すれば、むしろハタケには律令国家の一元的土地支配に覆い隠されがちな土地所有・経営の実態が先鋭的にあらわれていることも予想されよう。

古代のハタケは、「畠（白田）」「園地（園）」「陸田」「圃」など多くの呼称をもつが、本章は「園地（園）」に焦点を絞って検討を進める。「園地（園）」は田令に明文規定を有する唯一のハタケであり、最も多様な実態的史料（木簡・資財帳など）にあらわれる。これはハタケに関する法制と実態の関係を検討する上で好適な条件といえよう。具体的には、まず田令に規定される「園地（園）」の特徴や令文と実態の関係を明らかにし、田令の「園地（園）」関連規定の背景となる律令制成立期のハタケ所有の特徴へと考察を及ぼしていきたい。

一　田令の「園地」の性格

令文上の「園地」についての研究が大幅に進展したのは、一九六〇年代から八〇年代前半にかけての時期であった。ハタケに関する制度の変遷に関心が集まるなか、その起点と目された「園地」の性格についても精力的な研究が進められたのである[1]。この時期の研究は律令制的土地制度のいわば縁辺にあたる「園地」に光をあてた点で大きな意義を有しているが、問題がなかったわけではない。それは、「園地」が私有権の強い農民のハタケであることを前提としていた点である。第一節では、この想定の妥当性を検証しながら、「園地」の法制上の特徴について考えていく[2]。

「園地」の最も基本的な規定は、田令15園地条である。

凡給二園地一者、随二地多少一均給。若絶レ戸還レ公。

「園地」は農民も含めたあらゆる階層に対し、土地の状況に応じた公平な支給がなされる地目であった。田令では「田」は主として水田を指すことから、「園地」はそれ以外の耕地（＝ハタケ）として構想されていたと考えられる。

これに直接対応する唐令は、

諸給二園宅地一者、良口三口以下給二一畝一、毎二三口一加二一畝一。賤口五口給二一畝一、毎二五口一加二一畝一。並不レ入二永業・口分之限一。其京城及州縣郭下園宅地、不レ在二此例一[3]。

と、人民に対して「園宅地」の班給を定めた規定であり、良賤ごとに班給の基準となる人数や面積が明確に提示されている。これに対し、日本令園地条では班給について「均給」と述べるのみで、その基準が人別か戸別か不明であるし面積も記されていない[4]。日本令は唐令の明確な班給基準をあいまいに改変してしまっているのである。『令集解』古記によって判明する大宝令の規定はほとんど変わらず[5]、この特色は少なくとも大宝令立条の段階にまでさかのぼる。

養老田令では、「園地」は以下の二条文にもみえる。

〔田令19賃租条〕

凡賃二租田一者、各限二一年一。園任賃租、及売。皆須下経二所部官司一、申牒、然後聴上。

〔田令26官人百姓条〕

凡官人百姓、並不レ得下将二田宅園地一、捨施及売易与上レ寺。

賃租条は、土地の売買の制限・手続きを定めた条文である。「園」には「任賃租及売」、すなわち無制限の「賃租」（年期売）と「売」（永売）を認められている。「限一年」の賃租しか許可されていない「田」と比べて、これはより自由な処分権として評価できる。

官人百姓条は、「田宅園地」を寺院に施入・売与することを禁じた条文である。「園地」は寺院への売与を禁じられた地目の一つとして規定されているが、寺院以外が対象であればこの条項は適用されず、賃租条で認められた一般的な「園」の処分権は侵害されない。

これら二つの条文は、大宝令ではどのように規定されていたのだろうか。賃租条については、『令集解』古記に「園聴二任売一也」とあることから、少なくとも大宝令に「園」の「売」を認める規定が存在したと想定できる。「賃租」という語は古記からは確認できないが、大宝令の段階では法制用語「賃租」は未成立で、年期売の概念も「売」に含意されていた可能性が高い[6]。とすれば、大宝令賃租条で「園」に許可されていた「売」とは年期売と永売を包括する概念であり、結局大宝令と養老令の大意は同様だったことになる。大宝令賃租条では、「園」に養老令と大差ない処分権が与えられていたのである。

大宝令官人百姓条は、古記にみえる「捨施」「不得」「売易与寺」の語から、寺院に対する土地の施入・売与を禁止するという条文の骨格が養老令と同一だったと考えられる。「園地」に直接関係する部分の復原に関しては、寺院に土地を売与できない理由を「僧尼与レ寺一種也。為レ不レ得三私畜二園宅一故」と説明した同条古記の記述が参考になる。古記は、僧尼による「園宅財物」の所有を禁じた僧尼令18不得私蓄条を援用して、僧尼と不可分である寺院が「園」を所有できないとする。これは官人百姓条に「園」の語がなければ意味をなさない説明なので、この語が大宝令官人百姓条に存在したことは確実であろう。大宝令官人百姓条でも「園地」は寺院への施入・売与が禁止される地目だったのである。

このように、令文の「園地」はあいまいな班給基準（園地条）と広範な処分権（賃租条・官人百姓条）によって特徴づけられる。これらの特徴はかつては園地条の「園地」に強い私有権の内在を認めることで統一的に理解されていた。「園地」に関する令規定の背後に農民のハタケの私有権を想定する視点は早くから存在していたが[7]、最も人口に膾炙したのは石母田正の提示した枠組みであろう[8]。石母田は園地条の「園地」を農民の住宅および周辺農地に同定し、そこに大化前代以来の強固な私有権の発達を想定する。そして、賃租条・官人百姓条に規定される処分権をその反映とみなす一方で、園地条のあいまいな班給規定を農民のハタケの私有権を侵害しないための方策ととらえた。こうして園地条に規定される「均給」の「園地」と賃租条・官人百姓条に規定される処分権の強い「園地」は、農民のハタケに宿る強い私有権を媒介として論理的には矛盾なく結合された。

この説で園地条の「園地」と農民のハタケ、そして強固な私有権という三者を結びつける紐帯となったのは、園地条の「園地」が農民の所有する住宅とその周辺の農地であるという発想であり、これらの土地には世界史的に私有権が発生しやすいという理論であった。したがって、その妥当性は園地条で構想された「園地」の存在形態に依存しているといっても過言ではない。そこで唐制との関係もふまえつつ、この点について確認しておこう。

「園地」を住宅付属地とみなす説の根拠となるのは、唐令の「園宅地」の存在形態であったと思われる。「園宅地」の存在形態は条文自体からは分からないが、その制度的淵源にあたる北魏の制度では、

諸人有二新居者一、三口給二地一畝一、以為二居室一。奴婢五口給二一畝一。男女十五以上、因二其地分一、口課二種菜五分畝之一一。[9]

と、「居室」として支給された土地の一角での蔬菜類の栽培が義務づけられている。[10] 班給の基準が共通する唐令の「園宅地」規定（176頁）はこの制度を直接に継承したものであり、そこでの「園宅地」は住宅と蔬菜類のハタケによって構成された土地利用形態として定義できる。

ところが、日本令園地条は「園宅地」に関する規定を継受しつつ、その呼称に大きな改変を加えている。それは、唐令に存在した「宅」の字を抹消したことである。これによって「園地」は住宅と切断され、その付属地としての属性を、論理的には喪失してしまった。[11]「園地」が住宅付属地として構想されていたことには、少なくともその用字の上からは疑問がある。

「園地」の想定立地を考える上では、以下の田令16桑漆条との関係も考慮する必要がある。

凡課二桑漆一、上戸桑三百根、漆一百根以上。中戸桑二百根、漆七十根以上。下戸桑一百根、漆卌根以上。五年種畢。
郷土不レ宜、及狭郷者、不二必満一レ数。

桑漆条は桑漆の課殖数を戸の等級ごとに定めた規定で、大宝令もほぼ同様であったと推測される。[12] 課殖対象となる土地は条文に明示されていないが、『令集解』諸説は一致して「園地」とする。「園地」に桑漆を課殖することが令本来の構想と一致しているのは、日唐令の条文配列の相違からも推定できる。最も蓋然性が高い唐田令の条文配列の復原によれば、桑漆条相当条文は園地条相当条文とかなり隔たった位置に配置される。[13] 一方の日本令では桑漆条が園地条の直後に位置しており、編纂の際に大幅な条文配列の変更がなされたと想定できる。これは、日本令の編纂者が「園地」を桑漆の主たる課殖地として構想したために条文配列によって園地条と桑漆条を関連づけた結果と考えられよう。[14] 田令の論理としても桑漆の課殖地は主として園地条の「園地」だったのである。[15]

唐令の桑漆条相当条文（桑楡棗などを課殖する規定）[16]で課殖の対象とされた地目は、『唐律疏議』戸婚律22里正授田課農桑条に、

　依二田令一、戸内永業田、課二植桑五十根以上、楡棗各十根以上一。土地不レ宜者、任依二郷法一。

とあるように「戸内永業田」であった[17]。よって桑漆の課殖地としても構想されていた「園地」は、この「戸内永業田」とも対応することが想定される。「戸内永業田」は、北魏に設定された「桑田」「麻田」といった特定作物の作付けのために班給された田土の後身である。実態としては桑楡棗にとどまらず小規模な開墾田を吸収する機能を担っており[18]、住宅とは直接の関係をもたない。桑漆条を介して日本令の「園地」と対応する地目は、住宅と無関係に一定の広がりをもった耕地だったことになる。

　園地条の「園地」は、用字上住宅との連関を断たれている上に、住宅と立地的関連をもたない唐令の「戸内永業田」と同様の役割を担うべき地目として構想されていた。これらの事実を総合すると、園地条の「園地」が単なる住宅付属地でないことは明白だろう。「園地」は、住宅とは独立して立地するハタケとして構想されていたのである。園地条の「園地」を住宅ないし付属地とのみみなすことが誤りであるとすると、そこに強固な私有権を見出す理論的根拠は失われてしまう。このことは、農民の所有する地目として構想された園地条の「園地」と、処分権の強いハタケである賃租条・官人百姓条の「園地」を統合するべき視座が消滅したことを意味する。私有権を軸として「園地」の特徴を統一的に説明することは、少なくとも無前提には認められないのである。そこで先入観を排し、令文に現れる「園地」の二つの性格の関係を再検討してみよう。

　園地条で班給の基準として設定されている「均給」という用語は、大化二年（六四六）八月に「国司」を発遣した際の詔[19]にもみえる。「以二収数田一、均給二於民一」「国々可レ築レ堤地、可レ穿レ溝所、可レ墾レ田間、均給使レ造」と、「収」めて測地した水田の班給や、築堤・築溝・開墾すべき土地の分担の際に用いられているのである。これらは公的に把握

した（或いはされるべき）土地を一定の基準で人民に割りあてた例であり、「均給」は公権の指導下での公平な利用・分担を意味する。その意味で、「均給」は国家による規制を前提とした語である。また、園地条の「絶戸還公」という規定も公権の強制を含意する表現として「均給」と対をなしており、ここからも政府の「園地」に対する関与の意思を読み取ることができる。虚心にみて、これらの規定が農民のハタケに対する政府の不干渉を第一義としたものとは考えがたい。

一方の賃租条や官人百姓条では、「園地」は官人・百姓・寺院によって所有され、寺院への施入・売与の他には無制限の賃租・永売が公認されていた。一年の年期売（賃租）のみが許可される口分田などの「田」と比較して、その処分権はかなり大きく設定されていると考えざるを得ない。これらの規定は、やはり「園地」に一定の私有権を認めたものにみえる。

これに対して、賃租条・官人百姓条にみえる「園地」の処分権を日本独自のものとはみなさない見解がある。園地条の「園地」は唐令の「園宅地」のみに対応した地目であり、「園地」に対する処分権は一定の売買が認められていた唐令の「園宅地」規定を継受した結果だというのである[20]。この見解が妥当であれば、「園地」に大きな権利が付与されているのは唐令を模倣したからに他ならず、そこに独自の事情を介在させる余地はなくなる。

しかし、日本の「園地」を「園宅地」のみと比較するのはやや一面的であり、「園地」と対応するもう一つの唐令の地目である「戸内永業田」の処分権との対比も必要となろう。「戸内永業田」の処分権は、以下の条文によって明らかになる。

〔天聖田令唐17条〕

諸庶人有㆘身死家貧無㆓以供㆑葬者㆖、聴㆑売㆓永業田㆒。即流移者亦如㆑之。楽㆑遷㆓就寛郷㆒者、並聴㆑売㆓口分田㆒。（注略）

〔天聖田令唐21条〕

諸田不レ得二貼賃及質一、違者財没不レ追、地還二本主一。若従二遠役外任一、無二人守レ業者一、聴二貼任〔賃〕及質一。其官人永業田及賜田、欲二売及貼賃・質一者、不レ在二禁限一。

唐17条によれば、貧家が葬儀の費用に充てる場合や流移の場合以外には、「戸内永業田」の売却は認められていなかった。唐21条では、遠役や外任によって長期の不在をする場合を除いて、「田」の貼賃（買戻期限付き売買）[21]・質が禁止されている。これらの規定から、「田」の範疇に含まれる「戸内永業田」が貼賃・質の対象とはならなかったことが確認される。唐令における「戸内永業田」の処分権はきわめて限定的だったのである。これと比較すると、無制限の永売・年期売を許容されている賃租条・官人百姓条の「園地」の処分権はやはり大きいといえる。このように賃租条・官人百姓条では「園地」には唐令と比較しても大幅な処分権が認められていたが、これは園地条にみえる「均給」とはかなり異なったベクトルを示しているように思われる。

園地条にみえる農民のハタケを主体とする「園地」のあいまいな班給規定と、賃租条・官人百姓条にみえる広範な処分権は、かつては園地条の「園地」を私有権の強い農民の住宅付属地とすることで統合的に説明されてきた。だが、園地条の「園地」は住宅とは相対的に独立して立地する耕地として構想されていることから、住宅付属地を媒介として私有権と結合することは正しくない。そこで園地条と賃租条・官人百姓条の関係を再検討すると、園地条における「均給」という規定にハタケの公平な利用を志向するという以上の意義を見出しえない。むしろ、「均給」が公権の規制を前提とした用語であることを考慮すると、この規定から「園地」の強い私有権を導き出すことは困難である。その一方で賃租条・官人百姓条の規定は、唐令と比較しても「園地」の処分権を強く設定しており、一定の権利を付与しようという方向性が看取される。田令における「園地」の規定は、やや異なる方向性をあわせもつ地目として把握できるのである。以下では、この二面性を有する地目として「園地」が規定された事情を中心として、その背景となる土地所有のあり方を考えていきたい。

二　令規定と実態の関係

前節でふれたように、園地条の「園地」は諸階層のあらゆる形態のハタケを包含しうる地目として設定されている。一方で「園地」という語は令文に限らず国史・法令・資財帳など様々な史料にみえるが、これまでの研究ではその独自の存在形態にあまり注意が払われてこなかった。しかし令の規定が確実に作用することは保証されておらず、諸史料の「園地」と令規定が一致することも自明でない以上、両者の関係は改めて検討する必要があるだろう。第二節では種々の史料に現れる「園地」の意味や用法を整理しつつ、令文の「園地」との関係について考えていく。この作業を通じて、「園地」に関する令規定の運用のあり方を明らかにするとともに、令規定の背景となる実態へと接近する足がかりを得ていきたい。

1　実態としての「園地」

（1）京内の「園地」

天平十九年（七四七）二月十一日大安寺伽藍縁起幷流記資財帳[22]には、「合薗地弐処〈一在左京七条二坊十四坪／一在同京同条三坊十六坪〉」と、大安寺の寺辺に立地する「薗（園）地」について記載がある。八世紀の平城京には「園地」と称する土地が存在したのである。

延喜二年（九〇二）十二月二十八日太政官符案[23]では、旧平城京内に立地する二カ所の「園地」を東大寺に領掌させることが命じられている。その一つは左京五条六坊に立地した「五条六坊園」である。この地は延喜二年の段階では佐伯氏の氏寺である佐伯院（香積寺）の寺地となっていたが、元来は天平勝宝八歳（七五六）六月十二日付の勅[24]によって東大寺に施入された「園地」であった。天平勝宝八歳勅には五条六坊園の四至などとともに倉三宇の存在が記載される。さらにこの地を描いた天平勝宝九歳の年紀を有する絵図[25]には樹木が繁茂する様子が表現されている。これらの事実から、この「園地」は倉などの施設用地や庭園であったと考えられる。

延喜二年太政官符案にみえるもう一つの「園地」は、「田村所」と称される。この地は延喜二年には揚梅院の所領であったが、東大寺側によれば五条六坊園とともに聖武によって施入された地であったらしい。八世紀段階での施入の事実を直接確認することはできないが、以下の点からそれを推定することができる[26]。第一に、天平勝宝八歳勅には五条六坊園の施入に関して「奉入東大寺宮宅及田園等」と記されるが、五条六坊園は「宮宅」にあたる内容を含んでいない。このような用語上の違和感は、藤原仲麻呂の邸宅（田村第）と関連が深く、「宮宅」が含まれていても不自然ではない田村所の施入についても元々勅に記されていたとすれば解消される。第二に、五条六坊園を描いた天平勝宝九歳の図の末尾には「左京職勘上件弐所」と記載されている。この記載から図は元来二カ所を描いたものであったことが確実であり、失われたもう一つの図が田村所に関するものであったことを推定させる。これらを総合すると、田村所が平城京段階の「園地」であり、しかも「宮宅」にあたる内容を含んでいた可能性は高いといえよう。田村所は藤原仲麻呂の邸宅とも関連を有する「宮宅」やその周辺の庭園などだったのである。

以上の東大寺の「園地」の例によれば、京内の「園地」は庭園的景観を示すとともに住宅・施設とも関係を有していた[27]。

「園地」は、平安京にも存在した。延喜大学式56畠園地条には、

（前略）其在㆓京中㆒園地者、任令㆓得業生等居住㆒。若有㆓餘地㆒者、種㆓殖雑菜㆒以充㆓食料㆒。

とあり、平安京内に大学寮の所有する「園地」があったことを伝える。この「園地」は得業生の住居に充てられ、残

余は菜園として用いられた。平安京のこの「園地」では、住宅と雑菜のハタケが結びつく景観がみられたことになる。

平安京内に立地する「園地」は、京内で本主が耕作しない土地の帰属について定めた天長四年（八二七）九月二十六日太政官符[28]にもみえる。ここでの措置は本主が国司の場合は対象外であったが、その理由は「環堵為レ墟。況園地乎」というものであった。つまり、外任の間に「環堵」（住居）すら廃墟同然になるのだから、「園地」が荒廃するのは当然だというのである。この「園地」は文脈上京内の熟耕地を指し、「環堵」とも一定の関連を有する場所だったと考えてよいだろう。

以上のように、京内に広がる耕地・庭園・閑地などは資財帳や法令なども含めた様々な史料で「園地」と称された。この事実は園地条の規定に沿った土地が実際に存在したことを示すようにもみえる。しかし、京内の「園地」の所有者が官司・寺院・貴族などに限られ、庶民の所有が確認できないことは、これを「均給」の土地と断ずることに躊躇を感じさせる。そもそも、住宅とは関連をもたない一定規模の耕地として構想された「園地」を京内で班給することが令の意図に叶うと考えるのは難しいのではないだろうか。実態として京内に存在した「園地」は令文の「園地」とは独立した存在とみなすべきであろう。

京内の「園地」は官司・寺院・貴族が所有する耕地・庭園・閑地であり、住宅・倉庫などの施設との関連も深い土地であった。これは用語の共通する園地条の「園地」とはかなり異なる形態であるが、その所有者が有力者に限定されている点には留意しておきたい。

（2）園池司の「園地」

延喜内膳式60園地条によれば、園池司（寛平八年〔八九六〕に内膳司に統合）は「園地」を所有していた。

園地卅九町五段二百歩 京北園十八町三段。奈良園六町八段三百廿歩。山科園九段。奈癸園五町五段二百卌歩。羽束志園四町九段。泉園一町。平城園二町。

「園地」は七カ所の「園」に付属する一町以上の規模をもつ大規模な耕地であった。内膳司式供奉雑菜条や耕種園圃条などであげられている品目から推すに、「園」は蔬菜類から雑穀までのハタケとして利用されていた。

園池司は、その前身である「薗職」[29]「薗官」「薗司」[30]などと称する大宝令制以前の官司の段階から一貫して雑菜・雑穀・樹菓類の進上を担ってきた。[31] この伝統を考慮すると、雑菜の進上を担う「薗」のなかにかなり古い段階にさかのぼるものが存在する可能性がある。その例としてあげられるのが、奈癸園である。奈癸園は、二条大路木簡にみえる「菜木苑」[32]との一致が推定されており、八世紀に存在したことがほぼ確実である。さらに、その比定地である山背国久世郡に仁徳朝・推古朝の開発伝承が残ることから、鷺森浩幸は奈癸園が近隣に所在する奈良園とともにかつてのミヤケの後身にあたると想定している。[33] これが正しければ、奈癸園・奈良園の二カ所は七世紀以前から大王に雑菜を供する農地であり、それが律令制の形成とともに園池司（の前身官司）に附されて十世紀まで継承されていたことになろう。園池司の所有する「園地」は、「園」と称する経営体の一部であり、律令制以前からの存在を推定できるものも含まれていたのである。

（3）法隆寺の「園地」

天平十九年二月十一日法隆寺伽藍縁起幷流記資財帳[34]には寺院の「園地」に関する記載がある。

　薗地参拾壱町弐段
　　近江国栗太郡物部郷肆段
　　大和国平群郡壱拾伍町
　　河内国陸町弐段渋川郡六町和泉郡二段
　　播磨国揖保郡壱拾弐町弐段

「水田」の項と明確に区別されていることから、「園地」は水田を除く耕地の総称として把握できる。資財帳には「園地」の他に「水田」「山林岳嶋」「海」「池」「荘」などの施設・地目も列挙されているが、そのなかには「園地」の所在地と同一のものも含まれる。一所に併存するこれら複数の地目は相互に結合し、経営施設である「荘」を中心とした経営体を形成していたと考えられる。[35] 法隆寺の「園地」は多様な地目を包含した経営体の構成要素となるハタケだったのである。

「園地」を含む寺領群は、その多くについて律令制以前に起源を求めうる。近江国栗太郡の寺領が所在する物部郷は、物部氏の勢力圏であったと考えられる。[36] 河内国の寺領も、同様に物部氏との関連が推測される。渋川郡跡部郷には、物部守屋の所有した「渋河家」[37]「阿都家」[38] などが存在し、法隆寺の渋川郡の寺領はその後裔である可能性が高い。和泉郡の寺領は「池」の所在した軽部郷に位置したと思われるが、鷺森浩幸の検討によればその近辺には物部に関連する地名が分布しており、やはり物部氏の旧領であった可能性がある。物部氏に関連するこれらの寺領群は、守屋の没落とともに厩戸王の上宮王家に領され、法隆寺の寺領へと編入されたと推定される。大和国平群郡の寺領は法隆寺の近隣に広がる寺辺所領であった。その前身は上宮王家によって開発された斑鳩宮を中核とする経営体であり、開発時期を七世紀以前にさかのぼらせることができる。播磨国揖保郡の寺領は、推古から厩戸王の手に渡り、さらに法隆寺へと施入されたとする伝承が存在する。[39] これはおおむね事実を反映していると考えられ、七世紀初頭以前にミヤケとして開発された土地と推定される。このように、各経営体はミヤケや上宮王家・物部氏旧領などを前身とし、それを構成する「園地」も七世紀以前から存在していたと考えられる。

（4）観世音寺の「園地」

延喜五年十月一日筑前国観世音寺資財帳[40]には、観世音寺の所有する「園地」について記されている。

水田章

（中略）

墾田

（中略）

上座郡弐拾伍町陸歩　並大宝二年十月廿二日官施入也。薗地卌九町内□〔也カ〕。寺家所レ墾。並下田也。

（中略）

薗団〔圃〕地章後納

筑前国□〔町カ〕　上座郡杷伎野白□

右、依□□□〔大宝二カ〕年十月廿〔日脱カ〕官符施納、薗卌九町□

（中略）

已上大宝三年十月廿日官施入

資財帳の「薗圃地章」にみえる筑前国上座郡杷伎野は大宝三年（七〇三）の官符によって施入された「園地」であり、四九町の領域を占めていた。「水田章」の記述によれば、この「薗地卌九町内」には観世音寺の「墾田」も含まれていた。少なくとも資財帳が編まれた段階において、観世音寺の「園地」は水田などを実態とした「墾田」も包括する地目だったのである。さらに、こうしたあり方は八世紀初頭までさかのぼる可能性がある（第Ⅱ部第二章）。

大宝から養老にかけての四文書の断簡を抄出した観世音寺大宝四年縁起[41]には、杷伎野などの禁断を命じた大宝四年十二月十一日の大宰府移が載せられているが、そこで杷伎野は「波岐荒〔野〕」と表現されている。大宝令の用語としての「荒地」は未墾地を指し[42]、ここでの「荒野」も未墾地と解釈できる。このことから、大宝四年の段階では杷伎野に一定の規模の未墾地が含まれていたと考えられる。杷伎野の広大な土地では蔬菜や雑穀の栽培もなされていただろうが、全体として水田や未墾地なども含むような多様な経営の集合体としてとらえられる。その統括を担ったのは、資財帳荘所章にみえる「把枝〔伎〕荘」であろう。観世音寺の所有する「園地」は、未墾地・水田・ハタケなどを包含し、「荘」を中心として結合した経営体であった。

杷伎野が観世音寺に施入されたのは、「薗圃地章」に明記されているように直接的には大宝三年である。しかし、このことは杷伎野が大宝三年以降に開発されたことを示すわけではない。杷伎野は斉明朝の朝倉橘広庭宮の有力な比定地の至近に存在し、朝倉宮関連の所領を前身としたと推測される。経営体としての杷伎野の起源は、少なくとも律令制以前にさかのぼる可能性が高いのである(43)。

2　「園地」と「園」

ここまでの検討をもとに、実態としての「園地」の性格についてまとめておこう。「園地」は蔬菜・雑穀などのハタケを中核とする農地で、官司・寺院などによって所有された。水田・ハタケ・未墾地・山林など多様な地目が結合する大規模な経営体のなかで、「園地」は経営体の構成要素のハタケの称である一方で、経営体全体を包括する場合もあった。このような「園地」には令制成立以前に起源を求められるものも多く確認できる。

以上の特性を備えた有力者の「園地」には、園池司や観世音寺の例のように「園（薗）」とも称するものがみられる。「園」と表現される所領は、この他にも皇后宮職・造東大寺司といった官司や長屋王家などの貴族層に所有されており、社会的に一定の広がりをもっていた。実態としての「園地」の性格を理解するためには、これらの「園」も視野に入れて検討する必要があるだろう。まずは代表的な「園」である長屋王家の例から、その形態を概観してみたい。

長屋王家の所領は広範な地域に分布しているが、そのなかで確実に「園」と称していたのは大庭・片岡・山背の三カ所であった。

大庭御薗からは長屋王家に菁菜が進上されており(44)、蔬菜類のハタケの存在を確認できる。その比定地として最も有力なのは、『行基年譜』所引天平十三年紀に載る河内国茨田郡大庭里である(45)。茨田郡には仁徳朝の開発伝承を有する茨田屯倉が存在し、大庭の地域もその一部であったと推定される(46)。長屋王家の大庭御園も、茨田屯倉の段階に開発された土地を継承したものであった可能性が高い。

片岡御薗から進上される物品は桃・菁・蓮葉・交菜・奴奈波（蓴菜）など多様であり[48]、蔬菜類のハタケの他にも蓮や蓴菜を育てる池沼や果樹園が付属していたと推定される。また、阿射美（薊）・布々伎（蕗）が「交易進上」されていることから[49]、交易拠点としての機能もうかがえる[50]。その比定地である大和国葛下郡の片岡は、厩戸王の遊行伝説の舞台であるとともに[51]、皇極・孝徳の父である智努王の片岡葦田墓をはじめとする陵墓が存在するなど、大化以前から王権との関係の深い土地であった[52]。

河内国石川郡山代郷に比定される山背御薗からは、知佐（萵苣）・大根・古自（胡荽）・菁・比由（莧）・茄子・阿布比（葵）・交菜・布々支・阿佐美・竹子などが進上されていた[53]。山背の地には御田も併存しており[54]、御田と御薗は一体的に経営されていたと考えられる[55]。その一方で、所領全体の統括機関としては「御薗司」の表記がみえる[56]。このことは「御薗」が単なるハタケを指すだけではなく、所領を代表する呼称として通用していたことを示している。

長屋王家の「園」は蔬菜類を中心としたハタケであり、水田などの多様な地目とも結びつきつつ、時には所領全体を代表する名辞としても通用していた。また、大庭御薗・片岡御薗は七世紀以前から王権との関連の深い土地に展開し、大化以前に開発されていたと想定できる。以上の特徴は寺院・官司の「園地」と符合しており、「園」「園地」は同一の実態と考えられる（以下、有力者の「園」「園地」は、煩を避けるため「園」と統一する）。

ところで、有力者の「園」の特性に関しては鷺森浩幸の専論がある[57]。鷺森は貴族・寺院などの「園」を令文の想定する「園地」とは異なる形態であるとした上で、「水田」「畠」などと並ぶ独立した地目であると断じた。さらに、荘園図・班田図などの実態的史料にみえる「畠」と比較し、「園」が河川流域の低湿な地域に営まれた、蔬菜の栽培という特定の用益形態に対応する地目であると結論づけた。

たしかに「園」の所有者は貴族層などの有力者に限定されており、その形態が「均給」を原則とする園地条の「園地」と合致しないことは明白である。法制と実態を漫然と結びつける傾向の強いなかで、有力者の「園」の独自性を本格的に明らかにした点でこの見解は大きな意義を有する。一方で、「園」の要件を立地や用益形態に求めたことには若干の問題があるように思われる。これまでの例からも「園」で蔬菜類の栽培がなされていたことは確実であるし、低湿地に位置した「園」も多かったであろう。したがって、鷺森説は「園」の全体的な傾向を把握するものとしては有効である。しかし、「園」では雑穀なども栽培されており、用益形態による弁別が本質的であったとは考えがたい。むしろ重視すべきなのは、「園」と経営体との関係である。貴族・寺院・官司の所有する「園」は、ハタケを中核としつつ場合に応じて周辺の地目をも包摂する経営体だった。「畠」など他のハタケの呼称にはこのような機能は認めえず、この点に「園」の特徴を求めるのがより実態に即しているといえるのではないか。ここでは、蔬菜類を中心としたハタケによって構成され、時には経営体を包摂しうる呼称として「園」を定義したい(58)。

3　農民のハタケと「園地」

ここまでの検討によれば、令文や明法家の註釈以外の史料にみえる「園地」のほとんどは、官司・寺院・貴族などによって所有される大規模な農地であった。実態としての「園地」の大半は、園地条が想定するような律令農民も所有しうる「均給」のハタケではなかったのである。また中国では「園宅地」は令規定に沿って実際に班給され、戸籍などで厳格に管理された(59)。これに対し、日本の「園地」には班給や管理の実態を確認できない。これらの事実は、農民の耕作するハタケが令文通りに「園地」として管理されていたという想定に疑問を抱かせる。このようななかで、『続日本紀』天平十八年五月庚申条は例外的な史料である。

禁㆘諸寺競㆓買百姓墾田及園地㆒、永為㆗寺地㆖。

ここで諸寺に買得が禁じられた「園地」は「墾田」（水田）とは区別される耕地を指し、保有主体は「百姓」と明記されている。これは、農民のハタケが実際に「園地」として把握されていたことを示すようにもみえる。

　しかし、ただちにそう断定するのは早計であろう。延暦十四年（七九五）四月二十七日太政官符[60]によれば、天平十八年の禁令は田令官人百姓条（177頁）と不可分に結びつく。官人百姓条は寺院への土地の施入・売与を禁じた条文であり、そこで具体的にあげられた地目は「田宅・園地」である。とすれば、天平十八年の禁令中の「園地」という語は官人百姓条の表現を強く念頭に置いた表現と考えられる。つまり、ここでの「園地」という語は律令の語句を引用した結果として把握されるべきであり、現実に「園地」として管理される土地が存在したことを保証してはいないのである。したがって、この史料は律令農民のハタケが「園地」として管理されていたことの証左とはならない。

　「園地」は有力者の「園」を指す語として種々の史料に現れる一方で、農民の所有する現実のハタケを「園地」と称する実例は確認されない。これらから政府が「園地」という地目を実際に農民に班給して恒常的に管理するような実態はなかったことが強く疑われる。農民のハタケは、法制上は園地条の「園地」に含まれていたものの、実際には熟田を集中的に把握する律令国家の土地管理体制の範囲外に置かれていたと考えられる。

　従来の研究では、農民のハタケを「園地」と呼ぶ場合が多かった。しかし、「園地」という地目の運用の実態がない以上、この呼称は実態と法制上の概念を混同する危険性を孕んでおり、農民のハタケを指す一般名詞として利用することは不適当である。付言すれば、実態のハタケから帰納して令文の「園地」を論ずる手法も正当とはいえないであろう。

　運用の実態をふまえた上で、改めて園地条の内容に目を戻す。園地条には「均給」「絶戸還公」という班給・収公の規定が盛りこまれていた。これらは国家による農地への関与を前提とはしているものの、班給の細則や収公に関する詳細な規定を備えた口分田などの「田」と比較すると、その規定はかなり粗雑であるとの感を否めない。園地条の主眼が「園地」の班給と管理にあったとすると、令の制定者はわざわざ唐令を改変して班給の際に不都合が生じるであろう規定を生み出したことになるが、それはかなり不自然な事態に思える。園地条には実際に「園地」を班給し管理することと以外の意図がこめられていたのではないだろうか。

他方、前項で検討した有力者の「園」は、「園地」関連規定が立条される段階で広範に展開していたと考えられる。このような状況を考慮すれば、「園地」に関する令の規定が用字の共通する「園」とまったく無関係であったとは考えがたい。「園」は園地条の「園地」そのものとは認められないものの、令文に何らかの影響を与えた可能性は排除されないであろう。以上の点を確認し、次節は「園地」に関する令の規定の背景にせまっていきたい。

三　「園地」関連規定立条の背景

第一節の検討では、令文の「園地」規定の特徴について、園地条にみえる「均給」という公平な所有と、賃租条・官人百姓条に規定される比較的強い処分権という二つの方向性を抽出した。本節では、第二節で検討した「園地」をめぐる制度と実態の関係も考慮しつつ、これらの特徴の背景となるハタケ所有のあり方を考えていく。

1　賃租条・官人百姓条

賃租条・官人百姓条の「園地」には、「田」や中国の「園宅地」「戸内永業田」などと比較して強い処分権が認められた。旧来の説では、賃租条・官人百姓条の「園地」は園地条のそれと同一視され、農民のハタケに内在する強固な私有権を反映すると説明されてきた。しかし、すでに確認したように園地条の規定は強い私有権にもとづくものとは理解しがたく、賃租条・官人百姓条と農民のハタケを無前提に結びつけることも適当ではない。では、「園地」に強い権利を付与する規定が設けられた事情は何だったのだろうか。

その手がかりは、以下に再掲する田令官人百姓条に見出すことができる。

凡官人百姓、並不レ得下将二田宅園地一、捨施及売易与上レ寺。

大宝令は全体としてはこれと大差なく、「田宅園地」のうち「宅」「園」の存在も想定できるが、「田」「地」の二字が存在した確証はない。この点について、虎尾俊哉は戸令23応分条でも養老令の「田」字が大宝令の語句としては確実には復原できないことを参考にして、大宝令官人百姓条にも「田」が存在しなかった可能性を指摘している[61]。下鶴隆は、この知見を基にして官人百姓条の「宅」の性質についての議論を展開した。下鶴は、養老令で財産を意味する「田宅」という語句が現れる他の条文でも「田」の字を大宝令では復原できないことに着目し、これらの「田宅」が大宝令では一様に「宅」であったとした。その上で、これらの「宅」が単なる住宅を意味する語ではなく、有力者の所有する経営体（ヤケ）に対応する法制用語であると結論づけた[62]。従うべき見解であろう。下鶴は養老令にみえる「宅」を含む他の熟語（「宅地」「園宅」など）が大宝令に存在したことに否定的だが、その存在は十分に想定され（第Ⅰ部第一章）、これらの熟語中の「宅」も経営体を指す用語として矛盾なく理解できる。

　このような「宅」のあり方は、官人百姓条における「園地」（大宝令では「園」であった可能性も残るが、以下では「園地」で統一する）の意味・内容についても大きな示唆を与える。官人百姓条に対応する部分の唐令は、

諸官人百姓、並不レ得下将二田宅一、捨施及売易与中寺観上。（下略）[63]

という宋令の文章とほぼ同様だったと推定される。日本令では「宅」を有力者の経営体と読み替えた上で、「園地」という独自の内容を付加している。「園地」は日本令で新たに条文に盛りこまれた語句であり、そこには何らかの積極的理由があったとみなさなければいけない。その主体が農民のハタケだとすると、あえて有力者の所有する「宅」（ヤケ）と並べられた理由を説明できないのではないか。むしろ、ここでの「園地」は園地条のそれとは異なり、有力者の経営体である「宅」（ヤケ）と比較して遜色ないような財産形態を指すと考える必要があるだろう。

そこで想起されるのが、官司・寺院・貴族の所有する「園」である。「園」は有力者の経営体を構成するハタケであり、経営体全体を総括する表現でもあった。この「園」は経営体としての「宅」と類似する特徴を備えており、これと並び称される存在としても自然である。官人百姓条の「園地」は、主として有力者の「園」を念頭に置いたものと考えられるのである。律令制以前からの伝統を備える「園」は、その処分権も強固であったと考えられ、賃租条における「園」の背景としても相応しいであろう。

令文の「園地」は賃租条・官人百姓条において強い処分権を特徴とするが、これは有力者の経営体である「園」を前提とした時に整合的に理解される。有力者の「園」は園地条の「園地」とかなり異なる形態をとったが、一方で賃租条・官人百姓条の規定に大きな影響を及ぼしていたのである。

2　園地条

園地条には「園地」の公平な班給（＝「均給」）が規定されているが、第二節の検討によれば「園地」は実際には班給・管理の対象とされず、園地条自体も班給業務の実施を主眼としていない可能性が高い。本項では園地条が立条された意図を検討しつつ、律令制成立期から八世紀初頭にかけての農民のハタケの状況についても考察していきたい。

『出雲国風土記』出雲郡条には、当時の農民のハタケについて以下の記載がある。

出雲大川。（中略）河之両辺、或土地農渡、土穀・桑麻、稔㆓穎枝㆒、百姓之膏腴薗。（後略）

この「薗」は、農民の耕作する穀物や桑麻などの多様なハタケの総称であり、いわば一般名詞としての用法である。出雲大川の両岸には、農民の様々なハタケが広がっていた。これらのハタケは集落とさほど離れていない場所に営まれたのであろうが、特定の住宅の近傍ではなく、河川沿いの好条件の土地が適宜耕作されていたと考えられる。これは、園地条の「園地」が住宅と関係をもたない呼称へと改変されていたことに照応する。

「均給」という語にこめられた意図を解明する鍵は、大化元年八月に出された東国国司への詔の記述にある。

拝㆓東国等国司㆒、仍詔㆓国司等㆒曰、（中略）凡国家所㆑有公民、大小所㆑領人衆、汝等之㆑任、皆作㆓戸籍㆒、及校㆓田畝㆒。其薗池水陸之利、与㆓百姓㆒倶。(64)

詔では、東国国司の任務として、「戸籍」の作成や「田畝」の調査などとともに、「薗池水陸之利」を「百姓」と共同で利用すべきことが命じられている。

詔中でハタケを指すと疑われる表現は、「田畝」「薗」の二種類である。「田畝」は、「タハタケ」という古訓からハタケを含む可能性が生じている。しかし、同日の記事にみえる大和国六縣への遣使の部分に「校㆓田畝㆒〈謂検㆓覈墾田頃畝㆒〉」とあることによって、ここでの「田畝」が「墾田」（＝水田）を意味することは明白である。したがって、詔文中のハタケは「薗」のみとなる。

ここでの「薗」は元来いかなる性格を有するハタケだったか。この問に対する一つの答は、彌永貞三が提示している。彌永は「薗」を私有権の強い農民のハタケと解すると共同利用の指令が不可解であるとして、その本来の姿を豪族の所有する大規模な庭園ないし樹木を植えた農園とした(65)。しかし、この見解が依拠した農民のハタケの私有権に関する想定は、第一節で検討したように確実な前提とはなりえず、この説も再検討される必要がある。

そこで参考となるのが、「水陸」のあり方である。この「水陸」は、「田畝」（＝水田）や「薗」（＝ハタケ）といった耕地以外の山野・河川と解せる。この時期の山野・河川は、大化元年に人口調査のための使者が発遣される際に、

詔曰、（中略）其臣・連等・伴造・国造、（中略）割㆓国縣山海・林野・池田㆒、以為㆓己財㆒、争戦不㆑已。或者兼㆓幷数萬頃田㆒。或者全無㆓容針少地㆒（下略）(66)

と「臣・連等・伴造・国造」による占取が問題視されたように、豪族層の進出によって農民の利用が侵害される状況に置かれていた。東国国司への詔における共同利用の指示は、豪族層による農民の圧迫を抑制し、本来的な用益のあ

り方を保護するものとして位置づけられよう。「薗」に対する措置も、基本的にはこれと同様の図式であったと理解できる。つまり、農民が利用すべき「薗」が豪族層の侵略にさらされたために、共同利用という形で農民の耕作の保全がはかられたと考えられるのである。この想定に従えば、「薗」は本来的に農民の耕作するハタケだったことになる。

ところで、共同利用という形での旧態の回復は、元来農民の共同の用益が想定される山野・河川には適合的といえるが、ハタケにはあまりなじまないようにみえる。農民のハタケに私有の観念が貫徹していたとすると、山野・河川と同じ利用形態をとることが必ずしも農民の利用の保護と結びつかないように思えるのである。この違和感を解消するには、元々の農民のハタケが山野などと類似の状態、つまり共同用益に近い状況にあったと想定する以外にないであろう。この段階の農民のハタケは、住宅近傍のごく小規模なものを別にすれば、耕作者と耕地の間に個別的・継続的関係が希薄であり、それ故に政府は共同利用を保証することで農民のハタケ用益を保護しようとしたのである。

ここで園地条に立ち戻ろう。園地条は「均給」という規定によって公平な利用を表明する一方で、班給の基準に関する規定を欠いていた。このことは、ハタケの共同利用が一般的で個別的用益が未発達であったことを前提にすると合理的に理解できる。つまり、ハタケの用益権が流動的であったために、明確な班給基準を規定してもほとんど意味をなさなかったと考えられるのである。一方で「均給」という規定は、公平な利用をはかることで、ある主体によるハタケの独占を否定する効果をもつ。東国国司詔にみえるような状況を考慮すると、結局のところ「均給」という表現には有力者による農民のハタケの圧迫を抑制する意図が込められていると評価できるのではないだろうか(67)。

園地条では、明確な班給基準・額を設定することなく、「均給」というあいまいな班給基準が設けられていた。これは、一方では農民のハタケ保有権が未発達だったために個別の用益権を公的に設定しがたいという条件に規制されたものであり、他方では有力者によるハタケの占取に対して農民のハタケ利用を保護しようという意図をこめたものとして理解できるのである。

結

本章では田令に定められた「園地」の性格に関する検討を通じて、その背景にある諸階層のハタケ所有のあり方を明らかにした。その結果を再構成して提示すると、以下のようになる。

園地条は「均給」というあいまいな班給原則を特徴とした。これは農民によるハタケの共同利用的形態に対応しており、ハタケの共同利用を公的に追認して有力者による農民のハタケへの圧迫を排除するという意図がこめられていた。律令制形成期の農民のハタケには、明確な所有権が未発達だったのである。

賃租条・官人百姓条の「園地」には永売・年期売など比較的大きな処分権が認められていた。その前提となったのは、貴族層・寺院・官司などの所有する大規模な農園である「園」であった。「園」では令制成立以前から強固な所有・経営がなされていた。令にみえる「園地」の権利はその反映として位置づけることができる。

ハタケに対する所有のあり方は、このように農民と寺院・貴族層などの間で大きな隔たりがあった。令文の「園地」はこの差異に大きく規制され、異なった性格の混在する地目となってしまったと考えられる。その後、諸階層のハタケ所有のあり方には変化がみられるが、その点については章を変えて述べていきたい。

註

（1）この時期の主要な研究は、泉谷康夫「奈良・平安時代の畠制度」（同『律令制度崩壊過程の研究』鳴鳳社、一九七二年、初出一九六二年）、梅田康夫ａ「律令制社会の園宅地所有について」（服藤弘司・小山貞夫編『法と権力の史的考察』創文社、一九七七年）、梅田康夫ｂ「律令時代の陸田と園地」（『宮城教育大学紀要』一三、一九七八年）、亀田隆之ａ「陸田制」（同『日本古代制度史論』吉川弘文館、一九八〇年、初出一九七二年）、亀田隆之ｂ「陸田制再論」（同『奈良時代の政治と制度』吉

川弘文館、二〇〇一年、初出一九八三年）、辻雅博「古代の畠の制度について」（『中央大学大学院論究』一二―一、一九八〇年）、森田悌「畠と園地」（同『日本古代の耕地と農民』第一書房、一九八六年、初出一九八四年）など。

（2）なお、この想定にはすでに有力な批判が提出されている。梅田前掲註（1）a論文、吉村武彦「律令制的班田制の歴史的前提について」（井上光貞博士還暦記念会編『古代史論叢』中、吉川弘文館、一九七八年）参照。

（3）天聖田令唐16条。なお、『通典』巻二　食貨　田制下の引く開元二十五年令では、二字目「給」の前に「応」がみえる一方、末尾から五字目の「地」字を欠している。

（4）明法家の見解でも班給が人別（義解・令釈・穴記所引師説）か戸別（古記・穴記所引古答）かで一定しないし、面積については穴記が「地多三四段耳」と述べる以外にはふれられない。

（5）「均給」を確実に復原でき、「園」「若絶戸還公」の存在もほぼ想定できる。

（6）官人百姓条古記には「売易」という用語について「限一年売買非也」と説明されており、一年を限度とする年期売（＝「賃租」）も広義には「売買」の範疇であったことが知られる。なお、吉村武彦「賃租制の構造」（同『日本古代の社会と国家』岩波書店、一九九六年、初出一九七八年）参照。

（7）仁井田陞「中国・日本古代の土地私有制」（同『中国法制史研究　土地法・取引法』東京大学出版会、一九六〇年、初出一九二九年）など。

（8）石母田正「古代村落の二つの問題」（『石母田正著作集』一、岩波書店、一九八八年、初出一九四一年）、同『日本の古代国家』（『石母田正著作集』三、岩波書店、一九八九年、初出一九七一年）。

（9）『通典』巻一　食貨　田制上。

（10）堀敏一『均田制の研究』（岩波書店、一九七五年）。

（11）吉村前掲註（2）論文、森田前掲註（1）論文。

（12）『類聚三代格』巻八　大同二年（八〇七）正月二十日太政官符所引天平二年（七三〇）五月六日格に桑漆について「依レ令殖満」とある。吉村前掲註（2）論文も参照。

（13）『通典』巻二　食貨　田制下による条文配列の復原。なお、天聖令附載不行唐令によって田令の大部分の条文配列が明らかになっているが、桑漆条相当条文は宋令に改変された（宋2条）ために不行唐令の条文群に含まれず、正確な位置を知ることができない。近年は『通典』に記された桑漆条相当条文の位置が論理的に不自然であるとして日本令同様の配列を想定する見解も提出されている（山崎覚士「唐開元二十五年田令の復原から唐代永業田の再検討へ」〔『洛北史学』五、二〇〇三年〕、宋家鈺「唐開元田令的復原研究」〔天一閣博物館・中国社会科学院歴史研究所天聖令整理課題組校証『天一閣蔵明鈔本天聖令校証』下、中華書局、二〇〇六年〕）。しかし、少なくとも桑漆条相当条文周辺に関する限り『通典』における唐田令の条文配列は正確である一方で、唐令が日本令と同じ条文配列であったと想定する根拠は薄弱である。本章では、従来通り『通典』の条文配列を重視したい。

（14）　吉村前掲註（2）論文。

（15）　なお、令文の「園地」が桑漆の課殖を第一の目的として立条された地目と解釈する見解もみられる（吉村前掲註（2）論文、伊佐治康成「古代における雑穀栽培とその加工」〔木村茂光編『雑穀』青木書店、二〇〇三年〕など）が、桑漆の課殖地としての性格は「園地」に付与された機能の一つととらえるべきであろう。また、桑漆条に課殖地が明示されていないことは、山野等への課殖も想定されていた可能性も示している（亀田前掲註（1）b論文）。

（16）　『通典』巻二　食貨　田制下に引用される唐令は、以下のとおり。

毎ㇾ畝課ニ種桑五十根以上一、楡棗各十根以上、三年種畢。郷土不ㇾ宜者、任以ニ所ㇾ宜樹一充。

「郷土不～宜樹充」は桑漆条と対応する天聖田令宋2条と完全に一致しており、開元二十五年令としての確度が高い。ただし、「毎畝」はそのままでは文意不通であり、「毎戸」の誤りないし衍字であることが想定される（池田温「唐令と日本令（二）『唐令拾遺補』の訂補」〔『創価大学人文論集』一一、一九九九年〕、宋前掲註（13）論文）。

（17）　『唐令拾遺補』では、復原条文に「諸戸内永業田」という首部を付加する。近年でも、「諸永業田」という文言を条文の冒頭に想定する見解がある（宋前掲註（13）論文）。

（18）　吉田孝「墾田永年私財法の基礎的研究」（同『律令国家と古代の社会』岩波書店、一九八三年）。

（19）　『日本書紀』同月癸酉条。

（20）　梅田前掲註（1）a論文。

(21) 仁井田前掲註(7)論文。
(22) 大日古二─六二四(該当部分は二─六五七)。
(23) 猪熊信男旧蔵文書。平─四五五一。
(24) 随心院文書。大日古四─一一八。
(25) 同年正月四日平城京葛木寺東所地四坊図(随心院文書。釈文は、東京大学史料編纂所編『日本荘園絵図聚影　釈文編一　古代』(東京大学出版会、二〇〇七年)および大日古四─一二〇)。
(26) 岸俊男「藤原仲麻呂の田村第」(同『日本古代政治史研究』塙書房、一九六六年、初出一九五六年)。
(27) 住宅と関連の深い平城京内の「園地」としては、他にも『唐大和上東征伝』にみえる「園地一区」の例がある。この地は新田部親王の旧宅であり、後に唐招提寺の伽藍となった。その性格は、住宅と周辺の庭園・閑地として特徴づけられる。
(28) 『類聚三代格』巻一六。
(29) 奈良文化財研究所編『藤原宮木簡』一、一号木簡。
(30) 『木簡研究』五、八四頁。
(31) 職員令50園地司条には蔬菜・樹菓の種殖が職掌としてみえるのみであるが、園池司の「園地」で雑穀が栽培されていたことや、前身官司である「薗職」が大豆を進上している(『藤原宮木簡』一、一号木簡)ことから、雑穀の進上も本来的な職掌であったと考えられる。園池司の職掌については、伊佐治康成「園池司について」(黛弘道編『古代国家の政治と外交』吉川弘文館、二〇〇一年)、柳沢菜々「園池司の職掌と内膳司への併合」(『日本歴史』七七五、二〇一二年)も参照。
(32) 城二九─一三。
(33) 鷺森浩幸「屯倉の存在形態とその管理」(同『日本古代の王家・寺院と所領』塙書房、二〇〇一年)。
(34) 大日古二─五七八(該当部分は二─六一六～)。
(35) 鷺森浩幸「法隆寺の所領」(前掲註(33)書所収)。
(36) 仁藤敦史「『斑鳩宮』の経済的基盤」(同『古代王権と都城』吉川弘文館、一九九八年、初出一九八七年)。
(37) 『日本書紀』崇峻天皇即位前紀。

(38)『日本書紀』用明二年（五八七）四月丙午条。
(39)『日本書紀』推古十四年（六〇六）是年条など。
(40)東京藝術大学所蔵文書、平一一九四、『太宰府市史』古代資料編 史料一九〇。
(41)大東急記念文庫所蔵文書。釈文は、石上英一「古代荘園と荘園図」（金田章裕・石上英一・鎌田元一・栄原永遠男編『日本古代荘園図』東京大学出版会、一九九六年）参照。
(42)田令29荒廃条古記には「荒地、謂未熟荒野之地。先熟荒廃者非」とあり、大宝令荒廃条に存在した「荒地」の語義が未墾地であることを明確に示している。
(43)なお、『続日本紀』神護景雲二年（七六八）九月辛巳条にみえる「園地」についても、農民の所有する農地を指すとする見解（吉村武彦「八世紀『律令国家』の土地政策の基本的性格」〔『史学雑誌』八一―一〇、一九七二年〕など）があるが、基本的には観世音寺の所有する「園地」であると考える。第Ⅱ部第二章参照。
(44)城二一―九。
(45)舘野和己「長屋王家木簡の舞台」（同『日本古代の交通と社会』塙書房、一九九八年、初出一九九二年）。
(46)鷺森前掲註（33）論文。
(47)厳密には「片岡御薗」という完全な表記は確認できないが、「岡御薗」と読めそうな文字が存在する（平城京一―一七四八）。
(48)平城京一―一七七、一八〇、城二一―九など。
(49)平城京二―一七四三。
(50)伊佐治康成「日本古代『ソノ』の基礎的考察」（『学習院史学』三八、二〇〇〇年）。
(51)岩本次郎「木上と片岡」（奈良国立文化財研究所編『長屋王家・二条大路木簡を読む』吉川弘文館、二〇〇一年、初出一九九二年）。
(52)『日本書紀』推古二十一年十二月庚午条。
(53)延喜諸陵式13能裒野他遠墓条。
(54)舘野前掲註（45）論文。

(55) 平城京一―一九四～一九六、二―一七五四～一七五六など。
(56) 平城京一―一六〇、城二五―二六など。
(57) 鷺森浩幸「園の立地とその性格」（前掲註（33）書所収）。
(58) 鷺森が「園」と対置した「畠」について、ここで簡単な見通しを述べておきたい。「畠」は雑穀の栽培地を原義として多様な非水田耕地を包括するが、「園」と異なり経営体を代表する機能をもたない。その意味で「園」と「畠」は明確な対比関係にはなく、同一の耕地が「園」と呼ばれ「畠」と呼ばれることも可能であった。また荘園図などにみえる「畠」には、経営体として囲い込まれた土地のなかで「田」として認定された範囲を超える部分を指している場合もある。
(59) 曽我部静雄「均田法の園宅地」（同『中国律令史の研究』吉川弘文館、一九七一年）など参照。
(60) 『類聚三代格』巻一九。
(61) 『班田収授法の研究』（吉川弘文館、一九六一年）。
(62) 「日本律令における『宅』と『田宅』」（『ヒストリア』一六四、一九九九年）。
(63) 天聖田令宋3条。
(64) 『日本書紀』同月庚子条。
(65) 彌永貞三「大化以前の大土地所有」（同『日本古代社会経済史研究』岩波書店、一九八〇年、初出一九六五年）。
(66) 『日本書紀』同年九月甲申条。
(67) なお、雑令9国内条に「山川藪沢之利、公私共之」と規定され、山野の共同利用も令文に定着している。

第二章　「陸田」の特性とハタケ所有

はじめに

律令制下のハタケ地目の一つである「陸田」は、国家的土地制度との親近性から、この時期のハタケのあり方を解明する糸口として早くから注目されており、その制度的特徴や変遷については議論が尽くされた感もある。一方で、前章で明らかにした「園地」の特性や八世紀初頭のハタケ所有のあり方に関する知見を利用して再検討することで、「陸田」に関して従来にはない視点を導入できるように思う。

そこで本章では、史料の網羅的な検討や「園地」の特性との比較などによって「陸田」の性質を明確化し、その制度的変遷について改めて考察していく。さらに、これらの情報を用いることで、八世紀初頭のハタケ所有の様相―農民の共同所有的なハタケ所有と有力者の大土地経営の一環としてのハタケ所有の分離状況―がどのように推移していくのか、見通しを立てていくことにしたい。

一　「陸田」の特性

研究史をひもといてみると、「陸田」は一九六〇年代頃まで「畠」「園地」「圃」といった他のハタケ地目と同一の存在ととらえられ、質的な違いはあまり問題にされてこなかった。「陸田」と呼ばれる土地が「畠」とも称される例がある（後述）など、史料に顕れるハタケ地目の弁別は難しく、高重進が「陸田」「畠」「園地」の三者を法の適用を受ける際の名目の違いにすぎないとした(1)ことには一面の真実が含まれている。

この研究動向に対して、泉谷康夫は「陸田」と「園地」が実態としては分かちがたいことを認めながらも、制度上において両者を区別する必要性を主張した。そして、「園地」が桑漆・蔬菜・雑穀などを栽培する令に規定されたハタケであるのに対し、「陸田」は雑穀栽培を主眼とした輸地子のハタケであると結論づけた(2)。

泉谷の説を承けた亀田隆之は、「陸田」「園地」の間に明確な区別がないとしつつ、「陸田」を雑穀栽培地、「園地」を桑漆課殖地を基本としながら蔬菜も栽培する土地とする原則があったと考えた。そして、大宝令制では広い意味のハタケであった「園地」が、後に雑穀栽培地としての「陸田」と桑漆の栽培地である「園地」に法制上は分離するとした(3)。

泉谷・亀田の研究は、制度としての「陸田」に光をあてて「園地」「陸田」の歴史的展開に道筋をつけた点で画期的であり、以降の「陸田」研究は両説を土台として進められた(4)。ただし、両者は「陸田」という区分を実際の土地利用にもとづくものとし、「園地」「陸田」が土地の管理の上で同様の機能をはたす概念であったとする。しかし、ここまでの諸章で検討してきたように、実態としての土地利用が地目の法制上の呼称と必ずしも一致するわけではなく、「陸田」の要件を雑穀の作付にのみ求めるのは疑問である。また、前章での検討によると、令文における「園地」は現実の土地を管理・運用する際に用いられる概念ではなかった。こうしたあり方を考慮すると、「陸田」と「園地」を同一の軸線上にとらえることにも疑問が生じる。

本節では、こうした点に留意しながら、おおむね九世紀までの史料（表4）によって「陸田」の特徴を再検討した上で、「園地」の特性との比較を試みる。史料の引用の際には、表4に附した番号を用いる。

（1）『日本書紀』神代上　第五段　一書第一一（部分）

于時、天照大神喜之曰、是物者、則顕見蒼生、可二食而活一之也。乃以二粟稗麦豆一、為二陸田種子一。以レ稲為二水田種子一。

（3）『類聚三代格』巻八　和銅六年（七一三）十月七日詔[5]（部分）

然今諸国百姓、未レ尽二産術一。唯趁二水沢之種一、不レ知二陸田之利一。或遭二澇旱一、更無二餘穀一、秋稼若罷、多致二饑饉一。

（1）は、天照大神が月夜見尊に殺害された保食神の屍から生じた五穀などの処置を行ったという神話である。ここで粟・稗・麦・豆は、「陸田種子」と称されている。この「陸田」は、稲を植える「水田」と対照される雑穀を栽培する空間であった[6]。（3）では、「陸田之利」（＝雑穀）の軽視が、「水沢之種」である稲の重視と対比的に述べられている。亀田隆之がこの史料を「陸田制」の成立を示すものとして高く評価して以降、この「陸田」を制度上の地目ととらえる傾向がみられた。しかし、「水沢」が律令制的地目と無縁の語である以上、それと対比される「陸田」のみを法制上の地目とみなすことはできないだろう。ここでの「陸田」は、あくまで水田の対概念としての雑穀栽培地としてとらえなければいけないのである。このように「陸田」には、稲の耕作地としての水田と対比しつつ、雑穀を栽培するハタケを指す一般名詞的な用法が存在した。これが「陸田」の原義と考えられる。

一方、次の「陸田」はそれとやや異なるあり方を示している。

表4　「陸田」関連史料

	年	西暦	月	日	所在地 国	所在地 郡	面積 町	面積 段	面積 歩	用例	本主等	出典	備考
1	—	—	—	—	—	—	—	—	—	「陸田種子」	—	日本書紀　神代上	
2	和銅2	709	10	25	大倭	高市	11	9	102	「陸田」	弘福寺	弘福寺水陸田目録	大日古7—1／「田記」の写し（第Ⅱ部第一章参照）
					大倭	内	—	6	0				
					山背	久勢	37	1	281				
3	和銅6	713	10	7	—	—	—	—	—	「不知陸田之利」	百姓	類聚三代格　巻8	
												続日本紀　霊亀元・10・乙卯	
4	養老3	719	9	丁丑	—	—	—	—	—	「陸田」	百姓	続日本紀　同日	
5	天平元	729	11	癸巳	阿波・山背		—	—	—	「陸田」	百姓	続日本紀　同日	
					山背		—	—	—	「陸田」	三位以上		
6	天平2	730	6	庚辰	畿内		—	—	—	「水田陸田」	百姓	続日本紀　同日	
7	天平20	748	6	17	大倭	広瀬	1	0	0	「墾陸田」	弘福寺	弘福寺牒	大日古3—41／疑文書（天平19年資財帳の情報か。第Ⅱ部第一章参照）
8	八世紀中葉				大和	平群	—	1	28	「垣陸田」	額田寺	大和国額田寺伽藍並条里図	
9	神護景雲元	767	9	戊申	対馬		5	2	0	「陸田」	吉備真吉備	続日本紀　同日	
10	宝亀7	776	12	11	備前	津高	—	—	—	「陸田」	唐招提寺	備前国津高郡収税解	大日古6—590
11	宝亀7	776	12	11	備前	津高	—	—	—	「陸田」	唐招提寺	備前国津高郡津高郷人夫解	大日古6—591『唐招提寺史料』3号文書
12	宝亀8	777	正	18	備前	津高	—	—	—	「散波陸」田」「陸田」	唐招提寺	備前国津高郡収税解	大日古6—595『唐招提寺史料』5号文書
13	延暦3	784	11	3	—	—	—	—	—	「営水田陸田」	国司	類聚三代格　巻15	
14	延暦15	796	9	丙申	山城	紀伊	2	0	0	「陸田」	和気広虫	日本後紀　同日	
15	大同3	808	10	13	大和		2	5	0	「陸田」	左馬寮	類聚三代格　巻15	
					山城		14	6	180		左馬寮		
					大和		2	5	0		右馬寮		
					山城		14	6	180		右馬寮		

16	弘仁 2	811	5 / 11	―	―	「水陸田目録」	弘福寺	弘福寺文書目録	平―12
17	弘仁 2	811	10 / 17	山城	― / 3 / 236	「陸田」	坂上田村麻呂墓地	太政官符案	平―34
18	弘仁 3	812	5 / 庚申	諸国	―	「水陸田」	諸国司	日本後紀 / 同日	
19	弘仁 3	812	3 / 己卯	山城 / 乙訓	1 / 9 / 0	「陸田」	春日内親王	日本後紀 / 同日	
20	天長 5	828		山城 / 葛野	―	「班水陸田図」「陸田」「乗陸田」ほか	嵯峨荘など	山城国葛野郡班田図	
21	天長 7	830	2 / 乙卯	山城	― / 1 / 200	「陸田」	春宮坊	類聚国史 / 巻107	
22	天長 7	830	4 / 戊申	阿波	―	「陸田」	民	類聚国史 / 巻159	
23	承和 3	836	11 / 丁卯	山城 / 綴喜	2 / 0 / 0	「乗陸田」	時子内親王	続日本後紀 / 同日	
24	承和 7	840	5 / 2	―	―	「陸田」	百姓	類聚三代格 / 巻8	
25	承和 8	841	11 / 癸丑	山城 / 相楽	3 / 0 / 0	「乗陸田」	橘清子	続日本後紀 / 同日	
26	承和 9	842	7 / 20	諸国	―	「寺家墾田陸田等」	東大寺	因幡国司解所引東大寺牒（承和五年カ）	平―72（540号） 東南院2―293
27	承和 9	842	7 / 24	諸国	―	「寺家墾田陸田」	東大寺	因幡国司解所引東大寺牒（承和五年カ）	平―74（539号） 東南院2―286
28	承和 12	845	9 / 10	―	―	「水陸田」	東寺	民部省符写	平―補156
29	貞観 3	861	2 / 25	紀伊 / 名草	―	「水陸田」	紀氏守	紀伊国直川郷墾田売券	平―130
30	貞観 5	863	12 / 13	山城 / 紀伊	0 / 6 / 180	「元乗陸田」	貞観寺	貞観寺畠相博状案	平―141
31	貞観 12	870	12 / 13	山城 / 葛野	0 / 6 / 352	「乗陸田」	葛野郡百姓	日本三代実録 / 同日	
32	貞観 13	871	⑧ / 14	鴨川辺	―	「水陸田」「水田陸田」	諸家	類聚三代格 / 巻8	
33	貞観 15	873		山城 / 葛野	―	「水陸田」	広陵寺	広陵寺資財帳	平―168

34	貞観17	875	12	15	諸国		—			「墾田陸田」	伴善男（旧主）	日本三代実録	同日	
35	貞観18	876	7	22	紀伊	伊都・那賀・名草・牟婁	38	0	0	「水陸田」	金剛峰寺	日本三代実録	同日	
36	元慶4	880	3	16	山城		—			「陸田」	京戸・土戸	日本三代実録	同日	
37	元慶7	883	9	15	河内	錦部	5	4	0	「水陸田」	観心寺	河内国観心寺縁起資財帳		平—174
					河内	石川	1	3	100	「陸田」				
					河内	石川	1	0	0	「陸田」				
					河内	石川	10	4	0	「水陸田」				
					河内	石川	2	1	100	「水陸田」				
					紀伊	那賀	15	5	69	「水陸田」				
38	仁和元	885	11	17	諸国		—			「水陸田地」	時康親王	日本三代実録	同日	
39	仁和3	887			山城	葛野	—			「水陸田」	広陵寺	広陵寺資財交替実録帳		平—175
40	寛平8	896	4	13	—		—			「堤東西水陸田」	百姓	類聚三代格	巻8	
41	昌泰4	901	4	5	—		—			「堤東西水陸田」	百姓	類聚三代格	巻8	
42	—				—		5	0	0	「藍陸田」	内蔵寮	延喜式	内蔵55藍陸田条	
43	—				—		—			「陸田…等帳」	—	延喜式	民部上32朝集使還国条	
44	—				山城・阿波		—			「陸田水田」	百姓口分田	延喜式	民部上130陸田班授条	
45	—				—		—			「府蒭陸田」	左右近衛府	延喜式	左右近衛68蒭陸田条	

（11）宝亀七年（七七六）十二月十一日備前国津高郡津高郷人夫解[7]

津高郡津高郷人夫解　申進絁根売買陸田券文事
合散波畠参段参拾弐歩　充直稲肆拾肆束
桉作部千紲畠三百廿歩　充直稲拾参束
漢部真長畠一段七十二歩　充直拾陸束
蝮王部臣公稽畠一段　充直稲拾伍束
以前、依二庸米幷火頭養絁直不一レ成、件陸田常地売二与招提寺一既畢。仍造二券文二通一、一通進レ郡、一通授二買得寺一。
（下略）

これは、唐招提寺が備前国津高郡津高郷に所在する農民の「畠」を買得した際の売券である。所有者名を附した個別の「畠」が集合して、「陸田」と総称されている点が特徴である。「畠」が実際の景観に即した呼称であるのに対し、「陸田」は国家的制度に則った法的地目としての呼称であったとみられる。以下では、こうした制度上の「陸田」についてみていきたい。

まず、その所有主体について、史料に即して確認する。

（5）『続日本紀』天平元年（七二九）十一月癸巳条

太政官奏、（中略）又阿波国・山背国陸田者、不レ問二高下一、皆悉還レ公、即給二当土百姓一。但在二山背国一三位已上陸田者、具録二町段一、附レ使上奏。以外尽収。開レ荒為レ熟、両国並聴。其勅賜及功者、不レ入二還収之限一。並許之。

これは、最大級の規模で行われた天平元年班田の細則についての太政官奏である。ここでは、水田の不足を直接の理由として、阿波国・山背国において「陸田」をすべて収公して、農民に班給する旨が述べられている。この「陸田」は、班田制に繰り入れられた土地として把握できる。収公の際に身分の「高下」が問われなかったように、両国における「陸田」の所有主体は広範な階層に及んでおり、少なくとも山背国では三位以上が「陸田」を所有していたことも分かる。「陸田」は、農民から貴族層までのあらゆる階層に所有される地目だったのである。

（4）『続日本紀』養老三年（七一九）九月丁丑条

詔、給㆓天下民戸、陸田一町以上廿町以下㆒。輸㆓地子㆒、段粟三升也。

これによると、養老三年に「陸田」は「天下民戸」に「給」されている。この詔の解釈や意義づけは後段に譲るが、「陸田」の班給対象が、農民も含むとみられる「民戸」と表現されていることに着目したい。これは、（5）で農民も「陸田」を所有していたとみられることに対応している。

（9）『続日本紀』神護景雲元年（七六七）九月戊申条

右大臣従二位吉備朝臣真吉備、献㆓対馬島墾田三町一段、陸田五町二段、雑穀二万束㆒。以為㆓島儲㆒。

（34）『日本三代実録』貞観十七年（八七五）十二月十五日条

庶人伴善男没官墾田陸田、山林荘家稲、塩浜塩釜等、在㆓諸国㆒。皆充㆘造㆓京城道橋㆒料㆖。

（38）『日本三代実録』仁和元年（八八五）十一月十七日

以㆘帝龍潜時、在㆓畿内外国㆒水陸田地㆖、皆為㆓勅旨田㆒、下㆓符諸国㆒知。

これらの史料によれば、八〜九世紀に活躍した吉備真備・伴善男・時康親王（光孝天皇）などは、諸国に「陸田」を所有していた。貴族層による「陸田」所有の具体例である。

（15）『類聚三代格』巻一五　大同三年（八〇八）十月十三日官符

一充㆓左馬寮㆒水田二百卌七町五段三百廿四歩（中略）

陸田十七町一段百八十歩

大和国二町五段

山城国十四町六段百八十歩

一充㆓右馬寮㆒水田二百卌五町五段三百廿四歩（中略）

陸田十七町一段百八十歩

大和国二町五段

山城国十四町六段百八十歩（下略）

ここでは、山城国・大和国の「陸田」が左右馬寮領として認定されている。これらは、『延喜式』には収穫を年料蒭の不足や寮の雑用に充てる「畿内畠」（左右馬式58畿内畠条）としてみえる。他にも、『延喜式』には内蔵寮の「藍陸田」（42）や左右近衛府の「府蒭陸田」（45）が載せられている。こうした官司の所領にも、「陸田」は含まれていたのである。

（2）和銅二年十月二十五日弘福寺水陸田目録[8]

弘福寺川原

田壱伯伍拾捌町肆段壱伯弐拾壱歩

陸田肆拾玖町柒段参歩（下略）

（35）『日本三代実録』貞観十八年七月二十二日条

金剛峯寺水陸田卅八町、在㆓紀伊国伊都・那賀・名草・牟婁四郡㆒。勅免㆓其租㆒、永為㆓寺田㆒。

（2）は、弘福寺が八世紀初頭の段階で所有した「寺田」を網羅的に書き上げた「田記」の写しである（第Ⅱ部第一章）。ここでの「陸田」は、寺領の中核たる「寺田」の一部にあたる。（35）の金剛峯寺の所有する「水陸田」は、新たに「寺田」の列に加えられている。なお、永承四年（一〇四九）十二月二十八日付の太政官符案[9]には、名草郡に七町一八七歩の「陸田」が存在したことがみえる。以上の事例により、八～九世紀には「陸田」が「寺田」の一部をなしていたことが確認できる。

(26) 承和九年（八四二）七月二十日因幡国司解所引承和五年（カ）東大寺牒(10)

寺家墾田・陸田等毎レ国有レ数。而頃年差二寺使一令レ勘、或為二王臣地一、或為二百姓田一。今為二実録一、件人充レ使発遣。望請、蒙二下符一、将二勘糺一。

(31)『日本三代実録』貞観十二年十二月十三日条

勅、収二山城国葛野郡百姓地六段三百五十二歩一、賜二鋳銭所一。以二乗陸田一、相博給二本主一。

(26) の東大寺領の「陸田」は全国的に広がっていたが、「王臣地」や「百姓田」となってしまっていたという。寺領の「陸田」は貴族層や農民の所有地へと転化しえたのである。(31) で鋳銭所に附された「百姓地」は、替として農民に「乗陸田」が給されていることをみると、「陸田」であった可能性が高い。これは、「陸田」の所有主体が諸司と農民の間で移動しえたことを示している。天平元年班田の際に、貴族層の「陸田」が収公されて農民に班給された(5)ことも、所有主体の移動の事例の一つである。このように、貴族層・寺院・官司・農民の間で「陸田」の所有関係は移動する場合があった。

「陸田」は、農民・貴族層・官司・寺院といった律令制国家を構成する主要な成員を本主とし、その所有主体は階層を越えて移動したことになる。ところで、ここまでで取り上げた史料では、「陸田」は口分田などの「田」の一部をなしていたことがみえる。この点について、さらに掘り下げてみたい。

(22)『類聚国史』巻一五九　田地上　口分田　天長七年（八三〇）四月戊申条

阿波国水田一十町二段、混二雑陸田一、班二民口分田一。墝処岸高、無レ便レ導レ水也。

(44) 延喜民部上式130陸田班授条

凡山城・阿波両国班田者、陸田・水田相交授之。

天平元年班田では、山背国・阿波国の「陸田」が口分田として班給された（5）。天長年間に阿波国の「水田」を「陸田」として班給したという（22）の記事や、天長五年班田にともなって原図が作製された山城国葛野郡班田図の記載（20）[11]などによって、九世紀にも両国の「陸田」が班田制の枠内で機能していたことをうかがいうる。[12]このあり方は、（44）の規定につながっていく。こうした「陸田」は、口分田の一部として把握できる。

天平元年班田において山背国・阿波国の「陸田」は「勅賜及功者、不入還収之限」とされた（5）。「勅賜及功」とは、田令の賜田と功田にあたる。こうした「田」にも「陸田」は含まれていたのである。さらに、「在山背国三位已上陸田」も、賜田・功田、あるいは位田・職田にあたる可能性が高い。（38）にみえる時康親王の「陸田」も、おそらくはこうした名目で所有されており、時康の即位にともなって勅旨田へと転換したのだろう。

この他、（14）・（19）・（21）・（23）・（25）などの賜田にも「陸田」が含まれている。これらは「陸田」が口分田として班給される山城国に分布し、とくに「乗陸田」（20・23・25）には班田制との関係が濃厚にあらわれている。

（13）『類聚三代格』巻一五　延暦三年（七八四）十一月三日太政官符（部分）

頃者諸国司等、厥政多レ僻、不レ愧二撫道之乖一レ方、唯恐二侵漁之未一レ巧。或広占二林野一、奪二蒼生之便要一、或多営二田園一、妨二黔黎之産業一。百姓彫弊、職此之由。宜下加二禁制一、懲中革貪濁上者。諸国承知。自レ今以後、国司等不レ得三公廨田外、更営二水田・陸田一。又不レ得下私貪二墾闢一、侵中百姓農桑地上。

（13）では、国司による公廨田（＝職分田）以外の国司による「水田陸田」の耕営が禁じられている。国司の職分田にも、「陸田」は含まれていたのである。[13]また、（2）・（35）からは「寺田」のなかに「陸田」が存在したことが分かる。[14]以上の諸例によると、「陸田」は口分田・賜田・功田・勅旨田・「寺田」・国司職分田に確実に含まれており、位田や職田にも存在したと考えられる。これらの「陸田」は、田記（2）・班田図（20）・陸田帳（43）といった帳簿で管理されていた。こうしたあり方は、八世紀初頭から九世紀に至るまでほぼ変わらなかったとみられる。「陸田」は令制地目である「田」の一部であり、管理地目として実際に運用されていたのである。

制度上の「陸田」には本主が存在し、その範囲は有力者（貴族・豪族・官司・寺院など）から農民までの幅広い階層に及んでいた。そして、その所有関係は階層を越えて移動しえた。また、「陸田」は口分田・「寺田」・賜田・功田・公廨田などの令制地目としての「田」に包含され、公文書によって管理されていた。

前章で検討した「園地」（「園地」には複合的な性格があるが、以下では園地条に規定されたものを指す）は田令に記載される令制地目で、諸階層が所有するあらゆるハタケを包含しうる概念であった。しかし、実在するハタケを把握・管理するための管理地目としての性格は有しておらず、令文規定の主眼も共同所有の段階にあった農民のハタケ耕作を法制面から下支えすることにあったと考えられる。「園地」は実在のハタケとは直接には結びつかない、いわば概念上の地目だったといえる。

以上をふまえて、「園地」と「陸田」の区別を述べれば、以下のようになろう。まず、法制の上では、「陸田」は令制地目としての「田」であり、「園地」とは明確に区別される。運用の面でも、現実の土地を管理する地目としては意図されていなかった「園地」に対して、「陸田」は公文書などによる土地の管理をともなっていた。法制上の概念にとどまった「園地」と、現実の土地に適用されうる「田」であった「陸田」の差異は明白である。

高重進の研究以来、法制の適用次第で同一の土地が「園地」にも「陸田」にもなりうるという考えが大方であったように思う。これは純粋な法制度の上からは成立しうる議論であるが、運用も加味してまとめると、次のように改める必要がある。あるハタケは令制地目の「園地」に概念上は含まれたが、その土地が実際に「園地」として管理されることはなかった。一方、この土地はある条件下で「陸田」として認定され、文書によって管理される場合があった。こうした意味において、両地目は同一の軸には存在せず、決して交わることのない存在と考えるべきなのである。

二　八世紀前半におけるハタケ所有の変化

本節では、先学で「陸田」に関する重要な政策として扱われてきた、和銅六年十月七日詔(15)と養老三年九月二十八日詔(16)の内容や意義について再検討しながら、前章でみた八世紀初頭までのハタケ所有のあり方の変化について考察する。検討に先立って、和銅六年以前の「陸田」についてまとめておく。前節で抽出した「田」の一種としての「陸田」の初見は、和銅二年の弘福寺水陸田目録である。ここで弘福寺の所有する「寺田」中に「陸田」がみえることは、大宝令制の初期からハタケが「陸田」という名目で管理されえたことを示している。しかし、この段階での「陸田」に関する史料は他に存在せず、一般的な事象だったとは考えにくい。少なくとも、一般農民が「陸田」の名目で土地を所有していた可能性は低いのではないだろうか。

以上をふまえ、次の和銅六年詔が「陸田」との関わりでいかなる意味を有したのかみていきたい。

詔曰。国家隆泰、要在レ富レ民。富レ民之本、務従二貨食一。故男勧二耕耘一、女修二紝織一。家有二衣食之足一、人生二廉恥之心一、刑錯之俗爰興、太平之風可レ致。凡諸吏民豈不レ勗歟。然今諸国百姓、未レ尽二産術一。唯趁二水沢之種一、不レ知二陸田之利一。或遭二澇旱一、更無二餘穀一、秋稼若罷、多致二饑饉一。此乃非二唯百姓懈懶忘一レ業。固由二国司不レ存二教導一。宜レ令下百姓兼種二麦禾一、男夫一人二段上。凡粟之為レ物、支久不レ敗、於二諸穀中一、最是精好。宜下以二此状一遍告二天下一、尽レ力耕種、莫上レ失二時候一。自餘雑穀、任レ力課之。若百姓輸レ粟転レ稲者聴之。

和銅六年十月七日(17)

詔は、農民が稲（「水沢之種」）のみを好んで雑穀（「陸田之利」）を栽培しないために饑饉が生じたという認識のもとで、男夫一人あたり二段の麦・粟の耕種を命じ、あわせて粟の代納を認可するという内容をもつ。

「陸田」の制度的沿革についてはじめて本格的に検討した泉谷康夫は、和銅六年詔を班田制との強い関連のもとで人別に「陸田」を班給して耕種を義務づける政策として理解し、養老三年における「陸田」の分配の前史として位置づけた(18)。これを批判的に発展させた亀田隆之は、和銅六年詔(19)によって「陸田」が班給されたことは否定する一方で、農民の所有する耕地の一部が「陸田」として把握され、代納規定を通じて粟が貢租の体系に包括されたと理解した。そして、同詔を雑穀栽培地の管理制度の端緒として積極的に評価した(20)。

この亀田説に対し、梅田康夫はそれ以前から寺院や貴族層などが「陸田」を所有していたことから、和銅六年詔を「陸田」が成立する画期とはみなせないことを強調した。また、和銅六年に「陸田」が新たに班給されたという想定を否定するとともに、麦・粟の課殖額である二段は口分田の班給額を仮に提示したにすぎず、全体として和銅六年詔を雑穀の一般的な勧農策ととらえた(21)。和銅六年詔を制度上の「陸田」とは切り離すこの視点は、その後多くの論者に受容されていった(22)。

前節でふれたように、詔の「陸田」は「水沢」との対比のもとで雑穀栽培地を漠然と指している。「陸田」は一般名詞的に用いられているのであり、法的地目としての「陸田」とは位相を異にしている。「二段」という額こそ提示されているものの、対象となる土地の指定、班給規定や、定額に満たなかった場合の対応をともなっておらず、総体的には具体性を欠く。やはり同詔は雑穀栽培の奨励を主眼としたものであり、「陸田」という法的地目の管理・運用に関わるものとはみなしがたい。粟の代輸規定も、雑穀栽培に対する意欲を喚起するための方便と考えるべきだろう。

ここでの「陸田」がハタケを指す一般名詞だったとすると、麦・粟の課殖地としてはどのような土地が想定されていたのか。前章の検討によれば、八世紀初頭において、農民は口分田とは別に共同所有に近い状態でハタケを用益していた。個別的な所有権は未熟だったものの、少なくとも農民の眼前には耕作しうるハタケが存在していたのである。既存のハタケの存在を前提にすると、詔が想定した雑穀栽培地は、こうした土地だったと考えるのが自然だろう。

結局のところ、和銅六年詔の意図は既存のハタケにおける雑穀栽培の奨励にあり、法的地目としての「陸田」に関する何らかの指示を行ったものではなかったことになる。

次に養老三年詔について考察する。詔は、

詔。給㆓天下民戸、陸田一町以上廿町以下㆒。輸㆓地子㆒、段粟三升也。

と、「天下民戸」に一～二〇町の「陸田」を給田し、一段あたり粟三升の地子を納入することを義務づける政策だった。ここでは、ある土地が「陸田」として「給」されたと明記されており、制度上の「陸田」の沿革をたどる上で一定の意味を有していたことが予想される。ただし、記事が簡潔であることもあり、解釈の余地を多く残している。以下、「給」の内容および対象に着目し、先学で本詔がどのように解釈されたか整理する。

まず、「給」の内容に即して諸説を分類すると、A実際に「陸田」が班給されたとする説と、B既存の耕地が「陸田」に読み替えられたとする説に分かれる。A説は、さらに未墾地が班給されたとする説（A1）と、既耕地が班給されたとする説（A2）に細分される。A1説に分類しうる梅田康夫は、「陸田」を開墾による成立を必須の条件とするハタケとみなし、「給」の対象を自力で開墾をなしうる有力者に限定されるとした。そして、この「陸田」からの収穫をもって義倉を補填したとする。[23]

一方、A2説を採る吉田孝は、「陸田」の内容を条里制の展開過程で新たに出現した既耕地として、「給」の対象に農民を含めている。[24] 服部一隆は、条里制開発と「陸田」の関係についての吉田説を引き継ぎつつ、「給」の対象を在地の有力者に限定して理解した。[25] 小倉真紀子は、「陸田」を公田の前身となる既耕地ととらえ、その全国的な支給を想定している。[26]

B説の基本となる考えは、亀田隆之が提示している。亀田は、和銅六年詔の措置が困難であるとの認識のもと、農民のハタケを国家の管理下に置き、それを「給」と表現したとする。亀田はさらに、農民が保有するハタケが一町に満たない場合は班給を実施するとしており、A説との折衷的要素をもつ。[27]森田悌は、養老二年に帰国した遣唐使との関連で養老三年詔をとらえた。唐においては、ハタケなどの農民の保有地を吸収する戸内永業田という田種が存在し、耕作地を一定限度に制限（限田）する機能を担っていたが、日本田令には継承されなかった。そこで、遣唐使がもたらした知見をもとに、「陸田」の制度を創始し、地子の徴収と引き替えに地主権を認めることで、日本の田制に限田制的要素を導入したものと評価した。[28]B説では、「陸田」を農民の耕作する既存のハタケ、「給」の対象を農民を含む全階層ととらえる傾向がある。[29]

これらの所説をふまえ、私見を述べる。詔の「天下民戸」については、結果として有力者に限定される可能性も排除できないものの、一応は語義を素直にとらえて、一般的な農民を含むことを考慮しつつ、「給」や「陸田」の内容について考えたい。

少なくとも、和銅六年以前の段階から農民が耕作しうるハタケが一定の規模で存在していたが、政府によって具体的な把握は基本的になされていなかった。そうすると、養老三年詔で既存のハタケについて何らの言及もないのは、「陸田」を新しく給付された土地とみるA説にとって失点となる。既存のハタケを放置して新給地のみの法的位置づけを明確化するとは考えにくいし、仮にそのような措置をとれば、何らかの紛争が生じたはずであるが、管見の限りそうした形跡はない。やはり、養老三年詔では既存の農民のハタケが「陸田」に読み替えられたとするのが最も整合的であろう。養老三年詔は、それ以前から「天下民戸」が耕作関係を有していたハタケを、「陸田」という公的地目に編入して法的位置づけを明確化する政策であったと考えられるのである。では、こうしたことがいかなる意味をもちえたのだろうか。

前章で検討したように、八世紀初頭の段階において、農民のハタケは共同所有に近い状態にあった。こうしたハタケは、論理的には「園地」の範疇に含まれたとみられるが、恒常的に把握・管理する仕組みが構築されなかったこともあり、実態としては機能しなかった。和銅六年詔は、雑穀の栽培を奨励する政策であったが、ハタケの把握や管理は一切想定されていなかったため、ハタケをめぐる状況は変化しなかったと考えられる。

一方、「陸田」は国家的土地制度の根幹である「田」の一種であり、文書による管理を前提にした地目である（本章第一節）。さきの養老三年詔の評価が正しければ、それまで統一的な把握と管理がなされていなかった農民のハタケは、養老三年詔によってはじめて国家的土地制度に包摂され、文書によって把握・管理される土地に転化する契機を得たことになる。養老元年には、耕地での作付を記録した青苗簿や輸租帳の式が頒下される(30)など、土地に対する具体的な把握のあり方が整備されていた。養老三年詔での農民のハタケの管理が深化したという想定は、こうした政策基調とも背馳しない。

このことを、別の史料から検証してみよう。養老七年八月には、

太政官符

畿内七道諸国耕二種大小麦一事

右、麦之為レ用、在レ人尤切。救レ乏之要、莫レ過二於此一。是以、藤原宮御宇　太上天皇之世、割二取官物一、播二殖天下一。比年以来、多二虧耕種一、至二於飢饉一、艱辛良深。非二独百姓懈緩一、実亦国郡罪過。自レ今以後、催二勧百姓一、勿レ令レ失レ時。其耕種町段、収獲多少、毎レ年具録、附二計帳使一申上。

養老七年八月廿八日

と、大小麦について耕種面積・収穫量を記録した帳簿の進上が命じられている(31)。ここで農民のハタケとそこから収穫された雑穀の把握が進展したことは、ハタケが理念的には「陸田」とされた政策の延長上にあるか、それを具体化したものとしてとらえられる。

『続日本紀』天平元年十一月癸巳条にみえる天平元年班田の細則において、山背国・阿波国では「陸田」がすべて収

公されて口分田として班給されることになった（本章第一節）。これ以前の段階で、少なくとも両国では「陸田」が三位以上から農民までのあらゆる階層によって保有されており、功田・賜田に分類される「陸田」も存在したことが確実である。換言すれば、両国では、存在するハタケなどの土地が「陸田」として国家的に把握されていたことになる。両国に特例が施されたのは天平元年班田においてであり、それ以前は他国と同じ条件にあったことを勘案すれば、このような状況は基本的には全国に敷衍しうる。

前章の結論によると、八世紀初頭において、有力者は自身の大土地経営の一環として比較的鞏固なハタケの経営を展開した一方、一般的な農民は共同所有とでもいうべき状態で畠を耕作していた。政府は令文に「園地」関連規定を立条して、有力者のハタケ所有を追認する一方で、農民のハタケ経営にも一定の保護を与えたが、両者のハタケ所有の質的差異は是正されないままだったと考えられる。しかし、天平年間までに諸階層のハタケ所有は、基本的に同一の地平にあったことになる。

この状況を現出させる主要な契機として想起されるのが、養老三年詔である。さきに、養老三年詔について、「陸田」の班給という形式をとりつつ、実際には既存のハタケを法的に「陸田」と読み替えて国家的土地制度の枠組みに取り込む政策であるという見通しを示した。ここでハタケが論理の上で、「田」の一種として公的に把握・管理される地目へと転換したとすれば、天平年間までに個別的・抽象的な所有対象としての「陸田」が全国的に確立したことが整合的に理解できるだろう。以上により、養老三年詔の内容および意義はほぼ明らかにできたと思う。ハタケにおける所有・経営のあり方は、「陸田」という法的地目を介することで前代以来の姿から大きく変容していたのである。

結

八世紀初頭、農民はハタケと共同所有的な関係を結んでいた。これは、「園」というハタケを中心とした経営体における有力者の大規模な経営と比して、規模ばかりでなく、論理の上でも異質であった。養老三年になると、政府は既存のハタケの把握と管理をはかり、全国のハタケを「陸田」という法的地目に転換する政策を打ち出した。「陸田」は「田」の一種であり、あらゆる階層を本主として、文書によって管理されるという特徴を有する。これによって農民は論理的にハタケの個別的な所有権を保持することになり、諸階層のハタケは同一の地平面に位置づけられる契機を得た。そして、天平元年班田では「陸田」が班田の対象として立ちあらわれてくるのである。

以上の点を、大土地経営の問題に即して考えると、次のようになろう。八世紀初頭の有力者の「園」は広範な分布をみせ、社会的にも認知されていたが、法的には一部が個々の地目として認定されているにすぎなかった。八世紀初頭の「園」は実態と法制の乖離を含み込んで経営されていたといえる。養老年間に「陸田」の範囲が拡大すると、経営体内のハタケも多く「陸田」として認定された可能性が高い。第Ⅱ部第二章では、「墾田」の整備によって経営体内の「田」が増加していったことを確認した。「陸田」の拡大は「墾田」に比べれば小規模だったと思われるが、経営体内の「田」が拡大し、それによって旧来の所有・経営のあり方が転換するという流れは同様である。ここにも、律令制的土地制度による土地をめぐる状況の変化を看取できるのである。

註

（1）高重進「古代畿内・中間地域における耕地の存在形態とその歴史地理的意義」（同『古代・中世の村落と耕地』大明堂、一九七五年、初出一九五七年）。

（2）泉谷康夫「奈良・平安時代の畠制度」（同『律令制度崩壊過程の研究』鳴鳳社、一九七二年、初出一九六二年）。

（3）亀田隆之「陸田制」（同『日本古代制度史論』吉川弘文館、一九八〇年、初出一九七二年）。

（4）その後の「陸田」を対象とした主要な研究としては、以下のものがある。伊佐治康成ａ「律令国家の陸田政策について」（『民衆史研究』五一、一九九六年）、伊佐治康成ｂ「古代における雑穀栽培とその加工」（木村茂光編『雑穀』青木書店、二〇〇三年）、彌永貞三「律令制的土地所有」補註（同『日本古代社会経済史研究』岩波書店、一九八〇年）、梅田康夫ａ「律令制社会の園宅地所有について」（服藤弘司・小山貞夫編『法と権力の史的考察』創文社、一九七七年）、梅田康夫ｂ「律令時代の陸田と園地」（『宮城教育大学紀要』一三、一九七八年）、亀田隆之「陸田制再論」（同『奈良時代の政治と制度』吉川弘文館、二〇〇一年、初出一九八三年）、木村茂光「日本古代の『陸田』と畠作」（同『日本古代・中世畠作史の研究』校倉書房、一九九二年、初出一九八八年）、辻雅博「古代の畠の制度について」（『中央大学大学院論究』一二―一、一九八〇年）、西別府元日「国家的土地支配と墾田法」（同『律令国家の展開と地域支配』思文閣出版、二〇〇二年、初出一九八一年）、服部一隆「日本古代の『水田』と陸田」（同『班田収授法の復原的研究』吉川弘文館、二〇一二年、初出一九九八年）、森田悌「畠と園地」（同『日本古代の耕地と農民』第一書房、一九八六年、初出一九八四年）。

（5）本詔の年紀を、『続日本紀』は霊亀元年（七一五）十月乙卯とする。その内容について、霊亀元年班田と関連させる見解もある（彌永前掲註（4）論文）が、ここでは『続日本紀』の年紀に誤りがあったと考えておきたい。『続日本紀』二（岩波書店、一九九〇年）補注（吉田孝執筆）参照。『続日本紀』と『類聚三代格』の字句の異同は、註（17）参照。

（6）亀田前掲註（3）論文。

（7）唐招提寺文書。大日古六―五九一、奈良国立文化財研究所編『唐招提寺史料』第三号文書。

（8）第Ⅱ部第一章註（4）参照。

（9）高野山文書。平―六七五。

（10）東南院文書第三櫃第二七巻。東南院二―二九三（五四〇号）。

（11）同図の基本的な情報については、宮本救「山城国葛野郡班田図」（同『律令田制と班田図』吉川弘文館、一九九八年、初出

一九五九・一九八一・一九八二年）、西山良平「山城国葛野郡班田図」（金田章裕・石上英一・鎌田元一・栄原永遠男編『日本古代荘園図』東京大学出版会、一九九六年）など参照。

（12）金田章裕は、天平宝字二年（七五八）六月二十八日阿波国名方郡新島荘（枚方）絵図にみえる「圃」を「陸田」と同義の輸租の地とみなしている（「奈良時代の土地管理と小字地名的名称」〔『古代荘園図と景観』東京大学出版会、一九九八年、初出一九九五年〕ほか）。東大寺領阿波国荘園の「圃」は、九世紀の史料にもみえる（承和十一年十月十一日阿波国牒〔東南院二―二六二〔五三一号〕〕、東大寺領阿波国新島荘坪付注文〔東南院二―二六四〔五三二号〕〕、嘉祥三年〔八五〇〕十二月十日新島荘長家部財麿解〔東南院二―二六六〔五三三号〕〕など）。

（13）なお、『続日本紀』延暦三年十一月庚子条は（13）とほぼ同文でありながら禁止対象に「陸田」を挙げていないが、延暦三年十一月三日官符を法源とする弘仁三年（八一二）五月三日勅（『日本後紀』同月庚申条。（18））で「諸国司、公廨田之外、営㆓水陸田㆒、特立㆓厳制㆒」とあることをみると、原官符には「陸田」の語が存在したとみなしうる。

（14）地目としての「寺田」については、第Ⅱ部第一章参照。

（15）註（5）参照。

（16）『続日本紀』同月丁丑条。

（17）『続日本紀』霊亀元年十月乙卯条との関係は、註（5）参照。「（『類聚三代格』の字句）」―「（『続日本紀』の字句）」の形で、本文の主な相違点を示す。「勧」―「勤」、「足」―「饒」、「俗」―「化」、「諸」―「厥」、「然」―なし、「趁」―「趣」、「忘業」―なし、「導」―「道」、「令百姓」―「令佰姓」、「若百姓」―「若有百姓」。

（18）泉谷前掲註（2）論文。

（19）亀田は同詔の年紀を霊亀元年とするが、便宜上「和銅六年詔」で統一する。

（20）亀田前掲註（3）論文。

（21）梅田前掲註（4）b論文。

（22）木村前掲註（4）論文、伊佐治前掲註（4）a論文など。ただし、梅田説のうち、和銅六年以前に「陸田」が存在することを示した点については、国家的に把握・管理する制度としての「陸田」を論じた亀田説への有効な反論とはなっていない。

一方で、亀田の反論（前掲註（4）論文）も、和銅二年弘福寺水陸田目録にみえる「陸田」が単なる一般名詞でなく、国家的土地制度に包摂されていることを無視しており、疑点が残る。なお、服部一隆は和銅六年詔の主眼を飢饉対策としての勧農に求めつつ、ここで「陸田」の割り当てが実際になされたと想定する（服部前掲註（4）論文）が、後述のように従いがたい。

（23）梅田前掲註（4）b論文。このほか、A1説の立場をとる説としては、宮本救「律令制的土地制度」（前掲註（11）書所収、初出一九七三年）、西別府前掲註（4）論文など。

（24）吉田孝「編戸制・班田制の構造的特質」（同『律令国家と古代の社会』岩波書店、一九八三年）。

（25）服部前掲註（4）論文。

（26）小倉真紀子「古代地子制に関する一考察」（『日本歴史』六一六、一九九九年）。

（27）辻前掲註（4）論文。

（28）森田前掲註（4）論文。このほか、B説の立場をとる説としては、伊佐治前掲註（4）a論文など。

（29）AとBの折衷説としては、本文でふれた亀田隆之の説や、未墾地を基本としながら農民のハタケも「陸田」の一部であったとする彌永貞三の見解（彌永前掲註（4）論文）がある。

（30）『続日本紀』養老元年五月辛酉条。

（31）『類聚三代格』巻八　同月二十八日太政官符。天平六年出雲国計会帳（大日古一―五九七）に、「麦帳」という帳簿が京進されていることがみえる。また、延喜民部上式32朝集使還国条には、朝集使公文のうちが主計寮・主税寮の勘合を受けるべき文書として、「種麦帳」「陸田帳」が載せられている。

終章　大土地経営の歴史的展開と社会

一

本書では、古代における天皇（大王）・皇親（王族）・貴族・豪族・寺院などの大土地経営の特性や歴史的展開について考察してきた。ここで、やや多方面に拡散した議論を収束させる意味で、諸章での検討をまとめておきたい。

序「本書の課題と構成」では、日本古代の大土地所有・経営に関する研究史を整理して、本研究の目的と各章の組み立てを示した。一九七〇年代までの大土地経営に関する研究は、大化前代のミヤケ・タドコロと八世紀中葉以降に展開した「初期荘園」を中心に進められ、七世紀後半～八世紀中葉における大土地経営は注目されてこなかった。このため、ミヤケ・タドコロと「初期荘園」の連関は断ち切られ、古代の大土地経営の連続性が覆い隠されてしまった。こうした研究動向が生じたのは、研究史の制約や史料の不足も一因であるが、大化改新による一元的な土地支配体制の創設を想定する史観の影響が強かったと考えられる。大化改新で「公地公民」が確立したという固定観念によって、律令制下の大土地経営は研究の俎上に載せられてこなかったのである。

この図式に対する批判は一九七〇年代頃にあらわれ、八〇年代になると七世紀以前から律令制下へと続く大土地経営の連続性に注目する必要性が提起された。これに呼応するかのように、八世紀初頭の貴族層の土地経営のあり方を伝える長屋王家木簡の発見などによって史料面の条件も整い、二〇〇〇年代に入る頃には古代の大土地経営の通時的な特徴がおおむね解明されるに至った。

本書ではこうした成果に立脚しつつ、国家的土地制度との相互関係の変遷に着目しながら、大土地経営の時期ごとの特徴と歴史的展開を明らかにすることを最大の課題とした。

第Ⅰ部「律令制下の大土地経営の特質」では、八世紀初頭における大土地経営をめぐる基本的な構造や、七世紀後半における国家的規制の創出とその周辺事情を扱った。

第一章「律令制下の大土地経営と国家的規制」では、八世紀初頭の大土地経営の概況と、経営に対する規制の枠組み、そしてその創出過程などを明らかにした。慶雲三年（七〇六）三月十四日詔（以下、「慶雲三年詔」）にみえる有力者の土地経営は、耕地・開墾予定地・開墾地・山野にわたって展開していた。これらの多くは、律令制以前から連続するものだったと考えられる。こうした大土地経営は、従来の想定より広範囲に分布していたのである。これに対して、政府は経営体を構成する地目ごとに、令制の構造に即した規制を敷いていた。一元的な土地管理体制の下で、前代から続く大土地経営が国家的統制を一部に受けながら存在するというのが、この時期の土地をめぐる基本的な状況だったといえる。その前提となったのは、七世紀後葉に推進された土地規制体制の構築であった。孝徳朝には、所謂大化改新にともなって大土地経営体が公的には否定され、地目ごとに規制する方針が示された。天智朝頃には、豪族層の山野支配がある程度政府に掌握され、「賜」という形で追認する措置がとられた。これとともに、耕地の把握もある程度進んだと想定される。天武朝になると、山野支配の公認が取り消され、耕地（とくに水田）を中心とした土地管理体制の原型が形成された。一方、貴族や豪族層の大土地経営体は、実態としてほぼ温存されて大宝令制下に引き継がれていき、八世紀の大土地経営をめぐる基本構造が現出したのである。

第二章「大土地経営を支える論理―「林」の機能―」では、八世紀初頭に例外的に独占的な経営を認められた山野である「林」について、存在形態や土地経営上の役割を考察することで、この時期の大土地経営を維持するために用いられた論理の一端を明らかにした。慶雲三年詔には、「百姓宅辺」「氏々祖墓」という二種の「林」がみえる。「百姓宅辺」の「林」は、従来は農民の家屋周辺の小規模な樹木群と考えられてきたが、法制用語としての「宅」の語義などから考えて有力者の経営体（ないし経営拠点）に付随したものを主としていたと考えられる。「氏々祖墓」の「林」についても、その所有主体は一定規模の営墓が可能な貴族層や豪族に限られる。墓域は霊的に他者の侵入が排除され、子孫に対する心理的義務によって永続性が担保された空間だった。こうした論理を拡張することで「林」の所有が達成されていたのである。このように、「林」は経営拠点や墓地という具体的な物件に所有権を依存した地目であり、有力者の土地経営にも密接に関連していたと考えられる。額田部氏の経営を引き継ぐ額田寺の寺辺所領の実例によると、二種の「林」に比定される山林は、他者の所領との境界や、寺領内にありながら政府に公認されていなかった山野の縁辺に位置している。律令制国家の構成した土地制度とは別個の所有の論理を内包した「林」は、有力者の経営の排他性を支える装置として機能していたのである。こうした様々な論理によって経営が支えられている点に、古代の大土地経営の特性を見出すことができる。

第三章「天武・持統朝の山野支配―禁制地の実相―」では、禁制地（公権力によって禁制を敷かれた山野）を素材として、天武・持統朝における王権の山野支配の実相を明らかにした。天武朝から律令制下にかけての禁制地は、研究史の上では「禁処」と呼ばれてきた。しかし、この語には君主による無制限の山野支配が含意されているため、分析の概念として使用することは適当でない。そこで、この概念を排除して検討すると、天武朝の禁制は、生産上の要地や聖地について、以前からなされてきた在地の規制を再確認するものだったことに気づく。一方、持統朝に禁制地とされたのは以前から王権と深い関わりがある土地であって、永続的な排他的占有や守護人の配置といった禁制の方式も天武朝以前のあり方の延長上に位置づけられる。これらの禁制は、天武四年（六七五）に山野の排他的支配が禁止されたこととの矛盾を回避するために、以前からの在地や王権と山野の関わりを再確認するものだったのである。この時期は中国的な山野支配理念が本格的に導入されて、それに関連する法令も整備されたが、実態としての王権の山野支配自体はほとんど進展していなかった。これは、規制の体制が整備されつつも実態を変革するには至らなかった七世紀後半の大土地経営をめぐる状況とも整合的である。

第Ⅱ部「寺領にみる大土地経営の歴史的展開」では、寺院の所領を考察の対象として、律令制的土地制度の中核たる「田」の特徴と展開、そしてそれにともなう大土地経営体の変容について考察した。

第一章は「「寺田」の成立—大和国弘福寺を例として—」と題し、八世紀初頭の「寺田」の特徴や機能、寺領全体のなかでの位置づけなどについて具体的に検討した上で、その成立過程や八世紀前半に生じた問題などを明らかにした。和銅二年（七〇九）十月二十五日弘福寺水陸田目録にみえる大和国弘福寺の所領は、多様な地目で構成される複合的な経営体であり、その多くは大化前代に宮の付属地やミヤケなどとして開発された所領を引き継いでいた。「寺田」は、こうした経営体の一角に後次的に設定された空間であり、政府が寺領の把握と統制を行う足がかりとして機能していた。七世紀に成立した寺領の多くは、もともと豪族層の大土地経営体と同質の存在だった。孝徳朝に本格的な寺院の統制がはじまるなかで寺領の把握も試行され、地目ごとに寺領を記録する「籍」が作成された。天武朝には、寺領に含まれる山野の支配が禁止され、公的に認められる寺領は「寺田」に限定される。その後の班田制の進展を受けて「寺田」の掌握は進み、和銅年間には「寺田」を網羅的に書き上げた「田記」が作成されて「寺田」の範囲が最終的に確定された。ただし、寺領は大化前代の姿をほぼ維持する一方で、その掌握の手段が「寺田」という固定的な地目に限定されていたために、実態としての寺領と政府が公的に把握する土地には深刻な乖離が生じてしまった。両者の統合は、八世紀を通じた課題として残されていったのである。

第二章「寺領の歴史的展開—筑前国観世音寺領杷伎野を例として—」では、七世紀中葉から八世紀にかけての筑前国観世音寺領杷伎野の状況を復原することで、寺領と「寺田」の関係性の変化や、その動因などを明らかにした。延喜五年（九〇五）観世音寺資財帳にみえる杷伎野は、大宝三年（七〇三）に施入された寺領で、ハタケを中心として水田・非耕地なども含む複合的な経営体だったが、「寺田」としては認定されていなかった。斉明朝の朝倉宮の付属所領であった杷伎野は、天智朝に観世音寺の造立がはじまると、その経済基盤とされた。ところが、天武朝に寺家による山野などの所有が否定されるなかで、杷伎野も公的な認証を取り消されてしまったとみられる。大宝年間の施入は無認可の状態にあった杷伎野を再び公認する措置だったが、その際に経営体を包括するという異例な形で、しかも明確な法的位置づけを欠く状態で施入されたために、杷伎野は国家的土地制度に完全には適合しない形質を獲得してしまった。八世紀中葉までに墾田法が整備されると、杷伎野の内部にも「墾田」が設定されるようになる。さらに、杷伎野の耕地が一時的に農民へと班給されるという事件を経て、杷伎野の「墾田」はより拡大していった。この変化を促した要因の一つは、土地制度上の位置づけが不明確だったことにより、杷伎野が政府との関係において不安要因を抱えていたことである。さらに、周辺の農民による恒常的な侵入という慣行も、杷伎野の経営を動揺させる一因となっていたと考えられる。寺家は、杷伎野を積極的に「墾田」に組み替えることで、こうした状況の克服をはかったのである。こうして、「墾田」という地目を媒介とすることで、国家的土地制度と寺領の分裂状況は統合されていった。同様の事態は、他の寺領、さらには貴族などの有力者の経営体でも進行していたとみられる。この変化を通じて、公権力の保障の下で土地を所有するというあり方が定着し、後代に引き継がれていくことになる。

第Ⅲ部「ハタケ所有の特質と変化」では、ハタケ所有の特徴と変化から八世紀における土地をめぐる環境の変動を見通した。

第一章「ハタケ所有の階層性—「園地」規定の背景—」では、令に規定された唯一のハタケ地目である「園地」を素材として、八世紀初頭までのハタケ所有のあり方について検討した。田令に規定される「園地」は、①公権の下での諸階層の公平な利用（園地条）と、②「田」と比較して強い処分権（賃租条・官人百姓条）という、二つの特徴を併せもつ地目として設計されている。実態としての「園地」の用例を調査すると、その大部分が有力者が所有するハタケ、ないしハタケを中核とする経営体である「園」を指すことが判明する。こうした有力者の「園地」は、令制の「園地」の広範な処分権（②）が規定される前提となったと考えられる。一方で、農民の所有するハタケを「園地」と称する事例はほとんど確認できず、農民のハタケが「園地」としては把握・管理されていなかったことが示唆される。七世紀後半には、農民のハタケは共同所有というべき状態にあり、そこには有力者による圧迫が加えられつつあった。「園地」の公平な利用を謳う①の規定は、こうした状況を前提として農民のハタケ耕作を保護する目的で立条されたと想定される。「園地」の把握や管理自体は、令の構想の段階から意図されていなかったのである。田令の「園地」に関する規定は、有力者による大規模なハタケ経営と農民による共同利用的なハタケ耕作の間で、ハタケに対する権利が大きく隔たっていることを反映したものといえる。

第二章「「陸田」の特性とハタケ所有の変化」では、八世紀を通じたハタケ所有の状況の変化について考察した。八～九世紀における「陸田」は、あらゆる階層に所有されるハタケであり、「田」の一類型として文書によって管理されていた。こうした特徴は、令に明記されながらも実在のハタケを把握・管理する機能を有しなかった「園地」のそれと大きく異なっている。あらゆる階層が「陸田」を所有する契機となったのは、「天下民戸」に「陸田」を給するという養老三年（七一九）九月二十八日詔である。これによって、旧来より耕作されてきたハタケが「陸田」として管理される前提が成立し、階層ごとに所有状況が異なっていたハタケは、「田」として均質の所有権が内在する地目へと転換することになった。律令制的土地制度の進展によって、有力者のハタケ経営は農民と共通の基盤の上でなされることになったのである。

二

八世紀中葉までの大土地経営の歴史的展開について、諸章での検討に加えて土地をめぐる全般的な状況も視野に入れながら再構成する。

七世紀前半までの間、王位をめぐる争いや豪族同士の抗争といった矛盾を抱えつつも、畿内に基盤を置く倭王権はその勢力を伸張させていった。こうしたなかで、王権を担う王族や豪族層の経済基盤として、ミヤケ・タドコロなどと呼ばれる大土地経営体が設定されていた。これらは、核となる施設を中心として耕地（水田・ハタケ）と非耕地（山野・林地など）で構成される、複合的な経営体であった。王族・豪族層は、こうした経営を拡大する志向をみせるとともに、賃租的行為を通じて周辺農民を自らの経営に取り込んでいったとみられる。耕地（水田・ハタケ）の私有すらともなわない一般農民層の経営と比較すると、ミヤケ・タドコロでは隔絶した規模と論理を有する鞏固な個別的経営が達成されていたといえる。なお、推古朝頃に数を増やしはじめていた寺院の経済基盤についても、四天王寺の所領（「田荘《たどころ》」）がもと物部氏の「宅《やけ》」であったことから明瞭なように、豪族層の経営体と同質の存在とみなしうる。(1)

ただし、大化前代の大土地経営において永続的・一円的な土地支配が達成されていたと考えることはできない。この段階の公権力は土地経営に保障を与える権能を有しておらず、経営の維持は必然的に所有者の実力に依存せざるをえなかった。したがって、経営の安定性は経営主体の政治的地位など様々な要因に左右されたと思われる。八世紀後半の寺領経営体ですら周辺農民の利用を自らの権威のみでは排除しえなかった（第Ⅱ部第二章）ように、古代社会におけるある範囲の土地の領域的支配には困難がともなっていた。こうした脆弱性を補完するために、呪的な部分も含む様々な論理が利用されることになる。例えば、八世紀までの山野では、施設や墓地などの所有の論理が「林」、さらには周辺の山林へと拡張されていた（第Ⅰ部第二章）。

孝徳朝には、乙巳の変（大化元年／六四五）を起点として隋唐を規範とした中央集権国家の建設が本格化するなかで、大土地経営に対する規制も開始された。新政府の方針を示した所謂「改新の詔」(2)では、ミヤケ・タドコロの廃止という形で大土地経営体の存続が否定されている。その目的は、錯綜した土地支配の理念的な一元化にあったとみて大過ないと思われる。ここでとられた方針によって、前代に形を整えた経営体が新たな土地支配体系に位置づけられる可能性は閉ざされ、以降は経営体を構成する地目ごとの掌握と規制が試みられていくことになる。その意味で、孝徳朝に定められた指針は、この後の大土地経営をめぐる諸状況の出発点だったといえる。一般的には、この時点での規制は低調であり、経営体が解消ないし変革されることはなかった。(3)一方で、寺領に関して地目ごとに書き上げた「籍」が作成される（第Ⅱ部第一章）など、後の土地管理体制の祖型的政策もみられた。

天智朝には、白村江の敗戦（天智二年／六六三）による対外危機の下で、孝徳朝に採用された政策が発展的に継承されていった。天智三年二月の甲子宣(4)によって豪族隷属民の掌握が進展したが、これと並行して豪族層の経済基盤である大土地経営体に含まれる山野の公認と把握も試みられたと考えられる（第Ⅰ部第一章）。経営体内の耕地の調査も、この時期になされた可能性が高い。

こうした経営体の調査・把握のプロセスがある程度進んだことを承けて、天武四年二月には山野支配の公認が撤回された。(5)壬申の乱（天武元年）を通じて高い権威を獲得した天武の政権では、天智朝までの達成を継承しながら、律令制国家の建設に向けてさらなる歩みが進められた。そうしたなかで、豪族隷属民の所有に対する認可が解除されるのと同時に、大土地経営体を構成する山野も公的な承認を失ってしまったのである。こうして、経営体を構成する各地目について、政府の認証の有無による区分が明確化していくことになる。

ただし、ここでの山野支配の否定はあくまで国家政策の上での制約であり、現実の経営にただちに作用したわけではなかった。結果として、大土地経営体は孝徳朝以前の姿をおおむね維持する一方で、公的な認定はその一部にとどまるという状況が現出した。これが、八世紀初頭における大土地経営体をめぐる状況の直接的な前提である。

なお、天武朝には中国的な山野支配観念が導入され、山野に対する王権の支配を強調する政策が集中的に施行された。しかし、これらは以前からの王権の山野支配や在地の規制を追認する意味あいが強く、この時期に王権による山野支配が著しく深化したわけではない（第Ⅰ部第三章）。

七世紀末から八世紀の初頭にかけては、班田制が本格的に始動した時期である。持統三年（六八九）の浄御原令の施行を承けて、翌年には律令制下の戸籍の直接的な出発点となる庚寅年籍が編まれ、同六年九月には畿内における班田が実行された[6]。その後、文武二年（六九八）・慶雲元年と、班田は連続して行われていく。

この間、大宝元年には大宝令が施行されて班田制の基本的な仕組みが確立し、文書を介した土地管理のあり方も充実したと考えられる[7]。大土地経営体の内部に存在する耕地は、位田・職田（公廨田）・功田・賜田・口分田といった「田」とされて、国家的土地支配体制に包摂された。寺領の耕地については「寺田」という枠組みで把握され、和銅二年に作成された「田記」によって最終的に地積を確定された（第Ⅱ部第一章）。

一方、経営体のなかでも重要な位置にあった開墾地やその予定地は、田令の体系には位置づけられず、経営を黙認されるにすぎなかった。また、耕作の見込めない山野は、雑令9国内条の規定によって独占的な支配を禁止されていた（第Ⅰ部第一章）。政府は大土地経営体の一部を「田」として把握する一方で、それ以外の土地経営を積極的には認めなかったのである。

こうした状況の下で、「田」では国家的な保護の下で安定的な経営がなされていったと考えられる。しかし、「田」はそもそも経営体の一部分にすぎないし、地積の面での硬直性から経営体内の耕地の伸縮にも対応できなかった。このことは、実際の経営体の広がりと国家的な把握の間に深刻な乖離をもたらす原因となる。例えば、寺領は農業経営の他にも多岐にわたる機能を有する経営体だったが、政府は一部の耕地を「寺田」として抽出的に把握する一方で、その他の部分を国家的把握の埒外に置いた。こうして、実態としての寺領とその国家的把握は必然的に引き離されることになった（第Ⅱ部第一章）。

この状況を、政府は座視していたわけではなかった。八世紀初頭にたびたび出された貴族・豪族層の山野占有を禁断する法令[8]には、旧来の山野経営を抑制する意図があったとみられる（第Ⅰ部第一章）。寺領についても、田記の改正による「寺田」の範囲の修正や[9]、「寺田」外の寺領の収公[10]によって問題の解決がはかられている（第Ⅱ部第一章）。ただし、こうした試みは必ずしも奏功しなかったようである。制度と実態の隔たりを克服することは、律令制国家にとっての課題として残されていったのである。

他方、大土地経営体の所有主体にとってもこの状態は好ましいものではなかった。「田」としての認定を受けなかった土地は、政府による保護を得られないばかりか、時として厳しい圧迫にさらされた。このことは、大化前代から続いていたであろう周辺農民の侵入などとともに、経営の大きな不安要因となっていた。こうした環境の下で、有力者たちは実力による経営体の維持をかつてより切実に要請され、前代以来の土地占有の論理を駆使していった。この時期の経営体は、律令田制と古くからの雑多な論理という二つの軸によって保たれていたといえよう。

転換の契機となったのは、墾田法の整備である。「空地」の開墾の際の手続きを定めた和銅四年十二月六日詔[11]を起点として、養老七年の三世一身法や天平十五年（七四三）の墾田永年私財法を経て、「墾田」を取得して長期にわたって経営する仕組みが確立した。法的位置づけの不明確であった開墾予定地や開墾地が、ここで明確に国家的土地制度に包摂されたのである。

墾田法が確立していく時期には、律令田制の緻密化も進められている。霊亀三年（七一七）に稲の作付を記録する青苗簿の記載や書式が整えられ[12]、養老三年には諸階層のハタケが「陸田」に編入された[13]（第Ⅲ部第二章）。天平元年の班田は全面的な田土の割換をともなって古代史上最大の規模で行われ、山背・阿波国では「陸田」の班給もはじまった。これと前後して、国土を実態的ないし理念的な地図上の方格である条里によって把握するシステムが整備され(14)、条里を用いて土地の所在や利用状況を記載した田図も作成されるようになった。「墾田」の普及はこうした文脈のなかに載せることが可能である。

一方で、大土地経営の主体にとって、「墾田」は経営の不安要因を克服する切り札となりえた。「墾田」は「田」の一種としての積極的な公的保障を備えているし、開墾地・開墾予定地はもちろん、開墾を目的としない山野にすら適用されうる柔軟性を有していた。経営体の範囲に含まれていながら、これまで制度的な保護を全く受けてこなかった土地にとって、「墾田」の存在はまさに福音であった。

こうして、有力者たちは土地を「墾田」へと転換することで、経営の安定性を高めることを試みるようになる（第Ⅱ部第二章）。「墾田」は大土地経営の主体にとって都合のよい地目であり、彼らの積極的な参与の下ではじめて墾田制の進展が可能になったと考えることができるだろう。

孝徳朝以前に展開した経営体と八世紀中葉以降の「初期荘園」は、景観として強い類似性を有している。鷺森浩幸によれば、一定の広がりをもつ土地を領域的におさえ、土地の状態または所有者の必要に即して多様かつ集中的に用益することが、古代の大土地経営の基本的な特徴であった(15)。ある範囲に複合的な経営を集中的に展開する大土地経営のあり方は、古代社会のなかで長期にわたって存続していたのである。

しかし、経営を維持するための方策や論理、一般農民の経営との質的差異、周辺他者の経営との関係などの面で、両者には決定的な差異があった。大化前代の大土地経営は基本的には所有主体の実力によって維持され、呪術的な側面を含む多様な論理が経営の安定のために利用されていた。経営は一般農民層とは隔絶する規模でなされ、とくに耕地に対しては農民のものと比較してかなり強い権利が内在していたことも想定される。反面、領域の排他的支配は完全には達成しえず、非耕地などでは周辺農民の侵入が恒常的になされていた。一方の「初期荘園」は、律令制国家による「墾田」所有の保障によって支えられており、少なくとも法制面では農民層の土地経営とも共通の基盤に立っていた。「墾田」として認められた部分については、大化前代から続いてきた他者の侵入という慣行を払拭し、安定的な私有が可能であった。こうした相違点は、国家的土地制度と相互に影響を受けながら進んだ、大土地経営の内実の歴史的展開の所産だったのである。

三

ここまでで明らかにしてきた古代の土地をめぐる状況の特徴や変化をふまえつつ、その背景となった社会のあり方や、国家・法の性格についての見解を述べたい。

近年、とくに考古学の分野で「国家」の始期に関する議論が深められている[16]が、それをどの段階に求めるにしろ、単一の主体に収斂されるような社会構造が大化前代には未成立だったことは異論のないところであろう。後に郡として編成される領域には複数の有力豪族が勢を張る一方で、各々の勢力圏内には個別経営を達成した中小の豪族も実力を蓄えつつあった[17]。

地方における様々な主体は、互いに一定の関係を結びながら、倭王権との関係において国造・縣主・稲置・伴造、あるいはミヤケの管掌者などの役割を与えられて、大王や中央の王族・豪族と重層的に結びついていた。こうしたなかで、社会には複数の権威が併存し、一つの原理には回収されない多元性が保持された。この段階では、貢納の原則などを別にすれば、広範囲に通用する法の施行は想定すらできなかったと考えられる。

実力による維持を基本とする大土地経営のあり方は、こうした社会状況に適合した形態としてとらえられる。そこで用いられた呪的側面を含む雑多な論理も、大陸で育まれた法制に接したことのない人々の眼には、十分に合理的なものと映っただろう。

この頃、豪族たちは農民層とは隔絶した規模で大土地経営を進めており、その一部は農民の小規模な経営と渾然とした状態で、しかも一定の緊張関係を孕みながら存立していた。その背景を知る手がかりとなるのが、石母田正が提示した構想である。

石母田によれば、六世紀以降に農民は住宅地とその周縁の菜園地を完全に私有し、荒蕪地・河川・森林などを共同体の所有地としていた。他方、耕地に対する権利は永続的かつ世襲的な占有という段階にとどまり、私有権と呼ぶべきレヴェルには昇華していなかった。その背後にあったのは、地域の最大の権威であった郡レヴェルの首長の存在であった。首長は共同体を代表する唯一の土地所有者として君臨し、農民は耕地の占有権・用益権を分掌するにすぎなかったのである。こうした首長の権能を国家規模に集約することで、律令制国家が施行した班田制は円滑に機能することになる。他方、鉄器の普及などによる六世紀以降の生産力の高まりを前提として、首長層は共同体の体現者としての立場を脱し、私的経営を展開していったという[18]。

この構想は、班田制の背後に広範な土地私有権の存在を想定する土地私有学説[19]と、大化以前からの土地共有慣行が班田制につながるとする土地共有学説[20]を、首長制の概念を用いることで止揚したもので、古代の土地経営の基盤についての説明として広く受け入れられている。

ここでまず注目されるのが、石母田が大化前代における農民の土地に関する権利を低く見積もった点である。この見通しは大筋で妥当と思われるが、本書での検討によると、孝徳朝以前に農民が住宅地・菜園地を完全に私有していたという部分は法制面からは証明できない（第Ⅰ部第二章・第Ⅲ部第一章）。また、八世紀初頭までのハタケに対する農民の権利が共同所有に近い状況にとどまっていたという知見（第Ⅲ部第一章）によれば、それを永続的・世襲的な占有の段階とみなすのは過大評価といえる。本編では十分な検討を加えることができなかったが、水田に対する農民の権限も当該期には石母田の想定よりは低次にとどまった可能性が高い。つまり、土地に対する農民の権利は、総体としては石母田の構想より未熟な段階にあったと考えられる。石母田は、律令制形成以前の農民の小経営を共同体的所有が世襲的・永続的占有に変質したものと説明するが、基本的にはより共同体的所有に近い段階として把握すべきだろう。

豪族層の大土地経営について、石母田は共同体的関係と背馳する形で生じた新しい私的経営として把握している。本書では、大化前代において有力者の土地経営が農民のそれと輻輳・衝突していたことを明らかにした。有力者が囲いこんだ土地への農民層の恒常的な侵入（第Ⅱ部第二章）、農民層が耕作する土地への有力者の賃租的行為（第Ⅰ部第一章）、共同所有的ハタケへの有力者の圧迫（第Ⅲ部第一章）などが、それにあたる。これらの事態の原因を社会の未開性や有力者の貪欲に求めることは容易であるが、石母田の上記の構想を参考にすると、次のような像を描けるように思う。元来は共同体的原理（それが首長に代表される段階にあったかどうかはここでは問わない）に従って用益されてきた土地に、新たに豪族層の私有的原理による経営が及ぶようになってきた。しかし、豪族層の経営が旧来のあり方を完全に払拭できるほどには鞏固でなかったために、二つの原理の併存と競合が生じる。この状況こそが、大土地経営の主体からみた農民層の侵入、そして農民の側からみた有力者の圧迫の実像だったのである。二種の土地経営の具体相や、私的原理に基づく土地経営が生じた要因などについては別に検討が必要であるが、大化前代の土地をめぐる関係について、このように考えておきたい。

さて、七世紀後半になると、成文法による画一的な全国支配を属性とする律令制国家が成立した。その過程で中央豪族層は前代にみられたような権威の核としての立場を失い、天皇（ないし中央政府）が法と社会の唯一の中心として新生する。「初期荘園」における国家的土地制度に依拠した土地経営は、いうまでもなく一元的な権威が全国に法制を施行するという段階に対応したものである。

他方、「初期荘園」が立ちあらわれてくるのが、国家建設の基本方針が示された孝徳朝や、中央集権が段階的に進展した七世紀後半、形式・内容ともに完備された法典である大宝令が施行された八世紀初頭などではなく、天平期にまで遅れたことは、古代における法と社会のあり方を見通す上で注目すべき事実である。

古代の法の大部分は、もちろん即座の効力を想定して立法されたのであろうが、実際の社会を完全に律することはできなかった。大陸に淵源する律令法は、日本社会に適合するための改変を経ていたとはいえ、社会に根付く条件を欠く部分を残していた。また、意図的であるか否かにはかかわらず、運用の面で積極的には用いられなかった法も多く存在した。こうしたなかで、前代以来の社会のあり方や多元的な論理は画一的な法制度の背後で命脈を保っていくことになる。国家的土地制度に部分的にしか適合しない状態で存続した大土地経営や、文書での管理の対象とならないまま共同的所有の状態が存続した農民のハタケなどは、その典型として位置づけられるだろう。

この状況を転換する推進力となったのは、一つには法の自律的な展開である。一度定められた法は、あたかも生命体のように自己変革を遂げていく。土地制度においては、本書で扱った「墾田」「陸田」などの制度や田図のような管理文書の整備などが、それにあたる。それぞれの事象には固有の政治的背景があるが、大枠としてこれらが律令制的土地制度を補強する役割をはたしていったことは疑いない。

ただし、法はそれのみで社会に定着するわけではない。そこで重要になるのが、受容する側の法体系への参与である。法の施行は、国家に支配の手段を与えるのみではなく、受容する主体にも旧弊を改変するメリットを提供する場合がある。土地の問題に即していえば、八世紀を通じた墾田制の進展を承けて、有力者たちは自らの経営する土地を積極的に「田」へと転換し、公権の保障の下での経営の安定をはかった（第Ⅱ部第二章）。これによって、八世紀初頭までに構築された田制の体系は急速に社会に広がっていくことになる。古代の制度の展開を考える上では、法を制定する側の事情だけではなく、それを受容する側の動きにも目を配るべきなのである。

吉田孝は、天平期における墾田制の確立を「律令制の浸透[21]」という範疇でとらえる。たしかに、墾田永年私財法は日本田令には継受されなかった唐田令の機能、すなわち開墾地を田制の体系に吸収するという機能を有している。これによって、日本の田制が唐のそれに近づいたとみることも可能であろう。しかし、中国的な律令の構造に近づいたようにみえるのは法と実態の綱引きの結果なのであって、律令体制自体を浸透させようとする意思がその動因だったわけではない。大宝律令で構築されたシステムの自己変革と、法を受容する主体ないし社会の妥協点こそが、「律令制の浸透」の実相だったといえよう。


以上で本書の論点はほぼ尽きたが、最後に当該期における土地をめぐる状況の変化が列島の歴史において有した意味について荒説を述べ、締めくくりとしたい。

八世紀中葉までに、「墾田」をはじめとした「田」の枠組みが拡大することで、諸階層の土地経営は共通の基盤に並んだ（第Ⅲ部第二章など）。そして、柔軟性の高い「墾田」を足がかりとして、土地の相伝や所有権の移動（売買など）が安定して行われていくことになる。所有権が現実の用益の継続性を要件とするなどの限界もあったが[22]、人と土地の関わりは、ここに公権の保障の下での抽象的な所有という段階に立ち至ったといえる。こうした意味での土地所有（「私有」と換言してもよい）が自然発生的には生じず、国家による一元的な制度を媒介とすることで確立したところに、列島における社会の特質を見出すことができる。

その後、九世紀を通じて土地を媒介にした徴税の仕組みが模索され、十世紀に入ると土地税としての官物の収取が全国的に展開していった。これは、直接には籍帳による人身支配の機能不全、調庸未進の増加、徴税論理の転換などといった要因による変化であるが、その前提として一意的な土地所有が成立していることは必須である。八世紀における土地をめぐる状況の遷移は、平安期以降の社会・国家の基盤となる土地税制の成立を用意したのである。

律令制国家が保持した中央集権的な権力はやがて次第に分散して多元化が進む。しかし、上位権力の保障にもとづく土地私有制は、より鞏固に社会を規定していった。施設（「荘」）や大規模なハタケ（「園」）を核にして展開した大土地経営体に淵源をもつ荘園は、土地の領域的な支配を属性とする基本的な社会組織として全土に広がっていった。また、新たな支配階層として現れる武士の社会は、土地経営の保障を媒介とした主従制によって構築されていく。こうして、七世紀の後半から八世紀中葉に形成された新たな土地と人との関係は、後代の社会を構成する根本原理として引き継がれていった。本書の対象となった時期は、この意味において列島の歴史における大きな転換点だったのである。

註

（1）『日本書紀』崇峻天皇即位前紀。

（2）『日本書紀』大化二年正月甲子条。

（3）孝徳朝には、東国国司などに土地の調査が指示されている（『日本書紀』大化元年八月庚子条）。しかし、対象となる範囲が限定的である上に、その結果が帳簿などにまとめられた証左もなく、ここでの調査が大土地経営規制に直接的に結びついたとは考えにくい。なお、『日本書紀』白雉三年（六五二）正月条の後には「自二正月一至二是月一、班田既訖」という記事がみえる。この点については別に考察が必要であるが、孝徳朝の土地政策を概括した表現であり、直接的には「改新の詔」を補強するための文飾であったと考えておきたい。

（4）『日本書紀』同月丁亥条。

（5）『日本書紀』同月己丑条。

（6）『日本書紀』持統六年九月辛丑条に「遣班田大夫等於四畿内」とある。

（7）鎌田元一は、田令の施行とともに班田の結果を田主ごとにまとめた「田籍」が編まれたとする（「律令制的土地制度と田籍・田図」〈同『律令公民制の研究』塙書房、二〇〇一年、初出一九九六年〉）。この見解には批判もある（服部一隆「班田収授法の成立とその意義」〈同『班田収授法の復原的研究』吉川弘文館、二〇一二年、初出二〇〇七年〉など）が、班田の結果を記した文書が当初から存在したことは間違いない。
（8）慶雲三年三月十四日詔（『類聚三代格』巻一六）、和銅四年十二月六日詔（『続日本紀』同月丙午条）など。
（9）『続日本紀』和銅六年四月己酉条。
（10）『続日本紀』和銅六年十月戊戌条。
（11）註（8）参照。
（12）霊亀三年五月十一日勅（『類聚三代格』巻一五）、『続日本紀』養老元年五月辛酉条。
（13）『続日本紀』同年九月丁丑条。
（14）金田章裕「条里プランの完成・定着・崩壊プロセス」（同『条里と村落の歴史地理学的研究』大明堂、一九八五年、初出一九八二年）など。
（15）鷺森浩幸『日本古代の王家・寺院と所領』（塙書房、二〇〇一年）。
（16）代表的なものとしては、都出比呂志「日本古代の国家形成論序説」（同『前方後円墳と社会』塙書房、二〇〇五年、初出一九九一年）など。
（17）須原祥二は、律令制下の郡司任用のあり方から地方社会における複数の有力者の存在を明らかにしている（「八世紀の郡司制度と在地」〈同『古代地方制度形成過程の研究』吉川弘文館、二〇一一年、初出一九九六年〉）。
（18）石母田正『日本の古代国家』（『石母田正著作集』三、岩波書店、一九八九年、初出一九七一年）。
（19）代表的な論考としては、中田薫「律令時代の土地私有権」（同『法制史論集二　物権法』岩波書店、一九三八年、初出一九二八年）、石母田正「古代村落の二つの問題」（『石母田正著作集』一、岩波書店、一九八八年、初出は一九四一年）、菊地康明『日本古代土地所有の研究』（東京大学出版会、一九六九年）など。
（20）内田銀蔵「我国中古の班田収授法」（同『日本経済史の研究』上、同文館、一九二一年。成稿は一八九六年だが未発表だった）。

（21）吉田孝「律令国家の諸段階」（同『律令国家と古代の社会』岩波書店、一九八三年、初出一九八二年）など。

（22）例えば、墾田永年私財法（『類聚三代格』巻一五　天平十五年五月二十七日勅）に「若受地之後、至于三年、本主不開者、聴他人開墾」とある。

初出一覧

本書の課題と構成（新稿）

第Ⅰ部　律令制下の大土地経営の特質

第一章　律令制下の大土地経営と国家的規制（原題「古代の大土地経営と国家」〔『日本史研究』五六七、二〇〇九年〕）

第二章　大土地経営を支える論理―「林」の機能―（原題「古代の『林』と土地経営」〔『日本歴史』七三四、二〇〇九年〕）

第三章　天武・持統朝の山野支配―禁制地の実相―（原題「天武・持統朝の禁制地について」〔武光誠編『古代国家と天皇』同成社、二〇一〇年〕）

第Ⅱ部　寺領にみる大土地経営の歴史的展開

第一章　「寺田」の成立―大和国弘福寺を例として―（原題「『寺田』の成立―大和国弘福寺を例として―」〔『史学雑誌』一二一―三、二〇一二年〕）

第二章　寺領の歴史的展開―筑前国観世音寺領杷伎野を例として―（原題「日本古代における寺領の歴史的展開―筑前国観世音寺領杷伎野を例として―」〔『歴史学研究』九〇九、二〇一三年〕）

第Ⅲ部　ハタケ所有の特質と変化

第一章　ハタケ所有の階層性―「園地」規定の背景―（原題「古代におけるハタケ所有の特質―「園地」を中心に―」（『ヒストリア』二二一、二〇一〇年））
第二章　「陸田」の特性とハタケ所有（新稿）
終章　大土地経営の歴史的展開と社会（新稿）

あとがき

はじめの風景は、盛夏の飛鳥である。厭う母に強いて登った甘樫丘の眺めや、用途も分からない巨石に刻まれた文様の向こうに、古の世界の広がりを感じた。一九八七年の八月のことである。

私が育ったのは、小来川《おころがわ》という山間の小集落である。国際的な観光地である栃木県日光市のなかに含まれてはいたものの、市街とは離れ、訪れる者も少ない閉じたムラである。手に入るモノも情報も、都市部と比較したら悲しくなるくらい乏しい環境であった。私の知識欲も人並み以下であり、何のきっかけもなければ、おそらく日本の歴史に興味をもつことはなかったろう。小学校一年生の夏休みに母に連れられていった京都の寺院は古めかしく薄暗くて、立ち並ぶ仏像もどこか恐ろしげに映った。立ち入るやいなや、「もう外に出る」と駄々をこねたのは、東寺の金堂だっただろうか。

ところが、その年の秋頃、運動会の紅白が源平の争いに由来するという講釈への反応が思わしくなかったのが気になったのか、祖父が源頼朝・平清盛についての学習漫画を買ってきてくれた。漫画であることにだまされて頁をめくった私は、すっかりその虜になってしまった。別の巻をねだって、そのシリーズを揃えるまで、そう時間はかからなかったように思う。そのシリーズを一通り読み尽くした私が次に手をとったのが、母の書架にあった、飛鳥時代を題材にした少女漫画であった。むさぼるように読み、物語の舞台であった飛鳥への憧憬に焦がれた私は、翌年の夏、すでに岡山への旅行を計画していた母を説き伏せ、明日香村へのチケットを手にすることになったのである。当時の日記には、「ならは、ぼくが、一ばん見たいものがあるからです。」と、うれしげな文字で記されている。振り返ると、「神武・綏靖・安寧・懿徳……」と古代の天皇号を暗唱して悦に入っていた、少し変わった子どもだった。

その後、小学校に併設された中学校を経て、一九九五年に宇都宮高校へと進学した。山里から下りた私は、「都市」の先生や友人たちの豊かな知識と個性に接し、はじめてアカデミズムの香りを知ることになる。ただし、この頃には古代史に向かう好奇心は一段落しており、関連する活動といえば同好会を創設して百人一首に親しんだ程度であった。

古代への情熱が再びつながったのは、一九九九年に入学した東京大学教養学部の義江彰夫先生のゼミであった。義江先生は、能・狂言の台本や金石文、『日本霊異記』『今昔物語集』などをテキストとして、古代から中世の社会について議論するゼミを開講していた。まだ自力で史料や論文を集める能力はなかったが、先生の用意してくれた史料を用いて歴史を組み立てていくプロセスからは、かつてふれた物語とも、教科書で学んできた世界とも異なる豊穣を感じることができた。今、義江ゼミで発表した際のレジメ（担当は能「敦盛」「鵜飼」）を読み返してみて、中世の禁制に関する内容が含まれていることに驚いた。すっかり失念していたが、あるいはこの時の経験が本書にもつながっているのかもしれない。二〇〇一年に本郷の文学部に進学した際に、最終的に古代史を専攻するのを選んだことにも、義江先生の影響は大きかったと思う。

文学部で指導を仰ぐことになった佐藤信先生のゼミでは、『日本後紀』を輪読した。本文を読解し、自分で関連史料や論文を収集して発表を行うことははじめは難しく、もどかしい思いをしたことを記憶している。大津透先生の『日本紀略』のゼミや、先輩の稲田奈津子さんの『類聚三代格』の勉強会では、それぞれ独特の緊張感のもとで、史料の読解力を鍛えられた。また、大学院生の先輩（学部生の頃は雲上人に思えた）が出席して指導してくれた論文読書会も思い出深い。私は吉田孝「墾田永年私財法の基礎的研究」を題材に選んだが、発表の日取りを取り違えていて、不十分な点を残してしまった。先輩からの激しい叱責を覚悟したが、意外にも好意的なアドヴァイスをいただき、大いに励まされた。この時の報告は、本書で披瀝した妄説の直接的な出発点となっている。

学部生の頃は、お世辞にもまじめとはいえない学生であったため、卒業論文では苦労した。はじめは豪族層の造寺活動などに興味があったが、なかなか具体的なテーマが定まらず、二転三転して山野における大土地経営の問題に行き着くまでにずいぶん時を費やした。中間報告のたびに大きく変更されるテーマは、周囲を大いにはらはらさせただろうと思う。ようやく本格的に執筆に取りかかったのは提出の一カ月前になってからであった。一度はあきらめかけ、指定字数を大幅に超過していることを提出日に気づくというアクシデントもあったが、少なからぬ方々に救いの手をさしのべられ、二〇〇三年一月に「日本古代における山川藪沢占有と国家」という題目で提出することができた。その内容の一部は、本書の第Ⅰ部第一章や第三章で活用している。

大学院では引き続き佐藤先生の指導をうけながら、義江彰夫・石上英一・加藤友康・大津透の各先生のゼミにも参加し、『風土記』、『東大寺要録』、正倉院文書、『令集解』、『朝野群載』、『年中行事絵巻』、『職原抄』、『平安遺文』という時期も性格も大きく異なる史料に向き合うことができた。複数のゼミ発表が重なった時には何をしているのか分からなくなるほどであったが、多様な史料の海に溺れることは、思い返せば幸福な経験であった。

修士論文では、大土地経営に軸足を置きながら、水田とは異なる側面から古代社会の特性を検討したいと考え、ハタケにおける土地経営について研究した。その結果は、「日本古代土地所有の実態的研究―ハタケ保有の展開と律令国家―」（二〇〇四年十二月提出）としてまとまった。本書の第Ⅱ部と第Ⅲ部は、この時の検討を土台としている。

博士課程を満期退学して一年が経過した二〇一一年四月。前月に起きた東日本大震災に追い立てられるように、長野県の飯田市歴史研究所に着任した。飯田市に関わる史料を収集・整理するとともに、市域周辺の歴史を研究し、その成果を市民に伝えることが主要な職務である。古代史を専門とする常勤の研究員が（後にも先にも）私一人だったこともあり、それまで当たり前だったことに多くの説明を要し、もどかしい思いをする場面もあった。一方で、それまでほとんどふれたことのなかった近世史や近現代史の研究や史料に身近に接するとともに、地方の歴史との向き合い方についても知ることができた。また、市民を募って開催した古代史のゼミでは、世代も経歴も異なる参加者と古代史について論議し、大学院での史料講読にはなかったリアリティをもって地域の歴史や史料を勉強できた。

飯田市座光寺地区との関わりも貴重な経験だった。この地区には有力な古墳群や伊那郡家跡（恒川遺跡）などがあり、住民の歴史への関心はもともと高かったが、リニア中央新幹線のルートが伊那郡家跡にかかるかもしれないという情勢のなかで、地区の歴史を探訪する団体が組織され、遺跡案内板やマップを作成するなどの積極的な取り組みがなされていった。縁あってこの活動をお手伝いして、古代史が住民の強い結びつきへとつながっていく空間に立ち会うことができた。この体験は、ずっと大学にいたならば知りえなかった古代史の可能性を教えてくれた。なお、地域の活動が実ったこともあり、伊那郡家跡は二〇一四年三月に国史跡に指定されている。

現在、私は岐阜聖徳学園大学教育学部に勤務している。将来日本史分野も教えることになる学生たちに、歴史の面白さを少しでも伝えようと頭を悩ます毎日である。それにしても、年少の頃に古代の世界に魅せられただけのことだったのに、古代史の研究から地域史研究、さらには歴史教育へと、だいぶ遠いところまで来てしまったものだと思う。研究も生活もいたらない私がこの路を辛うじて歩いてこれたのは、多くの方に支えられてきたからだと改めて感じる。なかでも、古代史の世界に分け入るきっかけを与え、長年にわたった学生生活を支えてくれた、祖父豊彦、祖母ナミ、母規子には、どれだけ感謝をしても足りない。自分が学習漫画を与えたせいで孫がまともな就職をしなかった、と祖父が嘆いていたとずいぶん前に聞いた。許していただけるか不安ではあるが、謹んで本書を献じたい。

末筆となったが、執筆を励まし、丁寧な仕事で支えてくれた同成社の佐藤涼子さん、山田隆さんにお礼を申しあげたい。

二〇一五年八月

北村　安裕

日本《にほん》古代《こだい》の大土地《だいとち》経営《けいえい》と社会《しゃかい》

■著者略歴■

北村安裕（きたむら　やすひろ）

1979 年　栃木県に生まれる
2003 年　東京大学文学部卒業
2010 年　東京大学大学院人文社会系研究科博士課程単位取得満期退学
2013 年　博士（文学）
現　在　岐阜聖徳学園大学専任講師

主要論文

「伊那郡における交通路と地域結合」（『飯田市歴史研究所年報』12、2014 年）、「班田制と土地開発」（天野努・田中広明編『古代の開発と地域の力』高志書院、2014 年）、「和銅～養老期の地方政策の特質－キソヂ・スハヂと諏方国を中心に－」（『飯田市歴史研究所年報』11、2013 年）、「古代における地方の牧－信濃国の御牧系牧を中心に－」（『飯田市歴史研究所年報』10、2012 年）

2015 年 10 月 5 日発行

著　者　北 村 安 裕
発行者　山 脇 洋 亮
印　刷　三報社印刷㈱
製　本　協 栄 製 本 ㈱

東京都千代田区飯田橋 4-4-8
発行所（〒 102-0072）東京中央ビル　㈱同　成　社
TEL 03-3239-1467　振替 00140-0-20618

ISBN978-4-88621-713-4 C3321

同成社古代史選書

①古代瀬戸内の地域社会
松原弘宣　著　　A５判・354頁・8000円

②天智天皇と大化改新
森田　悌　著　　A５判・294頁・6000円

③古代都城のかたち
舘野和己　編　　A５判・238頁・4800円

④平安貴族社会
阿部　猛　著　　A５判・330頁・7500円

⑤地方木簡と郡家の機構
森　公章　著　　A５判・346頁・8000円

⑥隼人と古代日本
永山修一　著　　A５判・258頁・5000円

⑦天武・持統天皇と律令国家
森田　悌　著　　A５判・242頁・5000円

⑧日本古代の外交儀礼と渤海
浜田久美子　著　　A５判・274頁・6000円

⑨古代官道の歴史地理
木本雅康　著　　A５判・306頁・7000円

⑩日本古代の賤民
磯村幸男　著　　A５判・236頁・5000円

⑪飛鳥・藤原と古代王権
西本昌弘　著　　A５判・236頁・5000円

⑫古代王権と出雲
森田喜久男　著　　A５判・226頁・5000円

⑬古代武蔵国府の成立と展開
江口　桂　著　　A５判・322頁・8000円

⑭律令国司制の成立
渡部育子　著　　A５判・250頁・5500円

⑮正倉院文書と下級官人の実像
市川理恵　著　　A５判・274頁・6000円

（全て本体価格）